U0607530

名师工程
教育探索者书系

书系顾问 张志勇
书系主编 齐 健

鲁派名师系列

孙云霄◎著

复调语文

尊重生命自我成长的语文教学

西南师范大学出版社
全国百佳图书出版单位 国家一级出版社

图书在版编目（CIP）数据

复调语文/孙云霄著. —重庆：西南师范大学出版社，2013.11
（名师工程系列丛书）
ISBN 978-7-5621-6499-9

Ⅰ.①复… Ⅱ.①孙… Ⅲ.①汉语－语文教学－教学
研究 Ⅳ.①H19

中国版本图书馆 CIP 数据核字（2013）第 252946 号

名师工程系列丛书

编委会主任：马 立 宋乃庆
总策划：周安平
策 划：李远毅 卢 旭 郑持军 郭德军

复调语文

孙云霄 著

责任编辑：钟小族 万晓文
封面设计：天之赋设计室
出版发行：西南师范大学出版社
地址：重庆市北碚区天生路 1 号
邮编：400715 市场营销部电话：023-68868624
http://www.xscbs.com
经 销：新华书店
印 刷：重庆紫石东南印务有限公司
开 本：787mm×1092mm 1/16
印 张：17.75
字 数：282 千字
版 次：2013 年 12 月 第 1 版
印 次：2013 年 12 月 第 1 次印刷
书 号：ISBN 978-7-5621-6499-9

定 价：30.00 元

若有印装质量问题，请联系出版社调换
版权所有 翻印必究

编者的话

当前，以人为本的教育理念正在逐步深化，素质教育以及基础教育课程改革不断推进。在这场深刻又艰苦的教育改革中，涌现了无数甘为人梯、乐于奉献的优秀教师。他们积极探索、更新观念、敢于创新、善于改革，在实践中创造性地发展、总结了很多先进的教育思想、教育理念；创造性地开发了很多新的教学模式、教学内容和教学方法。这些新思想、新模式、新方法在实践中极大地提高了教学质量，是教育改革实践中的新内涵和宝贵财富。这些优秀教师就是我们的名师，这些新内涵就是名师的核心教育力。整理、总结、发展、推广这些教育新内涵，是深化教育改革、完善教育体制、提高教育质量、提升教师水平的一件大事。

教育，是民族振兴的基石；教师，是教育发展的根基。

胡锦涛总书记在全国优秀教师代表座谈会上指出："教师是人类文明的传承者。推动教育事业又好又快发展，培养高素质人才，教师是关键。没有高水平的教师队伍，就没有高质量的教育。"十七大报告又进一步强调了必须加强教师队伍建设，不断提高教师的素质。当今世界，社会进步一日千里，科技发展日新月异，知识更新的周期越来越短。教师作为"文明的传承者"更要与时俱进，刻苦钻研、奋发进取，尽快提升自身素质和能力，为推动教育事业的健康发展贡献自己的力量。

基于以上，西南师范大学出版社策划、组织出版了大型系列教育丛书——《名师工程》。希望通过总结名师的创新经验、先进理念，宣传名师的核心教育力，为广大教师职业生涯提供精神源泉和实践动力，在教育实践层面切实推动从教者职业素养的提升。通过《名师工程》实现"打造名师的工程"。

丛书在策划、创作过程中力求实现以下特色：

一、理念创新，体现教育的人本精神

教师角色在以人为本的教育理念下发生了重大的变化，教师的素质和能力也面临更高的要求。如何弘扬、培植学生的主体性、增强学生的主体意识、发展学生的主体能力、塑造学生的主体人格等问题成为教师在目前教育中亟待解决的难题。丛书以教育管理者和教师为主要读者对象，通过教师综合素质的提高而将人本教育的思想落实到教育实践中，真正实现教育培养人、塑造人、发展人的本质要求。

二、全面构建，系统提升教师的教育能力

丛书选题的最大特点就是系统、全面地针对教师教育能力的提升而展开。施教者的能力决定教育的效果，教育改革的落实、教育效果的提高无不体现在教师身上。丛书针对不同教育能力、不同教学要求、不同教育对象，有针对性地设置选题。棘手学生、课堂切入、引导艺术、班主任的教导力、互动艺术、课堂效率、心灵教育等等，这些鲜明的主题从教育的细节出发，从教育实际情况出发，有针对性地解决问题，让教师在阅读中学有所指、读有所获。

三、科学权威，体现教育的时代前沿性

丛书邀请全国各地著名的教育工作者执笔，汇集在教育改革与实践中涌现的先进理念、成果和方法，经过专家认真遴选、评点总结而成，代表了目前教育实践中先进的教育生产力，具有时代前沿性，是广大一线教师学习、借鉴的好素材。

四、注重实践，突出施教的实用价值

丛书采用了通俗的创作方法，把死板的道理鲜活化，把教条的写法改变为以案例为主，分析、评点为辅，把最先进的教育理念和方法融入有趣的情境中。经典的案例，情境式的叙述，流畅的语言，充满感情的评述，发人深省的剖析，娓娓道来、深入浅出，让教师更充分地领会先进、有效的教育方法。

在诸多教育、出版界同仁的支持与努力下，《名师工程》陆续推出了《名师讲述系列》《教学提升系列》《教学新突破系列》《高中新课程系列》《教师成长系列》《大师讲坛系列》《教育细节系列》《创新语文教学系列》《教育管理力系列》《教师修炼系列》《创新数学教学系列》《教育通识系列》《教育心理系列》《创新课堂系列》《思想者系列》《名师名课系列》《幼师提升系列》《优化教学系列》《教研提升系列》《名校长核心思想系列》《名校工程系列》《高效课堂系列》《创新班主任系列》《鲁派名师系列》等系列，共150多个品种，后续图书也将陆续出版。

丛书在出版创作过程中得到各地、各级教育部门与教育工作者的大力支持与帮助，在此一并表示感谢！

教育事业是全社会共同的事业，本丛书的出版一方面希望能对广大教育工作者有所帮助，共飨先进成果；另一方面也是抛砖引玉，希望更多的教育工作者参与到出版创作中来，百家争鸣、百花齐放，为促进教育事业的发展共同努力！

轴心的力量

9 月 28 日。

公元前 551 年 9 月 28 日，鲁国，今山东曲阜，孔子诞生。

那个时代，被 1900 年后的雅斯贝尔斯称为人类的"轴心时代"，在中国，有孔子；在古希腊，有苏格拉底；在以色列，有犹太教先知；在古波斯，有琐罗亚斯德；在印度，有释迦牟尼……

在中国，是因为孔子开启了一个时代，还是因为那个时代塑造了孔子？

雅斯贝尔斯是这样说的："人类一直靠轴心时代所产生、思考和创造的一切而生存，每一次新的飞跃都回顾这一时期，并被它重新燃起火焰。自那以后，情况就是这样。轴心期潜力的苏醒和对轴心期潜力的回忆，或曰复兴，总是提供了精神力量。"①

这是一种力量。

马克思是这样说的："个人怎样表现自己的生命，他们自己就怎样。因此，他们是什么样的，这同他们的生产是一致的——既和他们生产什么一致，又和他们怎样生产一致。"② 他批评"人是环境和教育的产物，因而认为改变了的人是另一种环境和改变了的教育的产物"这种学说忘记了"环境正是由人来改变的，而教育者本人一定是受教育的"③。

这是一种同一。

再论孔子，我们相信他能够给中华民族带来新的力量；再论孔子，我们相信人始终创造这个世界并与这个世界相一致。

（一）

有学者将中国大师（包括教育家）涌现的时代划分为三个阶段：春秋

① 雅斯贝尔斯. 历史的起源与目标 [M]. 魏楚雄、俞新天译. 北京：华夏出版社, 1989.
② 韦建桦. 马克思恩格斯选集（第一卷）[M]. 北京：人民出版社, 2012.
③ 韦建桦. 马克思恩格斯选集（第一卷）[M]. 北京：人民出版社, 2012.

战国时期、宋明时期、民国时期，我们也可以循着这样的脉络追寻山东大地上的教育家，探访山东大地上的教育。

孔子是一位教育家，在文化思想领域给予他再高的地位和赞誉都不为过。然而，他并不是高高在上，而是在我们身边。他继承"三代"，积极"入世"，终生"为师"，儒泽"千载"。精神力量与实践基础相结合，延伸到文化与教育的血脉中。

探讨教育绕不过孔子，探讨山东教育要回到孔子。我们还是更关注作为教师的孔子：

子曰："温故而知新，可以为师矣。"

子曰："知之者不如好之者，好之者不如乐之者。"

子曰："不愤不启，不悱不发，举一隅不以三隅反，则不复也。"

子曰："有教无类。"

……

这不仅是教育的财富，更重要的是，孔子是一位教育实践者。他以育人为本：志于道，据于德，依于仁，游于艺。他编订教材：《礼》《乐》《诗》《书》《易》《春秋》。他寻觅教学方法：因材施教、循循善诱。他留给学生精神财富：仰之弥高，钻之弥坚，瞻之在前，忽焉在后。

孔子之后，在那个时代，山东大地上能够被历史作为教育家所记载的当属"亚圣"孟子和"劝学"的荀子。

孟子于孔子后百年出生，是战国时期伟大的教育家、思想家，儒家的主要代表之一，他与梁惠王、齐宣王两位大国君主的对话可以看作是他的教育实践，"仁者无敌"的思想展示无余，"经济政策""仁政治国""克制欲望""人心四端"都是他所关注的：

——"恻隐之心，人皆有之；羞恶之心，人皆有之；恭敬之心，人皆有之；是非之心，人皆有之。恻隐之心，仁也；羞恶之心，义也；恭敬之心，礼也；是非之心，智也。仁、义、礼、智，非由外铄我也，我固有之也。"《孟子·告子上》

——"人之所不学而能者，其良能也；所不虑而知者，其良知也。"《孟子·尽心上》

……

战国时期山东大地上的另一位教育家荀子，他五十始来齐游学，长期在著名的稷下学宫任祭酒，留下了关于学习、修身的不朽篇章：

学不可以已。青，取之于蓝，而青于蓝；冰，水为之，而寒于水。木直中绳，𫐐以为轮，其曲中规，虽有槁暴，不复挺者，𫐐使之然也。故木受绳则直，金就砺则利，君子博学而日参省乎己，则知明而行无过矣。

故不登高山，不知天之高也；不临深溪，不知地之厚也；不闻先王之遗言，不知学问之大也。干越、夷貉之子，生而同声，长而异俗，教使之然也。《诗》曰："嗟尔君子，无恒安息。靖共尔位，好是正直。神之听之，介尔景福。"神莫大于化道，福莫长于无祸。

……

不仅仅是荀子，还有更多的大师曾在那个时代云集稷下学宫。稷下学宫，又称稷下之学，是战国时期田齐的官办高等学府，稷下位于今山东省淄博市稷门附近。齐宣王之时，在稷下扩置学宫，招揽天下名士：儒家、道家、法家、名家、兵家、农家、阴阳家等百家之学，会集于此，自由讲学、著书论辩，成为百家争鸣的时代标签。

在汉唐盛世，中国的政治体制、文化积淀都达到了时代顶峰，教育的发展随之呈现出蓬勃壮大的态势。在山东，叔孙通、匡衡创立了不可磨灭的教育功业，兰陵人王良曾"教授诸生千余人"；高密人郑玄"学徒常数百千人"，虽遭遇党祸被禁锢，仍设帐讲学达二十余年；而颜之推的家庭教育经典著述《颜氏家训》则更是被称为"古今家训以此为祖"。

宋代以来，封建制度面临着诸多新的问题，恰恰是这个时代，成为教育家涌现、教育创新探索的重要时期。北宋初年，山东出现了中国书院发展史上占有重要地位的泰山书院（有宋代"四大书院"之一之称）。

而泰山学派、泰山学院的代表性人物"宋初三先生"——"泰山先生"孙复、"徂徕先生"石介（泰安人）、"安定先生"胡瑗更是名冠一时的教育家。

其中，石介出生于一个"世为农家""豪于乡里"的聚族而居的大家庭，他"貌厚而气完，学笃而志大"，范仲淹也评价说"介刚正，为天下所闻"。后石介因丁忧回山东，躬耕于徂徕山下，以《易》教授弟子，从者甚多。鲁人敬重其学识风范，故因其所居之山，尊称他为徂徕先生。

轴心的力量

石介有感于儒学的衰落，守制期间"以《易》教授于家"，名闻山东。景佑二年（1035年）开始，石介在泰山聚徒讲学，并邀请学者孙复到泰山主持日常教学工作。孙复曾于景佑元年（1034年）拜访过时任南京推官的石介，两人一见如故，互引为知己。接到石介邀请时，正是孙复人生最潦倒失意的时候：科举再次落榜，家贫以致无法安葬去世的父母。而到泰山教学，既能解决生活困难，又能实现自己振兴儒学、维护圣人道统的理想，于是就欣然接受了石介的邀请，由一落魄书生一跃而为书院主讲，开始了近十年的泰山讲学。景佑四年（1037年），孙复、石介两人在泰山之阳建学舍，孙复名之曰信道堂，并作《信道堂记》："予丁丑岁秋九月做堂于泰山之阳，明年春，堂既成，以是道处是堂，故名信道堂"，称其志在发扬尧、舜、禹、汤、文、武、周公、孔子之道。不久信道堂因故迁到泰山栖真观，规模扩大，建制逐步完善。康定元年（1040年），石介作《泰山书院记》始称为泰山书院，说他"于泰山之阳起学舍构堂，聚圣人之书满屋，与群弟子而居之"并认为，孙复"上宗周、孔，下拟韩、孟"，尊其为泰山先生。①

"宋初三先生"开理学之先，具有极高的学界地位与教育意义，至今仍值得我们研究。

民国时期，大师辈出，从山东聊城走出去的教育家傅斯年就是其中最为杰出的代表。

在台湾大学，有一个傅园，是为纪念傅斯年而建。傅斯年不仅是历史学家、教育家，而且是五四运动的北大学生领袖、历史语言研究所创始人、北京大学代理校长、台湾大学校长，一生富有传奇色彩。

作为教育家的傅斯年，发表了《教育崩溃之原因》《教育改革中几个具体事件》《改革高等教育中几个问题》等若干文章，其思想择其要者，有以下几点：

考查一所学校成功与否，一要看学生是否有使用课本知识的能力，二要看能否把日常生活与课本知识联系起来。

教育不能独立，学校就不可能办好。政府的责任，一要确保教育经费的独立，二要保障校长和教师的地位，三要在教育管理上采用文官制。

---

① 吕建强. 石介与泰山书院［J］. 煤炭高等教育，2009，（6）.

教育之整顿，学风之改善，其关键皆自上而下，都不是自下而上。

学生大多数都是好的，政府只有"把教育部建设成一个有技术能力的官厅"，并选择有人品、有见识、有资望的人去当大学校长、教育厅长和教育局长，才能把学校办好。

傅斯年在代理北京大学校长期间，坚决拒绝"伪北大"教员继续留任，坚持"民族气节""正是非，辨忠奸"，将汪精卫时期北京大学的教职员全部开除，学生学籍和学历都不承认，要先补习才能参加学历甄审入新北大。

1950年12月20日，积劳成疾的傅斯年突发脑溢血逝世。台湾大学为纪念傅斯年奠定台大发展基石，特地在实验植物园建造一座罗马式纪念亭，亭中砌长方形墓一座，墓前立有无字碑，修有喷水池。园中有兵工署捐赠的一口纪念钟，上面铸着"敦品、力学、爱国、爱人"8字校训。人们把台湾大学校园内的这个地方叫作"傅园"，把纪念钟称为"傅钟"。值得注意的是，这口"傅钟"每节上下课都会响21声，原来傅斯年有句名言"一天只有21小时，剩下3小时是用来沉思的"。

而今天，在山东大地上，教育事业正在以伟大的复兴之势在发展，素质教育的改革创新之路开始引领全国的教育改革路向，一大批名校、名师也在挥洒着自己的智慧和激情，承续历史、开创历史。

（二）

古往今来的山东教育都是以其文化内涵、大气磅礴而影响着时代的发展，透视历史，观照今天，我们能够找到山东教育可以提供的成功密码，提取出足以供我们思考、批判的价值力。

1. 本体是人：守望道德的高地

教育是人创造的。

"有两样东西，人们越是经常持久地对之凝神思索，它们就越是使内心充满常新而日增的惊奇和敬畏：我头上的星空和我心中的道德律。"这是康德《实践理性批判》中的一句话，也是康德的墓志铭。

在山东教育史上，从孔子的"克己复礼"、曾子的"三省吾身"，到孟子的"舍生取义"，他们当中的每一个人终其一生，无不在追寻心中的道德大义和民族未来。尽管说法不同，其中所蕴含的核心价值却都集中在对国家、对民族、对人类命运与前途的关注与担当上。

轴心的力量

"会当凌绝顶，一览众山小。"当一个人占领了道德的制高点后，他眼前所呈现的不再是难以逾越的重重困难，而是一幅幅美好的画卷。此时，人的发展往往会创造出一个又一个的奇迹，伟人如此，常人亦然。让人参与，学生和教师成为行为主体，这是先验性的要义。

在马克思恩格斯的理论中，我们不仅到处可以看到人，而且可以看到的是人的发展，哲学理论和教育理论的前提是对人的回答。在这里，人是实践中的人，是在实践中获得发展的人，离开了实践，只限于精神层面是不能够获得真实的发展的，而且，即便是精神层面的发展也是与实践过程紧密相连的。不仅如此，人类的知识、智慧都是由人所创造的，在传递、继承人所创造的知识与智慧的过程中，人必然会与其具有"此岸性"，会与这些知识和智慧处于"一致"的状态，学习是内化的，不是外铄的。

从教育的价值和意义来看，教育也是一种经历，没有生命的经历和历练就没有教育发生，这就是教育的过程本质。现实的经历是教育的一部分，而作为人类创造的文明成果，往往存在于精神和历史的层面上，很多时候和学生的人生体验不一致，教育的作用就在于创造这种一致性，让人的发展与人类的成果形成一致。

2. 先知先行：实现于自我超越

先知先行者，从古至今。

今天，在教育改革的道路上，山东省的许多地区、学校、教师走在了全国的前列，已经进入了一个比较高的境界，在长期的探索和实践中积累了许多富有启发意义的宝贵经验。区域如潍坊，用教育部基础教育二司司长郑富芝的话来说，叫作"山东经验，潍坊模式"；学校如青岛二中的自主发展，青岛三十九中的特色发展，临朐海尔希望小学的课程建设，利津北宋一中零作业背景下的改革；教师如王岱、刘建宇、张利平、王冬梅……

教育发展，教师是关键。作为教育管理者，应从不断提高教师的幸福指数和职业认同感入手，让每一位教师在快乐中工作，最大限度地激发教师的工作积极性和主动性，最大限度地发挥出每一位教师的智慧和潜能。

根据美国著名心理学家马斯洛的需求层次理论，让人感到受尊重和能够自我实现，才能从内部激发发展的欲望。作为教师，教学在其人生中占有相当大的比重。要让教师生命更有意义、更快乐、更幸福，在各个阶段始终保持生命的激情和活力，就必须把教师引领到研究的路上，让教师成为思想独立的研究者。

教育管理部门、学校校长只有创造机会让每一位教师都成为好教师、名教师，并给这些好教师、名教师不断创造更大的舞台，教师们才能真正体验到自我价值的实现，才会不断寻找更高的发展定位，由此带来的是一个区域、一个学校会充满朝气蓬勃的发展活力。简单地说，一定要让好教师、名教师有出路！

3. 敬畏规律：教育与人的双重肯定

今天，更多的学校、教师走在教育探索的路上。

"蓬生于麻，不扶而直。"在适合自己的教育里，学生才能够快乐地茁壮成长，才能够成为一个具有良好的身心素质、科学头脑、广泛兴趣、创新能力以及笃实、守信、和善、包容的人。这样的人才培养方式最根本的一点是敬畏教育规律。

规律在哪里？当然不是寻找真理式的论断来供奉，不是停留于表面上，而是在于将自己认可的有益于教育发展、有益于学生的事情做出来。规律不仅仅是大道理，是哲学思维，是心理学前沿理论，而是关注学生的阅读，丰厚学生的人生底蕴；关注学生的视野，联通整个信息世界的力量让学生面向整个世界；关注学生的能力，让学生在操作中获得一生必备的创造力。

校长有教育家的情怀，教师有教育家的智慧，每一位创立自己教育业绩的实践者理应都是具有哲学思考力的，是敬畏天地、敬畏人道而敬畏规律的。

《中庸》中说："故君子不可以不修身。思修身，不可以不事亲；思事亲，不可以不知人；思知人，不可以不知天。""修身"一事，是从"天道""人道""亲缘""孝道"化解而来，因为没有更高远的境界，单纯的行动是没有好的结果的。

这就是人本思想，"人本"是思想，也是规律吗？为什么不是呢？

孔子从没有把人失落了，于是他不在意争执，而在意作为。在他的教育价值取向中，学科是人的学科，教学是人的教学，社会、政治、经济也是人的社会、政治与经济，这才是规律。

历数千年的教育传统，最值得称道的还是对学生的关注，无论是宏观

轴心的力量

教育体系的发展、学校教育价值的延伸，还是学校内部课程建设、教学实践、学生指导，山东教育以学生的自主、主动、超越自我的学习为核心，这也是他们无限切近于规律的必然取向。

今天，在齐鲁大地上，一批名校长、名师正走在教育改革与发展的实践探索之路上，与时代一起成长。他们的执着，他们的成功经验值得敬畏，留取下来构成我们对教育新的探索与尝试，这就是这套书系的初衷。

我们愿意与老师们一起切地行走，在教育的芳草地上寻找面向未来的种子。

齐　健

云在青天水在瓶（代序）

一千三百余年前，唐朝大文学家李翱去拜访药山禅师，请教什么是道。禅师指指天，又指指地，李翱不解。禅师说："云在青天水在瓶。"李翱顿悟，做了禅师的俗家弟子。

"云在青天水在瓶。"若它是一片云，就让它在青天随风卷舒吧；若它是一掬水，就让它在瓶中澄澈如镜吧。或者云卷云舒，或者水平如镜，皆出于自性，不饰造作，自然而然。

愈造作，反而愈不得。

老子说："人法地，地法天，天法道，道法自然。"孔子说："天何言哉？四时行焉，百物生焉，天何言哉？"皆是"云在青天水在瓶"。天道如此，万事万物如此，语文教育也如此：远离功利，自然而然。

自然地读书，不为分数，甚至不为腹有诗书、学富五车，只为精神相遇时的眼前一亮，只为词语句子所给予的唇齿留芳。

自然地写字，不为记住，不为美观，只为写下它时心里的温暖和自然的熟稔。

自然地交流，不为热闹，不为争辩，只为思维的碰撞和精神的成长。

讲授《诗经》时，同事开玩笑地问我是不是想要培养一批情圣。结果说明，学了《诗经》并没有让学生们学会早恋，相反，他们的文风变得少有的大气。

讲授《道德经》时，好友担心我会教出一批老气横秋、明哲保身的"小大人"来。《道德经》学完了，我的学生并没有变得"事不关己，高高挂起"，或者拉帮结派、自立山头、占山为王，相反的，他们变得格外重感情。

德国文艺理论家、接受美学的代表人物姚斯认为，文学研究应该落实在文学作品的研究，文学作品的研究应该落实在文学作品存在方式的研究，

云在青天水在瓶（代序）

文学作品存在方式的研究应该落实在文学作品存在史的研究，而文学作品的存在史就是文学作品的接受史。在我这里，语文教学的研究就是语文教学内容的研究，语文教学内容的研究就是语文教学内容存在方式的研究，语文教学内容存在方式的研究就是教学内容与师生相互作用、相互共鸣的研究。我把这样的研究称作"复调语文"。

不，应该把"研究"这个词换作"关注"，"研究"太过冰冷。

和学生们一起读读写写、辩论争执的时光里，我从未有过刻意的"研究"，只有用心的"关注"。此间，太多太多的温暖氤氲在我们之间。

"云在青天水在瓶。"正因无执无妄，我和我的学生才会因复调语文而成长，随复调语文而成长。

目　　录

目

录

随缘而起
——复调语文的由来
第一章

语文课堂中不应存有一个至高无上的统一意识，也不应该按照这种至高无上的意识展开课堂教学，而应该是一个思想风云际会的世界。作为一种深度的多重对话，复调语文强调语文的审美性，注重学生的思维激活和精神提升，在多维互动中关注学生内在精神的成长和语言个性的养成。

"复调"这个词来自巴赫金的复调理论。巴赫金是苏联著名的哲学家、思想家、文论家，他发现陀思妥耶夫斯基的小说中"有着众多的各自独立而不相融合的声音和意识，由具有充分价值的不同声音组成真正的复调"，因此称陀思妥耶夫斯基的小说为复调小说。他认为，在复调小说里不存在一个至高无上的统一的作者意识，其主旨不是展开情节、人物命运和形象性格，而是展现具有平等地位、相同价值而拥有各自世界的不同的独立意识。

同样，我们的语文课堂中也不应该存有一个至高无上的统一意识，课堂教学的展开也不应该按照这种至高无上的意识展开。换言之，它不应该是一个东风压倒西风或者西风压倒东风的世界，而应该是一个东西南北风并存、各种思想风云际会的世界。

因此，复调语文是一种深度的多重对话，它强调语文的审美性，注重学生的思维激活和精神提升，在多维互动中关注学生内在精神的成长和语言个性的养成。

一、 初悟复调： 从以读促写到聚焦辩论

1994 年暑假，我毕业后就职于潍坊市奎文区幸福街小学，由此拉开了我教师生涯的序幕。多年以后，当时到学校报到的那一幕依然能生动地浮现在我眼前。在校长室，老校长真诚地对我说："我知道你们这些大学生不可能在这里工作太久，只是把这当作跳板罢了。不过，既然来了，就好好工作吧！"满怀热情的我顿时一脸茫然。18 年以后，我依然工作在幸福街小学，并且爱上了这片热土。我感谢我的老校长，因为她容忍了我仅凭直觉

第一章　随缘而起——复调语文的由来

的瞎折腾。

（一）大量阅读，深厚积累

工作伊始，没有艺术特长，粉笔字写得不漂亮，在公开课上因为需要夸张表演而难为情，这些都成了我的"短板"。但是，随遇而安的天性使得我根本没有想到如何去补救，而是自得其乐地带着学生一头扎进了书的海洋。

开学第一个学期，《简·爱》《西游记》《鲁滨孙漂流记》……我与学生们就在课堂上你一段我一段地读了下来，学生们都喜欢极了。我鼓励学生们把家里的大部头带到课堂上，像老师一样把自己喜欢的书读给大家听。但是，我的一腔热情遭受了打击：能带书来的学生太少了。虽一再要求，学生带来带去都是大同小异的作文选，甚至总有那么几个学生连作文选也没有。其中，有一个同学几乎每天都要因他扣掉班里的纪律分，因为他总是要买学校附近路边摊的小吃而被值勤的老师逮住，却总舍不得花钱买一本新书以换掉那本舅舅传给他的"公社时代"的作文选。当然，我明白，这个问题的根本原因是这项活动没有得到家长的支持。那时候，多数学生家长并不懂得让孩子读"闲书"的重要性，加之他们平时很少有时间注意孩子的教育问题。有一位家长很坦白地对我说，他不是舍不得为孩子花钱，而是怕孩子读"闲书"读得心思不放在学习上，进而影响学习成绩。

怎么才能让家长心甘情愿地给孩子买书？怎么才能让那些爱零食甚于书的学生爱上读书？思来想去，我最后决定各个击破。首先，我要取得家长的支持。为此，我充分利用家长会的时间向家长渗透"闲书不闲"的道理。其次，我开始引导学生感受读书的乐趣。我自己出钱订了几种儿童读物放在了教室的图书角里，结果没过多长时间就被学生翻得旧旧的。在一次家长会上，我拿着那几本刊物，恳请家长们相信我一次，出资支持读书行动。而我保证一年甚至一个学期以后让他们看见"实惠"，至于是什么"实惠"，暂时还是个秘密。最后，家长们半信半疑地同意了。为了防止资源浪费，为了保证所订刊物不重样，我从学校总务处拿来教师订阅刊物的厚册子，把上面所有适合小学生阅读的刊物名字和订阅代号抄下来（记得当时全国公开订阅的小学生刊物一共不到30种），然后让学生以同桌为单位协商订阅其中的一种，当然也可以自己单独订阅一份。如此一来，我们班每月都能收到 30 本风格清新的读物。我们还规定，不论是谁订的刊物，读完了一定要放到图书角，供大家借阅。这样，每个人虽然只订了一份或半份刊物，而实际上却读到了 30 份刊物。因为是月刊，一年下来，每个学生就比同年级其他班级的学生多读了 360 本刊物。这种做法不但实现了资源共享，而且形成了浓郁的读书氛围，让读书在班里成为一种"追风"，成为一种时尚。

（二）厚积薄发，以读促写

那么，让家长看得见的"实惠"是什么呢？第一是考试分数的提高，第二是学生思想品质的提升。结合班级学生的实际情况，我认为实现这两者的最佳途径是提高学生的写作水平。于是，我开始从阅读转向写作，从学生的写作抓起。

写作训练的初级阶段是仿写。此时，范文的选择尤其重要，我告诉学生们要坚决杜绝作文选，因为再好的作文选也是老气横秋，一幅假惺惺的面孔。在那时，所有的范文都来源于我们集体订阅的期刊，如《创新作文》《新作文》《少年文艺》《儿童文学》《童话大王》……那里面鲜活生动的语言、令人耳目一新的内容都成为学生们争相模仿的对象。此时，我们已经很少读大部头的名著原著了，因为大部头的文学作品不适于使小学生在短期内提高语言素养，而我需要在短时间内让家长和学生们相信我。

走出了仿写这一步，接下来的就是推陈出新了——让学生写出有自己个性特点的作文，引导学生形成自己的书写个性。在写的过程中，我特别注重学生之间的互批互改，然后推选出优秀的作文进行集体交流，推选出有问题的作文进行集体修改。一段时间过后，78 个学生的作文，我不用看名字，不用看字迹，单用耳朵听，就知道是谁写的了。而且，作文在班里匿名交流的时候，好多同学也能分辨出那是谁的文章。改好后的作文，我会投寄到一些作文刊物。一个学期下来，竟有七八名同学的稿件投中了，这是从未有过的事情。第二学期过去，三分之一的学生的作文都变成铅字了。到小学毕业时，全班有超过三分之二学生在刊物上发表过作品。拿着订阅的刊物大声朗读自己的作文，这是多么令人高兴的事情啊！这也是我们每周一次的佳作赏析的必备环节。在赏析中，我们会分析为什么这位同学的作文投中了，而另一位同学的作文没有投中，差别在什么地方。学生的写作热情高涨起来了，到传达室看看有无自己的稿费单是他们下课后要做的第一件事情。同时，我们班的语文考试成绩也在年级里遥遥领先了。

写作训练的小小成功终于使我赢得了家长的支持，也有力地促进了学生读书习惯的养成。那时候，学校里没有图书室，可是我们班却有一前一后两个图书角，新书架是家长专门设计和制作的。

那年暑假里的一天，苏燕同学在电话里欢天喜地地告诉我，新华书店有一部分图书在国贸大厦打折促销，一本厚厚的《西游记》才要 6 元钱。听到这个消息，我非常激动，因为她没有和我说哪里有好吃的，哪里有好玩的，却当喜讯一样地告诉我哪里有好书，这说明我的学生们已经爱上书了！7 月 28 日返校的时候，我赶紧把这一消息告诉大家。没想到，学生们异口同声地拖着长腔说："早就知道了！"开学以后，我发现学生们又热衷于读郑渊洁、李群等作家的作品了。从爱买小玩意到爱买书，从买课外书只限于作文选到买大部头的文学名著，没有人能体会到我当时从这一变化中感受的快乐。

那时，刘金华校长发现了我在班级中进行的写作训练，恰好奎文区正在开展每年一次的小学生作文竞赛，于是，我的作文训练对象变成了 88 个人——从其他三个班级挑选的 10 个学生，加上我们班里的 78 个学生。最后参赛时，从 88 个学生中选出了 10 人参赛。连续两年，我们都取得了十分优异的竞赛成绩。

（三）聚焦辩论，初悟复调

以上所有的工作，我只是凭着兴致和直觉在做，从没有想过自己应该及时进行总结和反思。后来，在业务校长王鹏飞的建议和督促下，我对自己的作文教学进行了简单的归纳，于是第一篇论文《写写自己的小伙伴》在《语文教学通讯》上发表了。在这之后，我的思考逐渐深入和系统起来。

我认为，作文教学的核心不是教师的指导，不是教师的批改，也不是老师批改后的学生修改，而是集体讲评。集体讲评使每个学生的作文都有机会当众发表，使每个学生都有机会对其他同学的作文"指点江山"。在讲评当中，学生生发的对作文的兴趣、对文字的感悟是不可估量的。讲评作文是上次作文的终点，更是下次作文的起点。这一作文训练方法简言之就是：在作文的初级阶段，重点是仿写，范文的选择很重要；在作文的中高级阶段，重点是集体讲评，语言的个性很重要；在集体讲评阶段，重点是辩论，学生的思维扩散很重要。

有了厚积才有薄发，正是由大量阅读促成学生作文素养的深厚积累，才有了学生在集体讲评中的畅所欲言，在畅所欲言中引发辩论，在辩论中形成和张扬语言个性，进而内化到书面表达。这个过程中，每一个学生的每一次发言、每一次书写都是独一无二的，它们互相碰撞和激发，生成千姿百态的思维火花，仿佛一路欢歌跳跃的溪流，又仿佛琵琶女手下的那一阵大珠小珠落玉盘，每一个声音都价值独到，每一次言说都妙不可言。由此，我有了对复调语文的初步感悟。

二、 浅探复调： 从作文教学到经典诵读

2005 年，在王新华校长的支持下，我考上了曲阜师范大学，攻读教育学硕士学位。从这一年开始，一直到 2009 年，我疯狂地迷上了西方哲学和文艺理论，夜夜读书到凌晨。不知不觉，我在教学上由直觉联系经验开始向着理论联系实际的方向发展。反观之前的作文教学，我发现自己竟然歪打正着，走了一条严格意义上的审美路子。由此，我结合自己的作文教学完成了硕士论文《在审美中自由表达》。

（一）反思作文教学，复调萌芽

作为一种审美活动，写作充满个体对世界、对自身的反思和体验，因而具有精神反映、精神观照的性质，如果不能摆脱这样或那样的功利态度而获得精神上的自由，真正的写作活动就很难进行。我认为，这里的"自由"有两层含义："写什么"的自由和"怎么写"的自由。"写什么"的自由，是指学生在写作时能够"一吐为快"，侧重"一吐"，说自己的真话，吐自己的真情，不说假话、空话和套话。"怎么写"的自由，是指因为能够"一吐"而获得的"快"，即精神上的轻松与愉悦，不会因为一提到写作就精神紧张。而仿写使学生获得的就是"怎么写"的自由，追求语言个性化

就是促进学生获得"写什么"的自由，此时我发现自己之前在作文教学中的做法分别具有浓厚的美学价值。

1. 美文仿写——美学艺术的起源

模仿学说认为，模仿是艺术的起源，是艺术的本质。这一美学思想由来已久，从几乎和老子同时代的古希腊哲学家赫拉克利特算起，再到德谟克利特、苏格拉底、柏拉图以及亚里士多德，这些著名的哲学家都对此有过专门的阐述。亚里士多德认为，艺术就是对自然和社会的模仿。其实，这仿写作文好比练书法，初学者先要描红练字，练到了一定的火候，再撇开字帖，逐渐写出自己的特点，这就是所谓的"它山之石，可以攻玉"。

2. 集体讲评——把学生、作品、读者同时引入审美过程

首先，从学生作品的存在方面来看。结合接受美学和解释学文论，我们可以理解为作品的存在是因为读者的阅读，没有读者的作品就不是完整的作品，或者可以说根本不是作品。小而化之，我们同样可以从审美角度来理解一篇作文的存在，一篇作文只有在阅读中才得以存在，否则只是摆在那里的一个物品。也就是说，一篇作文并不是存在于纸张墨迹或作者的写作意图当中，而是存在于读者对它的阅读理解当中。在通常的作文教学中，学生认为作文是写给老师看的，但老师并没有把自己当成学生作文的读者，而是以评判者、指导者的身份来审视学生作文。在学生的意识里，只要把习作交到老师手里，这次作文就算结束了，至多发下作文本时再看一下老师给的分数，再谈作文也会是下一篇了。对作文的鉴赏评价这一环节在学生身上的缺失，导致学生没有把自己或同学的作文看作审美对象，更没有把作文过程看成一个自由自在抒发自己所感所想的审美体验过程。学生不参与作文的鉴赏评价，不但压制了其鉴赏评价力的发展，而且影响了其对写作的兴趣。如此一来就形成了恶性循环，在学生眼里，作文只是一项枯燥无味、沉重烦闷的作业，已失去了任何审美学上的意义。

其次，从学生本身作为世界的主体存在方面来看。审美感受是实践主体在对象世界中的一种自我关照。黑格尔举过一个例子来解释这句话：一个小男孩把石子投进湖水中，看到了一圈又一圈四散的波纹，他很惊诧，又很开心。黑格尔解释说，小男孩之所以惊诧和开心，是因为看到不断扩

大的水圈，他感到了自己力量的延伸、体现和证明，他自身的力量在外界得到了确证。由此，我们不妨理解为，对学生来说，作文就是手中的石子，湖水就是读者，水圈就是作文在读者中引起的反应，惊奇和喜悦是在审美中得到的对自己本质力量的确证，是学生在同学和老师之间得到的一种审美观照。所以，拥有一定的读者群，既是作文本身存在的需要，更是小作者的内心诉求。

3. 辩论——审美的高级阶段，真正意义上的精神对话

辩论是思想交锋的战场，辩论的经常化为学生提供了大量表现自我的机会。辩论过程中，我没有用唯一标准去衡量学生的观点，而是善待学生的"另类"思想，给他们一份心理安全感和成功感，并鼓励学生标新立异，让他们真真切切地彰显个性。

以下，用一节课例片段说明"辩论"的对话性。

《_____的螳螂》趣味辩论会

（1）教学目标

①根据《昆虫记》前10个章节中的内容挑选趣味辩题。

②引导正反两方要始终围绕自己的观点进行辩论，并注意提出的论据要有针对性。

③随机指导学生将辩论内容整理加工成小作文。

（2）教学过程

①导入

②选择趣味辩题

师：同学们，从上周我们就开始阅读法布尔的《昆虫记》了，我了解到同学们已经将第10章读完了。今天，我们就根据前10章的内容来说一说你的收获。

（生小组讨论，然后全班交流）

师：没想到，薄薄的百十页文字竟然给我们带来这么多的收获，这说明同学们不但会读书了，而且还读得好了。下面，请每个小组把你们最感兴趣的昆虫写在黑板上。

（16个小组分别把自己感兴趣的昆虫写到黑板上，重复率最高的"螳螂"被选作辩题）

③辩论

（分别以"讨厌的螳螂"和"可爱的螳螂"为题进行讨论）

正方：我们认为，螳螂是可爱的。首先，它是因为美丽而可爱的。它"拥有苗条的腰身，穿着俏丽的短上衣，浑身呈优雅的淡绿色，还有那长长的酷似纱罗的绿翅膀"。

反方：幼稚而天真的正方请注意了，美丽只是螳螂的伪装，实际上它的本性是凶残的。因为它凶残的本性，所以我们讨厌它。

正方：可我们觉得螳螂的本性是可爱的。文中说，螳螂即使在它的武器上也装饰上"一个美丽的黑色圆点，圆点中心有白色眼斑，四周还点缀着一些珍珠"。我们都知道武器是冷冰冰的，螳螂却把它装扮得这么美丽。

反方：美丽就等于可爱吗？

正方：美丽不一定等于可爱，但如果这美丽的武器是用来消灭害虫的话，那它就是可爱的了。

反方：可是，如果它吃掉的是益虫呢？

正方：螳螂在大多数情况下吃掉的是害虫，按照少数可以忽略不计的规则，螳螂大体上是一种美丽而可爱的昆虫。

反方：如果正方一再认为螳螂在通常情况下吃掉的是害虫的话，那么，雌螳螂的丈夫算不算害虫呢？如果连自己的丈夫也要吃掉的话，那么雌螳螂还算不算"可爱"呢？

正方：雌螳螂吃掉自己的丈夫是为了延续后代，并不是出于其他原因，这是一项特殊的任务。

反方：即便真的是这样，那经过如此悲壮的事件而得到的卵，雌螳螂又是怎么对待的呢？杀夫弃子，说它惨绝"虫"寰一点儿也不过分！

正反：反方应该考虑到，雌螳螂这么做完全是出于对整个螳螂家族利益的考虑，因为大自然是无情的，物竞天择，适者生存。"杀夫弃子"，也正反映了它的聪明之处。因此，我们坚持认为：螳螂是可爱的。

（略）

④小结

⑤根据辩论过程和自己的立场完成小作文

⑥交流作文

可爱的螳螂

李晓东

我坚持认为螳螂是可爱的。

螳螂有着爱美的天性。它拥有苗条的腰身，穿着俏丽的短上衣，浑身呈优雅的淡绿色，还有那长长的酷似纱罗的绿翅膀。

甚至，螳螂的武器也是美丽的。它那捕猎器根基的内侧，装饰着一个美丽的黑色圆点，圆点中心有白色眼斑，四周还点缀着一些珍珠。多么时尚和美丽的花纹啊！

说到这儿，可能有人会问：美丽等于可爱吗？是的，美丽不一定等于可爱，但是美丽也不一定不等于可爱。如果螳螂捕获的是害虫，那么，我们说螳螂就是可爱的！事实上，它在大多数情况下捕获的就是害虫，也就是说，大致上，螳螂依然是可爱的。

至于它被强加上"谋害亲夫""抛弃子女"的罪名，那说明的只能是反方的无知与天真了。所谓"谋害亲夫"，那是使螳螂这个物种得以生存和延续的繁殖方式，如果不这样做，螳螂这个物种将会永远在地球上消失。如果不"抛弃子女"，那我们看到的螳螂也许就不会拥有那强劲有力的形象了，而是一群老弱病残。物竞天择，适者生存，这是自然界的规律。螳螂——这么小的一只昆虫，竟然比某些"仁慈"的人更懂得这一点，你不觉得它很可爱吗？

阴险残忍的螳螂

梁文珂

螳螂的确是一种阴险的昆虫。

正方竟然说螳螂长得像仙女，并把这作为螳螂可爱的理由之一。试问正方：一只披着羊皮的狼是比羊更加温顺，还是比其他的狼更加阴险?！美貌只是它们用来迷惑人们的假象，当发现猎物时，它们就会露出真实的嘴脸。

正方居然还说螳螂连武器都装扮得那么美丽，从而断定它的天性是可

第一章 随缘而起——复调语文的由来

爱的。哈哈，我都快要笑死了！什么"武器"？简直是凶器嘛！如果螳螂稍微有一点点良知的话，凶器是应该被藏起来的，但是它不但没有丝毫的罪恶感，而且费尽心思地伪装得那么精美，它是想让人对它的凶器进行赞美吗？这也太明目张胆了吧？

我们再来看一看《昆虫记》里的这几句话吧："雌性螳螂甚至还有食用她丈夫的习性，这可太让人吃惊了！雌性螳螂在吃她丈夫时，会一口咬住她丈夫的头颈，然后一口一口地吃下去，最后只剩下她丈夫的两片薄薄的翅膀。"读到这几句话时，你的后背不发凉吗？这么令人发指的行径居然被正方称为繁殖后代的需要。我们有理由相信，用这么残忍的方式得来的螳螂后代，也只能是残忍的。

我会永远讨厌螳螂，因为它的阴险，因为它的残忍。

可爱的螳螂

刘耀淇

螳螂的可爱在昆虫界无与伦比。

在一般人眼里，武器总是寒气逼人的，总是令人望而生畏的。但是，聪明的螳螂却把自己的武器点缀成了美丽的工艺品：在它捕猎器根基的内侧，装饰着一个美丽的黑色的圆点，圆点中心有白色眼斑，四周还有一些珍珠。真的是富有生趣啊！

提起它的"谋害亲夫""抛弃孩子"等做法，你不觉得这正说明了螳螂的智慧吗？指责它"谋害亲夫"的同学，你怎么知道它在吞咽"亲夫"时不是怀着巨大的悲痛呢？它的内心怎么会不悲痛呢？但是，迫不得已啊，为了整个家族的延续，只能牺牲自己亲密的伴侣了。再说了，雄螳螂的这种义无反顾的献身精神不是更说明了螳螂的可敬可爱吗？

说雌螳螂"抛弃孩子"，难道反方没听说过吗？在遥远的古希腊，有一个民族会将刚出生的不健康的婴儿扔进深谷，会在孩子很小的时候就对其进行严格的残酷的体能训练，为的就是使他们整个的民族健康与强大。雌螳螂的这种做法，并不是因为它的狠心，而是因为它的眼光长远。

想明白了这些，你还能说螳螂不可爱吗？

令人讨厌的螳螂

赵 悦

我讨厌螳螂。

首先，螳螂是昆虫界里的"小人"，做事情不光明磊落，还无比歹毒。它穿着一身美丽的绿衣服，使它看起来像一位美丽温柔的大小姐，但是它的温柔是表面的，只要一接近它，你就会受到它无缘无故的攻击。《昆虫记》曾这样描述螳螂："这个刚才还在蜷缩着休息的小动物（螳螂），立刻伸展开它身体的三节，于是，这个可怜的路过者还没有完全反应过来，便已经稀里糊涂地成了螳螂利钩下的俘虏了。"

其次，作为母亲的雌螳螂是很没有责任心的。雌性螳螂会把刚出生的卵全部抛弃，而那些被抛弃的卵好多都会被蚂蚁当作美味。它连自己的孩子都懒得照顾，置子女的生死于不顾，只管自己的享乐，你还认为它是可爱的吗？

再次，雌性螳螂还会吃自己的丈夫，尽管它是为了繁衍后代。这更加说明了螳螂是一种多么令人讨厌的昆虫！在我们看来这么残忍、这么血腥的行为在螳螂家族却被看作一件极其正常、极其自然的事情！

我没有办法说明我对螳螂是多么的讨厌了。

看，这就是辩论的精彩！辩论的精彩之处，还在于你根本无法预设。在教学中很明显的一点感受是，离开了辩论这种高强度的对话，是很难碰撞出智慧的火花来的。只有在碰撞之中，学生才会有属于自己的想法，才会发出自己的声音。

此时我对作文教学审美性的确认，为后面将文艺理论引入语文教学埋下了伏笔。

（二）实施经典诵读，复调咏叹

2006 年，我从曲阜师范大学毕业后，仍旧回到幸福街小学，恰巧赶上学校在罗军校长的带领下开始实施经典诵读工程。于是，我黑夜继续享受寂寞，遨游在西方哲学和文艺理论的世界里；白天则偏安于教室，带领着学生们在《道德经》的智慧和《诗经》的唯美中徜徉。诵读经典，浸润书香，学生在积累语言、陶冶情操的同时，传承了中华民族的传统文化。但是，经典语言的艰涩难懂常常使学生感到乏味。怎样才能使经典诵读更生动、更有效，且远离枯燥呢？

自此，我初步引入巴赫金的复调理论，开始逐步构建"国学经典复调咏叹模式"，旨在使学生兴趣盎然地品读经典、赏析经典，从而引领学生的精神成长。

"经典诵读复调咏叹模式"具体分为三步走。

1. 涵咏美读——音韵的复调

借鉴熊春锦教授的诵读五字心诀，我重点运用前三个心诀，即"恭、熟、忘、合、灵"中的"恭、熟、忘"，目的是熟读成诵，但讲究过程中的享受与美感。

恭，是要有一份恭敬心。在教学中，我让学生懂得对待经典要怀有一种毕恭毕敬的心态，并从课堂的坐立姿态、读书姿势上给予指导和训练，使诵读经典的课堂呈现恭敬肃然的精神面貌。

熟，采用不同的方式使学生对经典的诵读达到滚瓜烂熟的程度。在教学中，我运用慢诵、快诵、吟诵、吟唱等不同方式，通过增加趣味性，来调动学生诵读的积极性。每种诵读方式中的每一步又包含了不同的小环节，比如吟唱中可以采用一唱三叹、你唱我叹等方式，几种吟诵方式也可交叉运用。

忘，即"忘声""忘掉自己的私心杂念"，想象音韵经过身体的五脏六腑而涤荡身心。在"忘"字环节里，我们开创了"摇头晃脑"背诵法、"丹田呼吸"背诵法。在兴致盎然的活动中，学生们不知不觉地将经典诵读融入身心。

2. 理解感悟——思想的复调

首先，学生要结合历史故事或典故、古诗词，写出自己对文言经典某一章或者某一句的理解。学生的赏析大致分为两种形式：第一种，以史解文，使用历史故事或典故赏析经典；第二种，以经解文，引入古诗词或《论语》《弟子规》等其他学过的经典，与刚刚学过的经典章节进行类比。

其次，教师要掌握第一手的赏析写作情况。为了及时掌握学生的理解情况和学习情况，以便于下一步教学中进行有效的反馈和矫正，教师必须对学生的赏析进行批阅。

再次，扩大学生的读者群，教师是学生赏析的第一个读者，同学则是第二个读者。在对学生赏析进行批阅之后，我会组织学生在四人小组内交流各自的赏析，有特点的或者有争议的都可以推荐出来在全班进行交流。这样，学生写的每一篇赏析至少有本组内的四个同学加上老师共五个读者，而相当一部分同学会有机会拥有七十多个读者。

3. 说评辩疑——声音的复调

赏析在班里交流时，学生之间、小组之间经常展开质疑辩论。

激发学生质疑辩论的兴趣，需要出台相应的评价激励措施，比如，如果学生能就前面发言的同学的观点谈出相反意见或提出质疑，得到的分数将是一般发言同学的两倍。这样，同样是赏析某一章或某一句话，学生很容易产生不同的看法，辩题常常会自动生成。每到这个环节，我常常是自叹不如。叔本华说过："审美上正确规则的发现，并不需要一种引导。"这句话恰恰解释了在课堂上能自动生发辩论点的奥妙。

当然，刚开始实施的时候有点难度，学生常常辩不到点上。为此，我常常需要设计辩题。

以下，以一节教学片段来说明。

美丽的哀愁

——"我读《诗经》"之庄姜

（1）简介《诗经》导入

师：《诗经》给了我们中华民族文化史一个灿烂的童年、一个耀眼的起点，在世界文化史上与古希腊的《荷马史诗》遥相辉应。正因如此，《诗经》集文化史上的无数个第一为一体，比如，它是我国第一部诗歌总集，第一次出现了抒情诗，第一次运用了赋、比、兴的手法等。今天，我们来解读一下《诗经》中出现的我国文学史上的第一美人——庄姜。

（2）赏析庄姜诗

①庄姜是谁？简单介绍一下。

②从哪几首诗可以了解到这些呢？

③在小组内从刚提到的诗中选一首进行赏析。回忆赏析方法：对比、解释、引用。

④交流。

（3）辩论

师：通过赏析，我们领略了庄姜华美的一面，如高贵的出身、绝美的容颜、罕见的才华，更知道了她灰暗的一面，如她的被冷落、她的寂寞、她的孤独。关于美人，历来有两个词语深入人心：红颜祸水、红颜薄命。有人说庄姜是可敬的，因为她是红颜却不是祸水；有人认为庄姜是可怜的，因为她是红颜，正应了红颜薄命。你认为呢？下面思考一下，可以小组讨论，然后准备辩论。

（4）小结

师：无论如何，庄姜本人和她的作品一起成了《诗经》的经典，她的形象成了所有文学作品中的美女代言人。此女只应天上有，人间能得几回见？她高贵美丽，才华横溢，但高贵美丽的背后却是抹不掉的哀愁。

（5）将辩论内容整理成文

 习作展示

悲情淑女——庄姜

杨子童

"硕人其颀，衣锦褧衣。齐侯之子，卫侯之妻，东宫之妹，邢侯之姨，谭公维私。"此谓何人？出身这么高贵，嫁的也是名门。她就是两千多年前的才女，中国历史上第一位女诗人——庄姜。

她，"手如柔荑，肤如凝脂。领如蝤蛴，齿如瓠犀，螓首蛾眉，巧笑倩兮，美目盼兮。"就是这么一位才德兼备、貌美如花的女子，她的婚姻生活却很不幸福。

庄姜出生在那个遥远的时代，这首先就是她的不幸。

据史书记载，庄姜嫁给卫庄公后，没有生过一男半女。这在当时那个女子本来就被压迫的社会，无疑是雪上加霜，简直是罪不可恕。"不孝有三，无后为大"的社会现状，注定了风风光光出嫁后的庄姜要清灯孤影度余生。

庄姜虽然没有孩子，备受丈夫的冷落，但她对丈夫其他妻子生的孩子却很好，尽心尽力地教育他们，对他们疼爱有加。

庄姜一生写有很多诗，最出名的有《日月》《终风》等。从这些诗中，

你会读到一种伤感。

就是这么一位才貌双全、品德高尚的女子，本应该受到丈夫的宠爱、家人的关怀、社会的尊重，却由于没有孩子而成为时代的牺牲品。

庄姜只是那个时代的一个缩影，当时的女子都是这样的命运，我真为她们抱不平！！我常常想，庄姜要是生活在我们这个和谐社会，那将是一个多么幸福的典范！

可敬的庄姜

丁思文

庄姜是我国历史上第一位有文字记载的美女，第一位女诗人，是姜子牙的后代。庄姜是春秋时期齐国的公主，嫁给了卫国的国君卫庄公。可惜上天给了她倾城的容貌、过人的才学、高贵的出身，却没有给她一份美满的婚姻。因为没有孩子，她颇受冷落，卫庄公又先后娶了厉妫、戴妫和璧人三个妻子。庄姜对戴妫的孩子视如己出，一直到璧人的儿子州吁篡位，赶走了戴妫，庄姜还去送她，作下了送别诗之祖——《燕燕》。庄姜学富五车，《诗经》中的《柏舟》《燕燕》《绿衣》《终风》和《日月》都是她的杰作。

孙老师给了我们一个辩题：庄姜是可敬的还是可怜的。我比较支持第一种：第一，庄姜有才学，她跟李清照一样，都是在那个重男轻女的时代把自己的光芒闪了出来，照亮了后人；第二，庄姜有道德，不因为自己的不幸而嫉妒别人，她反而在别人陷入不幸的沼泽时伸出了手，把别人拉了上来；第三，庄姜是红颜但不是祸水，商朝的妲己、周朝的褒姒，这些被世人唾骂的美女与庄姜比起来是那么肮脏而渺小，也显出了庄姜的伟大与璀璨。

为此，我写了一首关于庄姜的诗：

遗世之才

闭月之容

已无所用

为公

倾注一生

却独守一份冰冷

盼着

望着

只盼得一钩残月在心头

可怜的庄姜

张文瑾

从古至今，代代都有美女出，更有像四大美女这样的大牌。而如果说有什么标准美女的话，那我认为应该首推春秋时期的大美女庄姜。有诗为证："硕人其颀，衣锦褧衣。齐侯之子，卫侯之妻，东宫之妹，邢侯之姨，谭公维私。手如柔荑，肤如凝脂，领如蝤蛴，齿如瓠犀，螓首蛾眉，巧笑倩兮，美目盼兮。"

这首出自《诗经·卫风》的诗歌，非常细腻地勾勒出了一幅标准美女图：她身材高挑修长；一双纤手柔如茅草的嫩芽，又白又嫩；肌肤似凝脂般细腻白皙；脖子像幼虫般娇嫩柔软；牙齿细白整齐像瓜子；额头饱满，眉毛细长；盈盈笑时好醉人，美目顾盼真传神。

有一个辩题：庄姜是可敬的还是可怜的。我比较支持第二种。

第一，朱熹在《监本诗经》中认为庄姜是中国历史上第一位女诗人。她是春秋时齐国公主，卫庄公的夫人。相传《诗经》里《燕燕》为其所作："燕燕于飞，差池其羽。之子于归，远送于野。瞻望弗及，泣涕如雨……"后代诗评家推其为"万古离别之祖"。可是庄姜嫁给了昏惑的卫庄公，夫妻不和，婚姻不幸，她心中非常痛苦。可惜了既有才又有貌的庄姜，所以我认为庄姜是可怜的。

第二，自古红颜多薄命，此话就像是上天的诅咒。上天赋予女人美貌之时，却总要搭上悲惨的命运，似乎只有这样才显公平。作为美色、美德、美才兼具的标准美女，庄姜自是难逃一"悲"字。老天给了她美貌和尊贵，却没有赐给她一个好男人和一段好姻缘。庄姜对卫庄公可谓一心一意，可卫庄公对庄姜却是三心二意，庄姜对此十分伤心。如《诗经》中的《终风》《日月》《柏舟》等，这几首诗写出庄姜婚后痛苦的心情，所以我认为庄姜是可怜的。

第三，在《左传》中有明确的记载："卫庄公娶于齐东宫得臣之妹，曰庄姜，美而无子，卫人所为赋《硕人》也。"就是因为庄姜无子无女，所以再美也无法得到卫庄公的宠爱，因此我认为庄姜是可怜的。

可怜又可敬的庄姜

颜天姿

庄姜是我国第一位美女诗人，我想只要读过《诗经》的人便可知道，仅是最早的一位女诗人便算了，这美女的头衔搁在庄姜的头上更可谓名副其实，现在的一些美女作家就得靠边站了。

庄姜的美是蝴蝶标本式的美、蜡人的美，而不是秀色可餐的美。因为她的贤德，世人敬她爱她，诗人歌咏她，但从没有人用一个女人的眼光来看待她，她已经是一个符号化的美女了。

她风风光光嫁人之后，却因为没有生孩子而遭到长期的冷落，卫庄公脾气暴躁，甚至有虐待庄姜的嫌疑。

不快乐的庄姜只能在诗歌中寄托哀思，在《终风》《柏舟》《绿衣》和《日月》中，庄姜的不幸表露无遗，常常"耿耿不寐""忧心悄悄"。

不像妲己、褒姒那些美女，庄姜有好心肠，更可贵的是庄姜并不是徒有其表的花瓶，而是位才华出众的诗人。

我们班曾经辩论过庄姜是可怜还是可敬，有一位同学帮我们圆了这个话题，他说庄姜既可怜又可敬。我也是这么想的，就像上面我写的那些一样，有可怜的也有可敬的，而且又很有证据；并且可怜和可敬又并不冲突，难道不是吗？

辩题的设计适用于初级阶段，一段时间以后，辩论已经完全不需要我的引导，常常一个同学话音未落，另几个同学就应声而起了。

纵观这三步，第一步里音韵琅琅，第三步里辩声飞扬，第二步虽是静的，但是暗流涌动，对学生往往有于无声处听惊雷的效果。学生在写作的过程中，势必包含对所学经典的切磋和研究。这是一种很基本的语文思维的体操，包含了选题、搜集材料、整理思路、概括要点、阐明观点等一系列的思维活动。同时，不同的学者其思路不同、见解迥异，而学生们一直以来受到的是黑就是黑、白就是白的黑白分明的教育，大师们这种能把黑辩成白、在言辞之间翻云覆雨、用文字逻辑扭转乾坤的思维，既让学生们领略到了语言的魅力，又在学生小小的头脑里刮了一场大大的风暴，因此才有了第三步里学生的各抒己见和辩声飞扬。

三、 深入复调： 从文本解读到课程建构

如何在语文教学中使复调这星星之火呈现燎原之势？我开始系统地走近巴赫金。

（一）复调的内涵：相对于传统对话

简单地说，复调就是对话。但是，此处的对话并非等同于《义务教育语文课程标准》（2011 年版）中提到的"教师、学生、文本及教材编者之间的平等对话"。

《巴赫金全集》第 5 卷第 315 页有这样一段话——这段话用了一个例子来说明复调的交锋性——"《白痴》中的菲利波芙娜，她一方面认为自己是堕落的女人，与处处为自己开脱的梅什金争论，极力谴责自己有罪；另一方面又憎恨同意她的自我谴责的人们，这样，她谴责自己的声音和别人为她开脱的声音在她憎恨同意她自我谴责的声音里形成了交锋。"交锋，才是复调的内核。如果没有思想上的交锋，就不会有复调。

所以，相对于语文课程标准中所指的对话，复调的对话更具体、更深入。语文课程标准中所谓的对话，是只要有话题就可以了，掌控不好，会使对话流于形式，造成表面上的热闹。复调的对话则不然，它是必须能够挑起理解冲突和思想交锋的话题，这个交锋就会保证话题的深刻性与思想性。

（二）复调的表征：彰显于文本解读

复调语文的具体表征是什么呢？我认为有以下几点。

1. 情境营造

刘勰在《文心雕龙》里说："夫缀文者情动而辞发，观文者披文以入情，沿波讨源，虽幽必显。"这说明了情境的重要性。巴赫金认为，对话离不开语言、身体和他人，这些都是情境营造的基本元素。我们可以利用音

乐、插图、讲故事等辅助手段进入情境。

2. 话语交锋

因为文本理解而产生的交锋，正如巴赫金提到的小说《白痴》中的那个堕落的女人。推而广之，任何一篇文本的存在都是多元的，所以我们不用担心找不到文本的冲突，引不起理解的交锋。异口同声的课堂，不是复调课堂。

比如人教版小学语文五年级上册中的课文《地震中的父与子》，文章讲述了地震发生后，在大家都放弃救援的时候，一位父亲不眠不休地在教学楼的废墟中挖了38个小时，终于救出包括儿子在内的14个小孩子的故事。教学时，教师通常都会把重点放在引导学生体会父爱的伟大。而我认为，这不是复调，因为学生在话语上没有交锋。交锋点预设在哪里？可以这样设想：就是这一位父亲爱自己的儿子吗？其他的13位父亲就不爱自己的孩子吗？仅仅是因为爱孩子，这位父亲才救出自己儿子的吗？不是的。因为阿曼达父子间存在一个约定，就是父亲说过的"无论发生什么，我总会和你在一起"。父与子同时对这句话的信任与坚守，成就了这个因爱而在的奇迹。

所以，根据当时课堂教学情况，交锋预设点可以是："这对了不起的父与子"了不起的地方，仅仅是父爱的伟大和儿子的谦让吗？相信这个问题必定是点燃学生们思维火花的火种。

我执教的观摩课《卖火柴的小女孩》在2012年华东六省一市教学观摩研讨活动中获得一等奖。《卖火柴的小女孩》是安徒生经典童话之一，讲述了一个穷苦的小女孩大年夜里在大街上赤着脚卖火柴，因寒冷至极，五次划燃火柴，看到种种美好的幻象，最终被冻死街头的故事。在山东省教学研究室语文教研员李家栋老师的指导下，我为这堂课设计了两个交锋点：第一，体会想象的效果，重点走近小女孩第一次擦燃火柴时的描述，是否可以把文中小女孩划燃火柴后看到的幻象描写去掉，为什么？第二，小女孩凄惨地离开了这个世界，可是文中最后一段却说："谁也不知道她曾经看到过多么美丽的东西，她曾经多么幸福，跟着她奶奶一起走向新年的幸福中去。"为什么呢？通过这两次话语交锋，让学生体会安徒生童话安慰人心的力量。

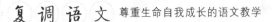

3. **课程建设**

复调语文教的是课程，而不是课文。因此，复调语文课堂要大胆引进课程资源，进行课程建设，打造出有个性色彩的课程。

我的教学课《鞋匠的儿子》在 2009 年获得潍坊市优质课第一名。这是苏教版小学语文六年级上册的一篇课文，课文中详讲一件事，略讲一件事。详细讲的是林肯当选美国总统以后在参议院进行首次演讲时，有人羞辱他，说他是鞋匠的儿子。林肯没有生气，而是说："我非常感激你使我想起我的父亲。他已经过世了。我一定会永远记住你的忠告，我永远是鞋匠的儿子。我知道我做总统，永远无法像父亲做鞋匠那样做得那么好。"然后，他又转身对那个羞辱他的参议员说："据我所知，我父亲以前也为你的家人做过鞋子。如果你的鞋子不合脚，我可以帮你改正它。虽然我不是伟大的鞋匠，但我从小就跟父亲学到了做鞋子的艺术。"林肯的话使得所有的嘲笑声都变成了赞叹的掌声。课文接下来略写了林肯就任总统后不久，南方发动分裂战争，林肯号召人民结束分裂，维护国家统一。看起来两个事例似乎联系紧密，正是这位总统充满爱心，提倡平等，具有伟大的人格魅力，才会领导人民反对分裂，维护国家的统一。这也是《教师参考用书》上的观点。

然而，我初读这篇课文时就有一个强烈的感觉，记叙第一件事情的文字有呼吸、有温度，而记叙第二件事情的文字是没有生命的，只是一些生硬的符号，这不可能是一篇完整的文章。于是，我开始上网查找资料。感谢网络的强大力量，原来这篇文章的作者是林清玄，原名为《鞋匠与儿子》。原文的结尾是这样的："批评、讪笑、诽谤的石头，有时正是通向自信、潇洒、自由的阶梯。那些没有被嘲笑与批评的黑暗所包围过的人，就永远无法在心里点起一盏长明之灯。"这样的结尾隽永清新，文字呵气如兰。而改编后的结尾强调林肯统一国家的业绩，文字苍白无力，给人以牵强附会、虚张声势之感。

知道了这篇文章的前世今生，我打开了课堂教学的另一条思路。教学这篇课文的时候，我首先抓住林肯的语言，引导学生体会人物的人格魅力，然后创设想象：假如林肯在当众受人羞辱的情况下，拍案而起或者愤而离去，又会是什么样的结果？这是交锋点之一。交锋点之二，引入课外资源，将两个结尾同时出示给学生，问学生喜欢哪一种结尾并说出理由。通过对话交锋的反复出现，课堂高潮再起，林肯这个人物变得有血有肉了，在学生的心目中鲜活起来了。

教学课《孔子游春》是我于2010年参加潍坊市教学大赛的参赛课，选它完全是因为太喜欢这个题目，后来这一节课获得了大赛第一名。这是苏教版小学语文六年级下册的一篇课文，课文内容分为对泗水春景的描写、孔子观水而发宏论、师生在泗水河畔围坐抚琴高歌、师徒三人谈论志向等几大场景。课文是由多篇文章改编而来，涉及的内容分别来自《庄子·渔父篇》（抚琴高歌部分）、《说苑·杂言》（孔子论水部分）、《论语》（言志部分），作者把发生在不同时间、不同地点的几件事放在一起，难免有强拉硬扯之感。

怎么既尊重文本又使文脉畅通呢？我开始重读《论语》，读钱穆的《孔子传》，读石毓智的《非常师生——孔子和他的弟子们》，读林语堂的《左手孔子，右手老子》。随着对孔子的解读的深入，我越来越清楚的一点是：作为孔子一生中的一个重要转折点，周游列国14年这一事件应该是课堂教学的重点。孔子生活的春秋时期，诸侯争霸，战火不绝，民不聊生。孔子认为，要想使老百姓安居乐业，就要推行仁爱和礼仪，不要剥夺和战争，但是他的主张不被自己的祖国鲁国所采纳，于是他周游列国宣传仁爱主张。众弟子被老师的主张所打动，紧紧追随孔子，尽管一路上生活艰难，居无定所，食无定点，有时候被人追杀，有时候要相互依偎取暖，有时候甚至几天都吃不上一顿饭，受尽冷眼和嘲讽，连孔子也笑称自己"若丧家之狗"。但是，众弟子始终不离不弃，陪伴孔子度过了为期14年的周游生涯。漫长的颠沛流离生涯，他们是靠什么坚持下来的呢？我认为，靠的是坚定不移的志向，靠的是师徒之间那深深的情谊！

引领学生了解了这段历史，无论是论水还是言志，在学生眼里，孔子师生之间的一切不再高深莫测，不再隔膜生硬，而是那么自然融洽，甚至让人心仪。

当然，复调课堂的三个基本表征互相依存，如果能在一定的情境中并佐以恰当的课程资源，话语的交锋会更加锋芒毕露。

（三）复调的实施：立足于课程建构

复调语文当然不仅仅片面地适用于作文教学、经典诵读和语文课堂教

学，它的实施应该立足于课程构建。

1. 构建"教科书——拓展阅读书目——经典诵读篇章"三级班本课程体系

有深度、有内涵的对话源于大量有深度、有内涵的阅读，思想的积累、精神的奠基是复调对话的前提，因此，构建丰厚扎实的课程框架尤为重要。课程构架包括三部分：①教科书。运用语文主题学习方式，整合教材，用一篇带多篇的学习方法，用每学期三分之一的时间学完教材。②拓展阅读书目。根据教材内容补充和拓展书目，把每学期三分之一的时间用于阅读大量拓展书目。③经典诵读篇章。把每学期三分之一的时间用于诵读新课程标准推荐的诗词，诵读年级段相应的国学经典，比如五年级诵读《道德经》、六年级诵读《诗经》。

2. 确定三级班本课程分别对应的主打对话策略

①教科书：把教材当例子，扣词析句，精读文本，探究细节。对精挑出来的教材文本，更要以一当十，让学生通过不同形式的阅读，充分感知文本，抓住重点辨词析句，在复调对话中让学生展开思想上的交锋，从字里行间领略文章的神采，获得思想启迪和审美乐趣，在潜移默化中接受语言的熏陶、学习语言的运用。此时的对话，是学生、教师、教科书编者、文本之间的复调对话。

②拓展阅读书目：把握脉络，整体思考，点评主干。拓展阅读的目的在于开阔学生的视野，丰富学生的精神世界，最重要的是培养学生的阅读兴趣。因此，对拓展书目只需撷取英华，在引领学生把握主体脉络的基础上，从整体入手或者从自己感兴趣的部分进行点评。此时的对话，是侧重学生和教科书编者、文本、生生之间的对话。

③经典诵读篇章：吸取精髓，解读精华，感悟精神，即"国学经典诵读咏叹模式"的运用。

四、 在复调语文中修行人生

圣·埃克苏佩里在《小王子》中说："使沙漠如此美丽的，是它在某处藏着一眼泉水。"借用这句话，我们可以简单地理解为，使语文教学如此美丽的，是它在某处藏着一脉灵动的泉。这脉泉不是我们深挖人造出来的，不是我们通过现代工程引水过来形成的，而是原本就自然而然存在的。这脉泉，天真自在，生动纯真，历久弥新。

复调语文正是行走在寻找这脉泉的路上。在对那脉泉的追寻中，我由衷地感受到了时而远离泉脉而山穷水尽，时而靠近泉脉而柳暗花明的悲喜交加。

因为复调语文的行走，有那么多爱护我的人给了我数不尽的赞誉。因为得到太多的支持与帮助，尽管十分忐忑，我还是在不安中一点一点地把它呈现出来。我知道，目前的复调语文其实只是一枚青果，青涩异常，但我一直在努力，希望它能有一份芬芳，能经得起咀嚼。

"兰叶春葳蕤，桂华秋皎洁。欣欣此生意，自尔为佳节。谁知林栖者，闻风坐相悦。草木有本心，何求美人折！"兰花在春天里生长得茂盛而美好，桂花在秋天里开放得皎洁而芬芳，这些都是草木的本性，何用借美人的采撷而扬名四方呢！如果它是一朵兰花，就尽情欣赏它在春天里的风姿；如果它是一树桂花，就让我们耐心等待它在秋天里播撒幽香，何必总是祈求美人的眷顾呢？愿意尊重它原来的样子，并郑重地等待，它总会从容绽放的。

天道运转，事物发展，皆是随分守己，因循本真。复调语文亦是如此：心急不得，焦虑不得，功利不得，只以一派澄明自在的心境，去尊重语文这门学科本来的心，隆重地耕耘过程，莫问收获。

莫问收获，反而引来收获。复调语文下的学生，能言善辩，文采飞扬，见解独到，妙语如珠，让《大众日报》刘同贵主任赞叹不已，其精彩表现更是让全国语文主题学习现场会的与会老师交口称赞。而在日后的学习中，学生们以丰厚的人文底蕴又在各自的中学独占鳌头。

而复调语文本身也开始开枝散叶。在奎文区教育局的支持下，从2012年起，以奎文区个性教师工作室的名义凝聚了一批朝气蓬勃的年轻教师，从教学方式上的复调走向研究方式上的复调，从师生间的教学相长发展为教师间的如切如磋，以期达到教学与研究、成果与人才的共赢。

只问耕耘，莫问收获。人生何尝不是如此呢？如果，生命是一场修行，那么，自然而然，因语文而成长，随复调而成长，这是我可以选择的最美好的修行方式。

存在即对话
——复调理论的溯源

第二章

存在即对话。教育作为人类存在的诸多领域中的一种，当然是对话。而作为在复调理论基础上提出来的一种语文教研模式，复调语文追寻的是这样一种理想境界：学生能与天地万物建立起一种精神相遇的对话关系，能够对其中的精华进行理解、欣赏、汲取和生发。

巴赫金认为在陀思妥耶夫斯基的小说里，没有一个高高在上的作者意识掌控全局，故事情节的发展不是按照作者的主观意识单项发展，小说的主人公不是作者思想意识的直接表现者，每个主人公都有自己的自我意识。因而，巴赫金把陀思妥耶夫斯基的这种小说称为复调小说。复调小说是由互不相容的各种独立意识、各具完整价值的多重声音组成。巴赫金是借用了音乐学中的术语"复调"，来说明这种小说创作中的多声部现象。

一、　复调与对话

　　复调与对话之间是什么关系？

　　什么是对话？对话是当下最流行的术语之一，它的含义极其丰富，渗透在哲学、政治学、人类学、心理学、教育学等各个不同的领域。正如巴赫金所言，"生活中的一切都是对话"①，"意识开始的地方，就是对话开始的地方"②。

　　人类的存在即对话。巴赫金认为："存在意味着对话交流。对话结束了，一切也就结束了……一切都是手段，对话才是目的。一个声音什么也结束不了，什么也解决不了。两个声音才是最起码的生活，是最起码的存在。"③《人与人的对话》一书的作者谭学纯认为："生命在对话中敞亮，存在在对话中展开，主题建构在对话——在我与他人的对话中实现。"④《对话

---

　　① 巴赫金. 陀思妥耶夫斯基诗学问题［M］. 刘虎译. 北京：中央编译出版社，2010.49.
　　② 巴赫金. 陀思妥耶夫斯基诗学问题［M］. 刘虎译. 北京：中央编译出版社，2010.47.
　　③ 巴赫金. 陀思妥耶夫斯基诗学问题［M］. 刘虎译. 北京：中央编译出版社，2010.278.
　　④ 谭学纯. 人与人的对话［M］. 合肥：安徽教育出版社，2000.2.

教育论纲》的作者王向华认为人类存在的所有领域都是对话，即"思想的本质是对话""艺术的本质是对话""语言的本质是对话""理性的本质是对话""道德的本质是对话""教育的本质是对话"。

教育作为人类存在的诸多领域中的一种，当然是对话。德国文化教育家斯普朗格认为："教育绝非单纯的文化传递，教育之为教育，正在于它是一个人格心灵的'唤醒'，这是教育的核心所在。"教育的目的不在于传授，因为要传授的东西是永无止境的。教育的目的在于唤醒，在于激发，在于碰撞，在于生发。

从早期著名的苏格拉底对话到19世纪哲学家马丁·布伯从哲学方面对对话的全面论述，再到20世纪巴西著名教育家保罗·弗莱雷对对话式教学思想的充分论述，可以说，对话贯穿了整个西方教育发展史。中国古代的对话思想最早可追溯到周礼，"礼尚往来"体现的正是一种对话原则。到了春秋时期，道家则把对话发挥到了极致。"有无相生，难易相成，长短相形，高下相盈，音声相和，前后相随，恒也。""反者，道之动；弱者，道之用。"《道德经》中的这些经典名言都是对话意识的绝妙体现。而整部《论语》则完全以对话体呈现，体现的是对话者之间平等民主的关系。在之后漫长的封建社会中，对话思想渗透在汉唐佛学和宋明理学中，一直到新文化运动进一步启迪了民智，沟通了东西方文化交流，对话思想在中国文化中从未中断。

教学是对话。恰如柏拉图所言："往一个人的灵魂中灌输真理，就像给一个天生的瞎子以视力一样是不可能的。真理就其本性而言就是辩证的思想产物。因此，如果不通过人们在相互的提问与问答中不断地合作，真理就不可能获得。因此，真理不像一种经验的对象，它必须被理解为一种社会活动的产物。"王向华把这种对话性质的教学称为对话教学。他在《对话教育论纲》一书中引用德国教育学者克林伯格的话："在所有的教学之中，进行着最广义的对话。……不管哪一种教学方式占支配地位，这种相互作用的对话是优秀教学的一种本质性的标志。"[①] 他认为，对话教学是民主的、平等的教学；是创造的、生成的教学；是持续的、开放的教学；是以人为

①　王向华. 对话教育论纲［M］. 北京：教育科学出版社，2009.13.

本的教学，学生与课程之间不是通常意义上的主客体关系，而是平等的对话关系。

什么是复调？复调是音乐术语，是"复调音乐的赋格曲式。这一曲式建立在模仿的基础上，第一声部奏出主题，其他声部相继进入，模仿这一主题。后继的声部进入乐曲后，前面的声部并不停止，几条旋律同时进行，构成复调音乐织体。在呈示部中，主题首先由某个声部单独地在主调上陈述，然后另一个声部追上来，在属调（即主调上方 5 度）模仿，构成答题。此时，第一声部并未终止，而是继续进行，加上一个与主题相对的旋律——对题，经过插部、展开部、再现部，共同构成并实现各主题所呈现的一个完整乐思。"①

巴赫金用复调概念来解释陀思妥耶夫斯基的小说："它们互相独立，互不吞没对方的声音，但都融合回应了其他声音对位地向前发展，经过级进、模进、变奏、变调等方式推动对话进行。几个声音始终处于对话或者思想的交锋之中，这种多元的对话使思想和思想发生交流、矛盾、对抗、冲突、补充、融合或分离，进而催生新的思想；新思想又使旧思想内部发生瓦解、分化或者聚合、重组，使思想在一种共时的层面上趋向多元交锋这一特性，使之永远处于无法了解的共时状态，处在变化、更生的过程中。各个主体'不同的声音用不同的调子唱同一个题目。这正是揭示生活的多样性和人类情感的多样性的'多声部'现象。'"②

复调与对话之间存在怎样的关系？复调就是对话。

在巴赫金看来，有意识的地方就有对话存在，复调小说的本身就是一场大型对话。"小说结构上所有成分之间都存在对话关系，即它们以对位法的方式互相对立。因为，对话关系——这是比结构对话中的对答之间的关系更为广泛的现象，这是几乎包罗万象的一种现象，它渗透在所有人类言辞中，渗透在人类生活的全部关系与表现中。总而言之，渗透一切有意义和有含义的东西。"③

苏联形式主义学派的创始人之一什克洛夫斯基也持此观点。他认为在

① 陈历明．翻译：作为复调的对话［M］．成都：四川大学出版社，2006.115.
② 陈历明．翻译：作为复调的对话［M］．成都：四川大学出版社，2006.116.
③ 巴赫金．陀思妥耶夫斯基诗学问题［M］．刘虎译．北京：中央编译出版社，2010.50.

第二章　存在即对话——复调理论的溯源

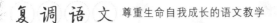

陀思妥耶夫斯基的小说里，其所有的成分都具有对话的性质："在陀思妥耶夫斯基的作品里，不仅仅是主人公在争论，而且情节展开的各种成分仿佛也处于互相对立中：对事实可以作各种推测，主人公们的心理都是自相矛盾的；这种形式是实质所导致的结果。"①

什克洛夫斯基认为正是各种思想之间的斗争、争论，是陀思妥耶夫斯基作品艺术形式的基础，是陀氏文体的基础。在这一点上，他与格罗斯曼的观点不谋而合。

苏联作家格罗斯曼强调对话在陀思妥耶夫斯基创作中的特殊意义，他说："对话或者争论的形式——在其中，各种观点都能轮流统治，并反映出他对信仰的各种色彩，——特别适合于体现这种永远在形成、从来不会凝固的哲学。在陀思妥耶夫斯基这样的艺术家和形象审视者面前，每当他深思现象的意义和世界的秘密，就会采取这种哲思的方式，其中仿佛每一种意见都得到活生生的体现，都是用激动的人性声音讲述着。"②

苏联文学家卢那察尔斯基的表述则更为直接："陀思妥耶夫斯基的小说是布置得富丽堂皇的对话。……在这些条件下，各个声部的深刻独立性，如果可以这样说的话，都是特别强烈的。可以假定陀思妥耶夫斯基仿佛有这样一种意向，在这些燃烧着热情、呼唤着幻想火焰的声部参与的讨论会上提出各种各样的重大问题，而他本人只是列席这些激烈的辩论会，好奇地注视着，看看事情会有什么结果，会向什么方向发展。在相当大的程度上是这样的。"③

不难看出，复调就是对话，而且是多元的、激烈的对话。"主人公的每一种感受，每一个想法，都是内在对话的，具有辩论色彩，充满对抗，或者反之，向外来启示敞开，无论如何也不简单地集中于自己的对象，而是永远伴随着对他人的注视。"④

① 巴赫金．陀思妥耶夫斯基诗学问题［M］．刘虎译．北京：中央编译出版社，2010.46.
② 巴赫金．陀思妥耶夫斯基诗学问题［M］．刘虎译．北京：中央编译出版社，2010.16.
③ 巴赫金．陀思妥耶夫斯基诗学问题［M］．刘虎译．北京：中央编译出版社，2010.36.
④ 巴赫金．陀思妥耶夫斯基诗学问题［M］．刘虎译．北京：中央编译出版社，2010.36.

二、 对话与思想

对话与思想之间是什么关系？

思想存在于对话之中。正如德国哲学家伽达默尔所言："《哈姆雷特》这部作品存在于哪里呢？存在于纸张墨迹或者莎士比亚的意图之中吗？否！《哈姆雷特》存在于《哈姆雷特》的理解史之中。"① 而理解正是对话的前提。

那么在复调对话的世界里，思想是怎样呈现的呢？

借由个性，让对话呈现思想性是复调对话最显著的特点。西方哲学把"个性"视为人之为人的根本，没有个性，便不会有人的真实存在，所以笛卡尔说"我思故我在"。巴赫金说："陀思妥耶夫斯基的世界是深刻个性化的。他把每一种思维都作为个性所具有的立场来理解和描写。通过这样，把具体意识体现为完整的人所具有的活生生的声音，逻辑关系就参与到被描写事件的统一。被吸进事件的思维，本身就成为事件的，并获得'思想——情感''思想——力量'的鲜明特点，它在陀思妥耶夫斯基的创作世界里创造了不可复制的'思想'特点。"②

或者，我们可以进一步理解为，正是因为有了个性不同的多元思想，才使复调得以产生。恩格尔哈特认为，思想在陀思妥耶夫斯基小说里的主人公身上具有独立的生命，小说里活着的不是主人公，而是主人公的思想。主人公的生活经历不是小说描绘的重点，而是他的思想。由此，他把陀思妥耶夫斯基的小说称为"思想小说"："他写的不是有思想的小说，不是18世纪风格的哲理小说，而是关于思想的小说，正像对于其他的小说家来说，奇闻逸闻、心理类型、现实生活的或历史的画面是占中心地位的客体对象一样，对于陀思妥耶夫斯基来说，思想则是这样的客体对象。……严格说来，在他的小说里，既没有世俗风习，也没有城乡生活，也没有自然风景，

---

① 朱立元. 当代西方文艺理论 [M]. 上海：华东师范大学出版社，2005.281.

② 巴赫金. 陀思妥耶夫斯基诗学问题 [M]. 刘虎译. 北京：中央编译出版社，2010.7.

却有取决于剧中人物从什么地位来审视这一切的环境、土壤和大地。"①

恩格尔哈特确定了思想在陀思妥耶夫斯基小说里的地位，思想是关注的对象，是小说的主人公。

巴赫金显然把恩格尔哈特的观点更加推进了一步，他认为"陀思妥耶夫斯基描写的不是单一意识中的思想生活，也不是思想之间的相互关系，而是思想（但不仅仅是思想）氛围中各意识的相互作用。……陀思妥耶夫斯基的作品里的意识，从来不是自己的主宰，而是总是处在与其他意识的紧张关系之中"。②

巴赫金还深刻分析了思想与对话的本质关系："思想不是生活在孤立的个人意识之中，它如果仅仅停留在这里，就会退化以致死亡。思想只有同他人别的思想发生重要的对话关系之后，才能开始自己的生活，亦即才能形成、发展、寻找和更新自己的语言表现形式，衍生新的思想。人的想法要成为真正的思想，即成为思想观点，必须是在同他人另一个思想的积极交往之中。这他人的另一个思想，体现在他人的声音中，就是体现在通过语言表现出来的他人意识中。恰是在不同声音、不同意识互相交往的连接点上，思想才得以产生并开始生活。"③

恩格尔哈特看到了思想，却没有看到更重要的思想之间的互相作用，而巴赫金看到了多重意识的共存，它们形成了复调。

由此可见，因为思想才产生了对话，又因为对话产生了新的思想，思想因对话而产生，对话因思想而存在。

三、 对话与语文

对话与语文又是怎样的关系？

语文教育的宗旨是正确理解和运用祖国的语言文字。那么，语言在

---

① 巴赫金．陀思妥耶夫斯基诗学问题［M］．刘虎译．北京：中央编译出版社，2010.24.
② 巴赫金．陀思妥耶夫斯基诗学问题［M］．刘虎译．北京：中央编译出版社，2010.34—35.
③ 巴赫金．巴赫金全集（第五卷）［M］．白春仁，顾亚铃译．石家庄：河北教育出版社，1998.340.

哪里？

对于现代语言学之父索绪尔来说，语言是从言语系统里抽象出来的，是一套自足的、表达观念的符号系统，它是集体成员之间的契约，就像我们日常使用的字典，是静止不变的法则性的东西，人们的行为不能对它造成影响，人们只有遵守它。而言语，是说话者赖以运用语言这本字典表达他的个人思想的组合，个人永远是言语的主人。因此，结构主义文学理论家与文化评论家罗兰·巴尔特说："与作为制度和系统的语言相比，言语基本上是一种个人选择和实现的行为。"[1]

对于英国学者特伦斯·霍克斯来说，"言语是露出水面的一小部分冰峰。语言则是指称它的冰山，并由它暗示出来，语言既存在于说话者，又存在于听话者，但是它的本身从不露面。"[2] "语言和言语的区别就是我们称之为'语言'的抽象语言系统和在具体的日常情境中由说这种语言的人所发出的我们称之为言语的话语之间的区别。"[3]

在德国当代哲学家哈贝马斯看来，区分语言与言语是首要的工作，它构成普遍语用学的出发点。他认为："'语言'应该理解成某种为了形式表达而建立的规则系统，'句子'作为一种构造完美的表达，是语言的'要素单位'或'基本单位'。而'言语'或'言说'则与'语言'不同，它是在话语中使用句子的语言行为，'话语'或'言语行为'是它的基本单位。"[4]

德国哲学家海德格尔认为："对语言的深思便要求我们深入语言之说话中去，以便在语言那里，也即在语言之说话而不是在我们人之说话中，取得居留之所。"[5]

在我国当代语言学研究者看来，"言语就是说话（或写作）和所说的话（包括写下来的话）。例如，我们运用汉语去说话（或写作）的行为和我们运用汉语说（或写）出来的一句一句的话（甚至于可以达到一段演说、一篇文章、一本著作），就是言语。话都是由某种语言的词按照这种语言的语

---

① 罗兰·巴尔特. 符号学原理 [M]. 王东亮等译. 上海：三联书店，1999.3.
② 特伦斯·霍克斯. 结构主义和符号学 [M]. 瞿铁鹏译. 上海：上海译文出版社，1997.12.
③ 特伦斯·霍克斯. 结构主义和符号学 [M]. 瞿铁鹏译. 上海：上海译文出版社，1997.11.
④ 王向华. 对话教育论纲 [M]. 北京：教育科学出版社，2009.28.
⑤ 海德格尔. 在通向语言的途中 [M]. 孙周兴译. 北京：商务印书馆，1997.3.

法规则组合起来的，它有声音和意义两个方面，但它毕竟不是这种语言本身，而说话（或写作）即运用语言的行为当然也不是语言。"①

可见，语言来自言语，又存在于言语。"语言作为一种抽象的符号系统，只存在于言语中。我们平时所接触的是活生生的具体的语言，实际上是言语，而言语实际上是由语言作支撑，并由它暗示出来。"②

语言在言语之中，那么，言语在哪里？

在索绪尔看来，言语是音响形象，是声音的心理印记，它是属于感觉的。他说："我们尝试观察一下自己的言语行动，就可以清楚地看到音响形象的心理性质：我们不动嘴唇，也不动舌头，就能自言自语，或在心里默念一首诗，那是因为语言中的词对我们来说都是一些音响形象。"③ 意即，言语就是声音。正是这种言语与"听"构成一个对答系统，"从而在说与听之间构成一个相互倾听的关系，即'对话'关系。"④

在巴赫金看来，言语是对话存在的前提。"话语（作者按：意即言语）是针对对话者而言的。话语，是连接我和别人之间的桥梁。如果它一头牵在我这里，那么另一头就系在对话者那里。话语是说话者与对话者之间的共同领地。"⑤ "意识的对话本质，人类生活本身的对话本质，用话语来表现真正的人类生活，唯一贴切的形式就是未完成的对话。生活就其本质来说，是对话的……人作为一个完整的声音进入对话，他不仅以自己的思想，而且以自己的命运、自己的全部个性参与对话。"⑥

言语就在对话之中。言语是在或者与他人，或者与自己，或者与文本之间的对话中生存。正如接受美学理论家伊瑟尔所认为的，文学作品不是指笔墨纸张或者是作者的思想意识，而是指读者与文本之间的动态交流形式。"读者的阅读不是外在于作品存在的东西，它与文本间存在一种互动关系。"⑦ 这种互动，毫无疑问，就是对话。

---

① 高明凯，石安石．语言学概论［M］．北京：中华书局，1963.17.
② 慕君．阅读教学对话论［M］．北京：中国社会科学出版社，2012.38.
③ 索绪尔．普通语言学教程［M］．高明凯译．北京：商务印书馆，1980.101.
④ 慕君．阅读教学对话论［M］．北京：中国社会科学出版社，2012.39.
⑤ 巴赫金．周边集［M］．李辉凡，张捷，张杰译．石家庄：河北教育出版社，1998.436.
⑥ 巴赫金．诗学与访谈［M］白春仁，顾亚铃译．石家庄：河北教育出版社，1998.387.
⑦ 朱立元．当代西方文艺理论［M］．上海：华东师范大学出版社，2005.294.

因此可见，语文这一以理解和运用祖国语言文字为宗旨的课程，不能离开对话而存在。或者我们可以说，语文教学的本质就是对话性实践。

四、 复调语文

何谓复调语文？简单地说，就是注重精神成长的对话语文。

首先，复调语文追求的是一种音乐境界。语文教学是一门艺术，巴赫金告诉我们："一切艺术都渴望达到音乐的境界，在这种境界里，形式与内容如此微妙地纠缠在一起，以致没有一个批评家能在它们之中划出一条界线。……形式就是一切——或者像最新观点所表明的那样，语言就是一切。"[①] 20 世纪最重要的思想家戴维·伯姆认为："对话仿佛一种流淌于人们之间的意义溪流，它使所有对话者都能够参与和分享这一意义之流，并因此能够在群体中萌生新的理解和共识。"[②] 是的，复调语文追求的是一种思想喧哗的意义溪流，追求的是一种和谐悦耳的音乐境界，且每个人都能参与其中，发出自己的音符。

其次，复调语文追求的是一种观点多元、价值多元、体验多元、感情真实的思想世界。第一，是复调语文的多元性。复调语文之所以能够"喧哗"起来，而不是"静默"，是因为这是一个多元论的世界。"巴赫金认为，人究其本质来说，是面向他人，面向世界，面向社会而存在的、开放的主体，离开了他人和有众多他人构成的世界，自我就根本不可能存在。存在就意味着对话和交往。"[③] 复调语文课堂，正如巴赫金描述的陀思妥耶夫斯基的小说世界："陀思妥耶夫斯基的世界是深刻多元论的。如果要为他找到一个仿佛能抓住这个世界的形象、在陀思妥耶夫斯基本人世界观中的形象，那么这就是教会。它维系着各种不相融合的灵魂，使罪人与虔诚者在这里相遇。或者可以说，这是但丁世界的形象，在这世界里，多范畴性转化为

---

① 巴赫金. 陀思妥耶夫斯基诗学问题［M］. 刘虎译. 北京：中央编译出版社，2010.4.
② 戴维·伯姆. 论对话［M］. 王松涛译. 北京：教育科学出版社，2004.38.
③ 王松涛. 对话教育之道［M］. 北京：教育科学出版社，2010.39.

永恒性，有着不肯悔改者与忏悔者、被诅咒者与被拯救者。"① 第二，是复调语文的思想性。前文已经指出了对话与思想的互相依存性，这里就不再做过多的论说。

再次，复调语文关注的是人的个性。复调语文建基于巴赫金的复调理论之上，"而巴赫金所有理论指向的焦点只有一个，那就是'人'的问题。"② "巴赫金的理论始终探讨的是，在近代诞生并张扬起来的人的个性，是如何在世界中形成、塑造和表达的。个性是'自我'区别于任何一个'他人'的核心所在。"③《陀思妥耶夫斯基诗学问题》的翻译者刘虎也认为，巴赫金关于有平等权利的各方进行平等对话的复调小说理论，其背后隐藏的是对思想自由与创作自由的呼唤。在我们看来，复调语文关注的是人的独特个性，呵护的是人的生命，因此，复调语文是站在终极人文关怀的视角，关注的是人的精神成长。"在巴赫金看来，对话是一种众生的喧哗与交响，每个人都保持自己的个性、自己的声音，个人与个人之间的关系完全是平等的。"④ "人作为一个完整的声音进入对话，他不仅以自己的思想，而且以自己的命运、自己的全部个性参与对话。"⑤ 一言以蔽之，复调语文关注的是人的生命存在与本质。

冯友兰先生将人生境界分为四个等级：自然境界、功利境界、道德境界、天地境界。如果一个人仅凭本能或风俗去做事，就是自然境界的；如果他做事的动机是出于争取自己的利益，那就是功利境界的；如果他做事是为大众着想，考虑到他人的利益，那就是道德境界的；如果这个人做事，超乎人类之上，为的是世间万物着想，那就是天地境界的。复调语文追寻的正是这样一种天地境界，复调语文的理想境界是学生能与天地万物建立起一种精神相遇的对话关系，能够对其中的精华进行理解、欣赏、汲取和生发。

---

① 巴赫金．陀思妥耶夫斯基诗学问题 [M]．刘虎译．北京：中央编译出版社，2010.29.
② 段建军，陈然兴．人，生存在边缘上 [M]．北京：人民出版社，2008.1.
③ 段建军，陈然兴．人，生存在边缘上 [M]．北京：人民出版社，2008.34.
④ 王松涛．对话教育之道 [M]．北京：教育科学出版社，2010.40.
⑤ 巴赫金．巴赫金全集（第五卷）[M]．白春仁，顾亚铃译．石家庄：河北教育出版社，1998.387.

和而不同
——复调语文的研修

"同课异构"和"异课同构"是新课程理念倡导的一种有效的校本研修形式，但在教学实践中并未真正达到"和而不同，异而求和"的"斯为美"境界。基于研究的针对性和实效性考虑，复调语文提出了全新意义上的"异课同构"和"同课异构"。

"子曰：君子和而不同，小人同而不和。"意思是，君子追求内在的和谐统一，而不是表象上的相同和一致；小人则相反，只在表面上人云亦云，内心却在激烈斗争，打着自己的小算盘。这是从人的关系和事物的关系角度而言，"和"是多样性的统一，"同"是单一性的绝对同一。《国语·郑语》记载，西周太史史伯与郑桓公谈论"兴衰之道"，说西周将要灭亡，而其灭亡的原因是"去和取同"。在史伯看来，如果"去和而取同"，就会"声一无听，物一无文，味一无果，物一不讲"，即一种声音单调，没有听头；一种物质单一，没有看头；一种味道乏味，没有吃头；一种事物没有比较，无法品评。以此治国，就会排斥异己、独断专行，国家也就离灭亡不远了。所以，史伯认为："和实生物，同则不继。"他强调了事物是多种因素的集合，它们相互协调而组成新的事物，达到更高层次的统一协调。因此，孔子在《论语·学而》中提到："礼之用，和为贵；先王之道，斯为美。""和"是先王的治国之道，这是最美的。

弄清了"和"与"同"的含义，就不难理解其在教育教学方面的真实意义了。新课程标准已经实施近 10 年了，它所提倡的"多元"与"个性"等关键词，已经得到广大教育工作者的普遍认可。"同课异构"和"异课同构"便是该背景下产生的一种有效的校本研修形式。但在教学实践中，我们的"同课异构"或者"异课同构"是否真的做到了"和而不同，异而求和"的"斯为美"境界了呢？

一、 同而不和： 传统意义上的 "同课异构" 和 "异课同构"

传统意义上的"同课异构"，是校本教研的一种重要形式，指的是不同

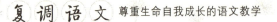

的教师对同一教材的同一教学内容采用不同的教学思路，进行不同的课堂教学设计。因为教师的个性解读，这堂课的教学目标、教学过程、教学手段也随之各具特色，风格迥异。理想的"同课异构"有利于教师教学个性的培养和成长。但是在实际的教学实践中，因为"异"的意义过于模糊，教师对"异"的理解并不相同，导致在教学中单纯为了追求"异"而"异"，或者只在教学手段上做文章，追求表面形式的花样翻新，流于肤浅。我曾到山东省的一些名校交流访问，发现他们的"同课异构""同"的是教学内容，"异"的是教学形式，于学生的发展性目标并没有什么开放性。有些教师甚至会不顾学生的认知情况和课标对相应学段的要求，只想突出自己的特长和优点，使得"异构"不以课标为引领，而以自我为中心。比如有的课堂乍看繁花似锦、蜂飞蝶舞，过后却没有什么值得回忆之处，仿佛是看了一台娱乐节目……诸如此类种种，不但不利于我们有针对性地进行比较研究，而且不利于促进学生的发展。

传统意义上的"异课同构"，指的是在不同教学内容的教学中采取相同的教学思路，采用类似甚至相同的教学模式，使得课堂呈现出类似的风格。从小的方面说，有邱学华的尝试教学法、魏书生的六步教学法等；从大的方面说，有李吉林的情境教学、王崧舟的诗意语文等。理想的"异课同构"有利于教师对课堂教学模式进行深入研究。但是，在实际的教学中，我们往往忽视了对教学内容的必要解读，盲目追求"同构"，而任何一种教学模式都不是万能的，如果对教学内容没有全面、准确、透彻的解读，仅仅只对教学模式进行生搬硬套，这就会出现我们常见的学生、老师、教材互不相关的"三张皮"的课堂现象。

由上可知，无论是"同课异构"还是"异课同构"，都不是毫无条件的。相反，条件越明确，越有利于教学研究的开展。比如，传统意义上的"同课异构"中的"异"，到底是教学环节的"异"，是教学目标的"异"，还是其他方面的什么"异"？再比如，传统意义上的"异课同构"中的"同"，到底是教学流程的"同"，是教学目标的"同"，还是其他方面的什么"同"？求异或求同的角度和方式的多样性，给我们的教学研究提供了丰富的样本。但是，我们要认识到无论是"异课同构"还是"同课异构"，其本质都是比较研究，都是通过对此类现象的深入研究来发现教育教学规律，而"异"或者"同"的不明确性导致了研究中诸多因素的可比性和可参照性并不强。

怎样才能既有明确的可比较条件，又不使研究范围缩小呢？基于研究的针对性和实效性，复调语文提出了全新意义上的"异课同构"和"同课异构"。

二、 同而求异： 复调语文的 "同课异构"

复调语文把"同课异构"的概念界定为使同一教学内容通过不同的教学设计承载不同的课程目标，即同而求异。从教学内容来说，课文文本本身蕴含的教学资源是非常丰富的，正所谓"有一千个读者就有一千个哈姆雷特"，这给我们提供了仁者见仁、智者见智的广阔空间。

下面以祝老师与孙老师对《如梦令》的教学设计、杨老师与周老师对《孔子游春》的教学设计为例，对复调语文中的"同课异构"作一下简单说明。

片段一

《如梦令·常记溪亭日暮》是苏教版小学语文六年级下册第三单元第九课《词两首》的其中一首，作者是李清照。全文共33个字，"常记溪亭日暮，沉醉不知归路。兴尽晚回舟，误入藕花深处。争渡，争渡，惊起一滩鸥鹭。"两位老师的课程目标及教学设计分别如下表所示：

	祝老师	孙老师
课程目标	使学生能主动进行探究性学习，在实践中学习、运用语文。	使学生认识中华传统文化的丰厚博大，吸收民族文化智慧。
教学目标	1. 正确、流利、有感情地朗读课文，背诵课文。 2. 在诵读、品味的过程中，理解、领悟词的内容和意境。 3. 理解、领悟词的内容和意境，能把自己想象的景象写出来。	1. 正确、流利、有感情地朗读课文，背诵课文，感知词的音韵美。 2. 理解词的内容，抓住关键词，理解词的画面美。 3. 揣摩感受作者在不同境遇下的心境，品味词的意蕴美。

续表

	祝老师	孙老师
教学流程	自主批注（结合注释，写出自己的理解） ↓ 互动探究（小组交流，全班交流） ↓ 改写词句 ↓ 填写词牌"如梦令"	多种形式朗读，感知词的韵律美。 ↓ 想象，写一写，说一说，理解词的画面美。 ↓ 拼读关键词，理解词的意蕴美。 ↓ 拓展，咏读其他清照词，体会词的真情美。

片段二

《孔子游春》是苏教版小学语文六年级下册第七单元的一篇课文，它生动地描述了孔子带弟子们到泗水河畔游赏，巧借河水教育弟子的故事。课文内容共分为三部分：泗水河畔的春景、孔子论水和师徒言志。两位老师的课程目标及教学设计分别如下表所示：

	周老师	杨老师
课程目标	使学生能主动进行探究性学习，在实践中学习、运用语文。	使学生认识中华传统文化的丰厚博大，吸收民族文化智慧。
教学重点	领会孔子循循善诱的教育方式及师生间浓浓的师生情谊（论水部分是重点）	感悟儒家文化中的真君子形象（言志部分是重点）
教学流程	整体感知（初读课文） ↓ 探究感悟（孔子是一位怎样的老师） ↓ 拓展延伸（出示《论语》中的相关语句） ↓ 说一说：孔子是一位（　　）的老师	整体感知课文 ↓ 美读，感知春意正浓悦景美（配乐美读） ↓ 论水，领会循循善诱寓意深（品词析句） ↓ 言志，体验师生情浓真君子（补充做事） ↓ 写一写：我心目中的孔子

祝老师《如梦令》的教学流程和周老师《孔子游春》的教学流程都注重了学生的自主探究，通过小组交流、全班交流等形式，创设了有利于自主探究的情境，让学生在兴趣高涨中获取了足够多的文本信息，进而达成课程目标下的教学目标。而孙老师和杨老师的教学设计始终围绕"认识中华传统文化的丰厚博大，吸收民族文化智慧"这一课程目标下的教学目标，强调以读为本，在读中感悟，让学生在沉静深入的思维活动和情感活动中，深入理解和体验，受到情感熏陶，积累语言，收获智慧，培养审美情趣。

复调语文中"同课异构"的具体研究细节是怎样的呢？以下，我们以《生命　生命》和《卖木雕的少年》的研修课例来说明。

 研修课例（一）《生命　生命》

教学实录一

师："一粒貌不惊人的种子，往往隐藏着一个花季的灿烂；一条丑陋的毛毛虫，可能蜕变为一只五彩斑斓的彩蝶。因为，生命本身就是一桩奇迹。"同学们，这是著名作家杏林子对生命的感悟和理解。今天，就让我们跟随杏林子一起去探寻生命的真谛！请同学们大声地齐读课文题目。

（生齐读课文题目）

师：请同学们自由地大声朗读课文，读准字音，读通句子，并且边读边想，是哪几件事情引发了作者对生命的思考？

（生读课文）

师：首先，来看一看你们对生字和词的掌握情况。谁来试一试？

（出示词语）

骚扰　鼓动　跃动　欲望　冲破　坚硬　不屈

苗壮　沉稳　震撼　糟蹋　短暂　有限　珍惜

……

师：谁来说一说，是哪几件事情引发了作者对生命的思考？

生：小飞蛾在险境中挣扎，香瓜子在墙角砖缝中长出小苗，"我"静听心脏的跳动声。

师：同学们找得非常准确。现在，请同学们用自己喜欢的方式再读一读课本中的三个事例。想一想，哪一件事最让你感动？你又因为什么而感动呢？找出来之后小组交流一下。

（生读课文）

师：先来看"飞蛾求生"的事例，其中有哪些句子让你感触最深？

（课件出示）

夜晚，我在灯下写稿，一只飞蛾不停地在我头顶上飞来飞去，骚扰着我。趁它停下的时候，我一伸手捉住了它。只要我的手指稍一用力，它就不能动弹了。但它挣扎着，极力鼓动双翅，我感到一股生命的力量在我手中跃动，那样强烈！那样鲜明！飞蛾那种求生的欲望令我震惊，我忍不住放了它！

师：哪一个词或哪一句话一下子跃入了你的眼帘，触动了你的心？说一说你的感受。

生："但它挣扎着，极力鼓动双翅，我感到一股生命的力量在我手中跃动，那样强烈！那样鲜明！"

师：你体会到了什么？

生：我体会到飞蛾强烈的求生欲望。

师：从哪些词语中体会到的呢？

生："挣扎""极力"。

师：你能抓住关键词语理解句子，这是一种很好的学习方法。那么，"挣扎"是什么意思？

生：反抗、抵御。

师："极力"呢？

生：用尽全力。

师：那飞蛾挣扎着，极力鼓动着翅膀。想象一下，它可能在说什么呢？

生：它可能说："放了我吧，求求你了！"

师：这只飞蛾在努力挣扎，可见它有强烈的求生欲望，但是在作者面前，这只飞蛾的生命显得那么脆弱。从哪些地方可以看出它的脆弱？

生："只要我的手指稍一用力，它就不能动弹了。"

师：从哪些词语可以看出生命的脆弱？

生："稍"字。

师：作者本来很讨厌这只飞蛾，当把飞蛾抓在手里，只要稍一用力就可以把飞蛾捏死，可是作者最后竟然放了它。是什么原因让作者发生了由讨厌到释放的转变？

生：飞蛾那种求生的欲望令作者震惊。

师：是的，这里连续用了三个感叹号，可见，作者非常敬佩飞蛾强烈的求生欲望。作者感到，捏在自己手中的不是一只小小的飞蛾，而是一个不屈的生命！同学们，你们知道一只飞蛾的寿命有多长吗？据相关研究结果显示，飞蛾的平均寿命只有 9 天，而为了这短暂的 9 天，它会挣扎 1 分钟、2 分钟、10 分钟……直到生命的最后一刻。因为，它不愿意放弃自己的生命。

……

师：一只弱小的飞蛾为了求生而极力挣扎，那么一粒掉入砖缝中的香瓜子又会怎样呢？让我们来看"瓜苗生长"的事例，你又有哪些感触呢？

（课件出示）

墙角的砖缝中掉进一粒香瓜子，过了几天，竟然冒出一截小瓜苗。那小小的种子里，包含着一种多么强的生命力啊！竟使它可以冲破坚硬的外壳，在没有阳光、没有泥土的砖缝中，不屈向上，苗壮生长，即使它仅仅活了几天。

师：这是一粒什么样的种子啊？

生：坚强、顽强。

师：从哪些词语可以看出它的顽强？

生："竟""冲破""不屈"。

师：请你读出小瓜苗的顽强。

生："竟使它可以冲破坚硬的外壳，在没有阳光、没有泥土的砖缝中，不屈向上，苗壮生长，即使它仅仅活了几天。"

师：你们见过香瓜子吗？它最大的特点是什么？

生：小而瘪。

师：就是这样一粒小小的、瘪瘪的香瓜子，在没有阳光、没有泥土的砖缝里竟然发芽了，而且还长出了一截小小的瓜苗，真是让人感觉震撼。请一位同学再来读一读这段课文，让我们听出香瓜子的顽强和你的感动。

（生读课文）

第三章　和而不同——复调语文的研修

47

师：听了你们的朗读，我的眼前出现了这样一幅画面，在一个阴暗潮湿的墙角，一小截瓜苗在迎风舞动，杏林子就坐在墙角，注视着这株小小的瓜苗，她在感叹瓜苗不屈的生命！一只小小的飞蛾，一粒小小的种子，都会为了争取一线生机和一寸阳光而奋力拼搏，更何况我们人呢？下面来看"静听心跳"的事例，你又读到了哪些令人感动的句子呢？

（课件出示）

有一次，我用医生的听诊器，静听自己的心跳。那一声声沉稳而有规律的跳动，给我极大的震撼，这就是我的生命，单单属于我的。我可以好好地使用它，也可以白白地糟蹋它。一切全由自己决定，我必须对自己负责。

师："沉稳而有规律的跳动"代表什么？

生：旺盛的生命力。

师：同学们，现在请把手放在你的左胸口，静静地感受一下你的心跳。这颗心脏在你的胸膛里跳动了10年、4亿多次，你曾经注意过它的存在吗？

生：没有。

师：感受这沉稳而有规律的跳动，感受单单属于你自己的旺盛的生命力，你现在的心情是怎样的？

生：激动、震撼、庆幸、高兴。

师：你能不能带着这样的感情读一读这段话？

（生读课文）

师：对于单单属于自己的生命，我们应该怎样使用它呢？是白白糟蹋，还是好好使用？又应怎样好好使用？

生：珍惜时间，珍惜生命。

师：同学们，杏林子带我们一起探寻了生命的真谛，那么杏林子又是怎样的一个人呢？让我们一起来认识一下杏林子。

（课件出示图片）

师：同学们，看着这张照片，你们觉得杏林子是一个怎样的人？

生：乐观。

生：慈祥。

生：幸福。

师：我相信，每一个看到杏林子的人首先看到的都是这一脸的微笑，当我看到这张照片的时候，也是被这阳光般的微笑震撼了！我感觉她非常的快乐、非常的幸福、非常的乐观。但是，你们知道吗？杏林子在 12 岁的时候，就是和你们差不多一样大的时候，患上了一种非常严重的疾病，这种疾病的名字叫类风湿性关节炎，使她由一个原本健康活泼的小女孩，变成了一个终身只能生活在轮椅上的残疾人。从 12 岁患病到 61 岁去世，整整 50 年的时间里，她全身百分之九十以上的关节坏死，腿不能动，腰不能转，臂不能抬，头也不能随意地转动。但是，你看这一脸的微笑、这一脸的阳光，从这阳光般的笑容里，你能想象她也许正在经受病痛的折磨吗？

（课件出示，配乐）

师：有一次，杏林子病情恶化，她的朋友、台湾另一位著名女作家三毛来探望她。看到杏林子在病床上被病痛折磨的样子，三毛在门外忍不住祈祷："神啊，杏林子太惨了，求您大发慈悲，早些接她到您那里安息吧！"杏林子听到后大吃一惊，连忙做了修正祷告："神呀，关于这件事，您千万不要听三毛的话，您还是听我的吧！我还没活够，我还有好多事没做呢！"这就是身体残疾却格外珍视生命的杏林子的选择。后来，她靠自己的坚韧走完了 61 岁的人生，写下了四十多本著作，成为台湾最有影响力的作家，而且被评为台湾十大杰出女青年。"这就是我的生命，单单属于我的。"我相信，学了这篇课文，同学们肯定对生命有了很深的感触。现在，我们再回到第一段提出的问题："我常常想，生命是什么呢？"同学们，你们知道该如何回答这个问题了吗？

（课件出示）

生命是飞蛾极力挣扎的身影；

生命是飞蛾极力鼓动的翅膀。

生命是墙角砖缝中昂然挺立的小瓜苗；

生命是香瓜子冲破坚硬外壳的勇气；

生命是香瓜子在没有阳光、没有泥土的砖缝中不屈向上的决心。

生命是心脏那一声声沉稳而有规律的跳动，

生命是杏林子向命运不屈的抗争。

……

第三章 和而不同——复调语文的研修

师：生命是什么呢？不同的人、不同的物、不同的事，会告诉我们不同的答案。窗外杨柳依依，生命就是杨柳那嫩绿的枝条；课堂上看到你们的张张笑脸，生命就是同学们如花的笑靥；听到黄鹂在柳枝间鸣叫，生命就是黄鹂那清脆的歌声。在你的眼中，生命又是什么呢？下面，请展开你的想象，拿起笔，以"生命是什么"为题写一首诗，也可以写一段感言，让大家感受生命的意义。

（生写作习文）

师：这个世界上有很多的生命存在，但是你长成了一个人，它长成了一匹马；你是花园里的一朵美丽的鲜花，它是路边的一棵小草。虽然生命存在的形式不一样，但是每一个生命都有它存在的价值。我要告诉同学们的最后一句话是，在以后的日子里无论遇到什么，都要记住要格外珍惜自己的生命，要对别的生命心存敬畏，要让每一个生命都焕发光彩！

（执教：山东省潍坊市奎文区幸福街小学　赵彩玉）

教学实录二

一、导入

师：同学们，请你们将右手放到自己的左胸口，闭上眼，静静地感受一下。谁来说说你感受到了什么？

生：感受到了自己的心跳。

师：是啊！有了心跳就有了生命。谁来说说生命是什么？

生：生命是一种勇气。

生：生命是一种宝贵的东西。

师：每个人对生命都有自己的认识，现在，让我们一起来看看在台湾女作家杏林子的眼里，生命是什么？

（课件出示）

一粒貌不惊人的种子，往往隐藏着一个花季的灿烂；一条丑陋的毛虫，可能蜕变为一只五色斑斓的彩蝶。因为，生命本身就是一桩奇迹。

（生齐读）

师：在杏林子眼里，生命竟是一桩奇迹，那就让我们走近杏林子，去感受她的作品带给我们的生命的震撼！同学们，题目往往是文章的眼睛，读好题目也就有了读好课文、理解课文的基础，谁来读一读这篇课文的题目？

（生读课文题目）

师：你读出了题目中的停顿，谁再来试一试？

（生读课文题目）

师：你的声音逐渐提高，读出了生命的张力和生命的力量。课前，老师让同学们预习了课文，谁来读一读文中的重点词语？

（课件出示）

鼓动　欲望　苗壮　不屈　震撼　糟蹋

（生读）

师：读会词语是学好课文的基础，大家做得很好。

二、初读感知

师：请同学们打开课本，大声地自由朗读课文，读准字音，读通句子，同时思考杏林子想告诉我们什么？把文中的中心句画出来。

（生读课文，师巡视）

师：谁来说一说这篇文章的中心句是哪一句？

生："虽然生命短暂，我们却可以让有限的生命体现无限的价值。"

师：找到文章的中心句，便掌握了文章的灵魂，然而作者又是通过几件小事来告诉我们要珍惜生命的。谁来说一说第一件事情是什么？

生：一只飞蛾在"我"的手挣扎着想要飞走。

师：能用最简练的语言概括吗？飞蛾挣扎是为了逃脱，为了求取生存，那我们可以怎么概括？

生：飞蛾求生。

（师板书：飞蛾求生）

师：第二件事情呢？

生：一颗小瓜苗在墙角里生长。

（师板书：瓜苗生长）

师：那第三件事情呢？

生：静听自己的心跳。

（师板书：静听心跳）

三、精读感悟

师：请同学们再次默读课文，画出这三件小事中能打动你的句子，边

第三章　和而不同——复调语文的研修

画边思考，为什么这些句子打动了你？

（生默读课文，师巡视）

师：画完句子的同学以四人为一小组展开交流讨论，说一说你画的句子，谈一谈你的感受。

（生小组交流，师巡视）

师：生命的形体确有大小轻重之别，然而生命的精神无贵贱之分，在生存的权力中，所有的生命都是平等的。我们来看一看这只小飞蛾是怎样打动了你？谁来说一说？

生："它挣扎着，极力鼓动双翅，我感到一股生命的力量在我手中跃动，那样强烈！那样鲜明！飞蛾那种求生的欲望令我震惊，我忍不住放了它！"

生：这只飞蛾有一种强烈的求生欲望，令人感动和震惊。虽然身处逆境，它仍然不放弃，尽一切努力想要逃生。

生：在这样的困境中，飞蛾都不放弃自己，尽自己的最大努力逃生。从它的身上，我看到了一种执着。

生：虽然它的力量很弱小，但它表现出来的精神很强大。

师：说得真好，谁来用朗读把这只令人震惊的飞蛾带到大家面前？

（生读课文）

师：这真是一只挣扎的飞蛾！它正在用尽全力逃生！再用点劲儿，把那只在挣扎的飞蛾带到我们的眼前。

（生读课文）

师：同学们，如果你就是那只被人握在手心里的飞蛾，你会怎么做？

生：我会使劲儿地扇动翅膀。

生：我会使劲儿逃脱。

师：除了极力逃脱，你会怎样呼喊？

生：快放开我！

生：我要逃出去！

生：谁来救救我！

师：这就是这只飞蛾真实的声音。请伸出你的手来，想象一下，一只活生生的飞蛾正被你紧紧地握在手中，你感觉到了什么？请一名同学来读一读刚才的那段话，他读，我们闭上眼睛想象！

（一生读，其他人想象）

师：你感觉了什么？

生：我感觉它在不断地扑腾。

生：我感觉它扑动着翅膀。

生：我感觉它在挣扎。

生：我感觉到一股强烈的力量。

生：我感觉它在极力逃生。

师：是啊，我们都感受到了，这就是飞蛾的生命！是一条鲜活的生命哪！同学们，你们知道一只飞蛾的寿命有多长吗？只有短短的9天，它却为了这9天挣扎了1分钟、2分钟、10分钟、20分钟……直到生命的最后一刻！这小小的飞蛾为什么要如此挣扎？

生：求得生存。

生：活下去。

师：对，它想到的就是努力地活下去。让我们再来读一读这句话，共同感受这只飞蛾对生命的无限渴求！

……

师：没有阳光，没有水，甚至没有泥土这种它赖以生存的根基，但它仍然无畏地冲破阻拦，显示出强大的生命力，即使它的生命仅有短暂的几天，这是一粒香瓜子。它如何打动了你？

（课件出示）

那小小的种子里，包含着一种多么强的生命力啊！竟使它可以冲破坚硬的外壳，在没有阳光、没有泥土的砖缝中，不屈向上，茁壮成长，即使它仅仅只活了几天。

生：如此弱小的香瓜苗竟有这么顽强的生命力，令人敬畏。

生：虽然生长的条件很贫瘠，但这颗香瓜子仍然坚强地生存下来，它有一种对生命的向往。从它身上，我想到了我自己，我们也应该有香瓜子这样的精神。

师：大家被香瓜子顽强的精神感动了。读了这句话，你能想象作者看到这一幕时会是什么样的表情呢？

第三章 和而不同——复调语文的研修

53

生：作者非常喜悦，非常惊讶。

师：你是从哪儿感到作者很惊讶的？

生："那小小的种子里，包含着一种多么强的生命力啊！竟使它可以冲破坚硬的外壳，在没有阳光、没有泥土的砖缝中，不屈向上，茁壮成长，即使它仅仅只活了几天。"

师：老师听出来了，一个"竟使"让她感受到作者的惊讶。同学们，种子生长，这不是天经地义的事情吗？有什么可值得惊讶的啊？

生：因为那个种子掉进了砖缝中，在那个没有阳光、没有泥土的砖缝中，不屈向上，茁壮生长，即使它仅仅只活了几天。

师：是啊！这是一粒正常的种子，然而它却落到一条贫瘠的砖缝里，没有阳光，没有水分，甚至没有泥土，多么糟糕的环境啊！同学们，你们认为这粒香瓜子应该长在什么样的环境中最合适？

生：应该生活在有泥土、水分充足的地方。

生：应该生长在阳光明媚、很温暖的地方。

师：是啊，温暖的阳光，肥沃的土壤，充足的水分，这些都是一粒种子得以茁壮生长的必要条件。可是，这一粒香瓜子，在没有阳光、没有泥土的砖缝中，它——

生：不屈向上，茁壮生长。

师：一颗弱小的香瓜子在面对逆境时竟然如此顽强不屈，因为，它只有一个简单的追求：以自己最积极的生命力过好生命中的每一天。小小的香瓜子是如此，而杏林子又怎样打动了你呢？

生："那一声声沉稳而有规律的跳动，给我极大的震撼，这就是我的生命，单单属于我的。我可以好好地使用它，也可以白白地糟蹋它。一切全由自己决定，我必须对自己负责。"

生：每个人都有自己的生命，作者领悟到了生命的真谛，无论如何都不能白白地糟蹋生命，要珍惜生命，要自己对自己负责。

师：说得真好，杏林子说生命是属于自己的，可以好好地使用，也可以白白地糟蹋。"糟蹋"是什么意思？

生：浪费。

师：怎么做是糟蹋生命呀？

生：做一些没有意义的事情。

生：虚度年华。

生：不务正业。

生：虚度光阴，浪费自己的生命。

师：同学们说得都很有道理。杏林子又说，这一切由自己决定，她必须对自己负责。如果你是杏林子，你会怎样对自己负责？

生：珍惜生命，不去浪费生命。

生：让有限的生命体现出无限的价值。

生：一定要珍惜生命，绝不能让它白白流失，使自己活得更加光彩而有力。

师：说得多好啊！让我们带着对生命负责的态度读一读这句话。

生："那一声声沉稳而有规律的跳动，给我极大的震撼，这就是我的生命，单单属于我的。我可以好好地使用它，也可以白白地糟蹋它。一切全由自己决定，我必须对自己负责。"

师：同学们，说到对自己负责，我觉得杏林子是最有理由放弃自己生命的人。听到这里，大家可能觉得很奇怪。现在，让我们一起走进本文的作者——杏林子。

（课件出示：杏林子照片）

师：同学们，看着这张照片，你们觉得杏林子是一个怎么样的人？

生：一个自信的人。

生：对生活充满向往的人。

师：是啊，我相信，每一个看到这张照片的人都看到了杏林子的微笑。她的微笑，让我们感觉她非常的快乐、非常的幸福、非常的乐观。但是，你们知道吗？

（课件出示）

师：杏林子在12岁的时候，患上了一种非常严重的疾病，叫作类风湿性关节炎，这是一种自体免疫系统不全而引发的慢性疾病。杏林子全身百分之九十以上的关节坏死，只有手指可以动，而完全无药可治，就等于被宣判了漫长的死刑，而且在死亡之前还有无尽的疼痛。从12岁患病到61岁去世，腿不能动，腰不能转，臂不能抬，头也不能随意转动，杏林子就保

第三章　和而不同——复调语文的研修

持一种姿势，在轮椅上坐了整整50年，而且日日夜夜、分分秒秒都在经受病痛的折磨。然而，就是在这样的病痛折磨下，杏林子仍然没有放弃自己的生命，没有自暴自弃，没有被病痛所左右，她甚至不想用多余的时间去抱怨命运的不公，只想在有限的时间内做出更多有意义的事情。怀着这样的信念，杏林子在患病的50年间里，拖着残弱的病躯，坐在轮椅上，写出了四十多本著作。

（课件出示：杏林子作品目录）

师：同学们，看着屏幕上这一本本书的名字，真的令人难以想象，四十多本著作，近千万字，竟然出自一个饱受病痛折磨的残疾人之手。我们再来看一看，这是步入花甲之年的杏林子。

（课件出示：杏林子晚年照片）

师：时间可以在她的脸上刻下一道道苍老的痕迹，却无法掩盖她那阳光般的笑容。有位作家曾这样描述杏林子的写作过程：她在腿上架着一块木板，颤巍巍地用两个指头夹着笔写字，每写一笔就像举重一样，要忍受巨大的痛苦。到后来，那位作家都不忍心再看下去了。但就是这样，杏林子写出了近千万字的励志书。她的作品也许称不上精致文学，却是一字一痛、一字一爱，所迸发的力量比那些精致文学还要珍贵，这是她以"无用之躯"送给弱势者、身心残障者，以及无数跌倒过、在长夜里痛哭过的人的礼物。她曾这样说："每一个生命，不管是老弱伤残或贫富贵贱，都是珍贵的！每一个生命都有特定的价值。"同学们，从杏林子的经历中，你一定感悟了很多。然而，生命到底是什么呢？

（课件出示）

师：有人曾说："在杏林子的眼里，生命是飞蛾极力挣扎的身影，生命是飞蛾极力鼓动的翅膀；生命是墙角砖缝中昂然挺立的小瓜苗……那么在你眼里，生命是_____。"

生：生命是一种勇气。

生：生命是在有限的时间内做更多的事情。

生：生命是无价之宝，值得我们每一个人去珍惜。

师：同学们说得多好啊！然而，无论生命是什么，都需要自己来把握。在本节课的最后，老师送给大家一段话：人最宝贵的是生命，生命属于人只有一次。人的一生应当这样度过：当回忆往事的时候，他不会因为虚度年华而悔恨，也不会因为碌碌无为而羞愧。

（生齐读）

四、总结

师：同学们，在以后的日子里，你们可能会遇到很多困难，这些困难也许会让你陷入困境，乃至陷入绝境。但老师希望你们记住：生命是宝贵的，我们要珍惜自己的生命，不要轻易糟蹋生命，更不能随意放弃生命，要在有限的生命里让自己活得更有意义。

（执教：山东省潍坊市奎文区幸福街小学　孙思臣）

 观课报告

不同的教师个性，引燃不同的对话精彩

这篇文章是台湾女作家杏林子写的一篇散文，短小精悍，情感真挚。赵彩玉老师的整节课教学重难点突出，围绕"抓住重点词语，联系上下文和生活实际体会句子的含义，引导学生思考人生、感悟生命的意义"这一教学重点展开，教学环节紧紧围绕"哪几件事例引发了作者对生命的思考"这一问题层层递进。本节课共用时 35 分钟，导入课题以及初读感知、学习生字词环节用时 7 分钟；精读感悟环节是本节课的重点，用时 22 分钟，其中三个事例的讲解用时比较均匀；拓展延伸环节，介绍了作者的生命履历，引导学生谈出自己的感悟，用时 6 分钟。本节课中，教师提出的问题、板书以及学生的回答情况皆反映出该教学设计的有效性。

在整节课中，赵老师用自身的柔美引导并感染学生，思路清晰，讲解和提问都契合主题，语言简洁，语速适中，有张有弛，音量也恰如其分。除此之外，赵老师还借助眼神、语气、音乐等课程资源，营造了细腻而向上的对话情景，更好地实现了教学目标。

板书的呈现，是紧紧围绕"哪几件事例引发了作者对生命的思考"这一问题而展开的，课文中出现了"飞蛾求生""香瓜生长""静听心跳"三个实例，作者关于生命的思考也是围绕这三个事例来写的，赵老师也是按照这一顺序层层递进讲解的，所以板书的呈现十分有效。与此同时，多媒

体的呈现也是及时而有效，恰到好处。

在对话环节，本节课注重师生之间的对话。提问时机恰当，问题认知难度适宜，符合学生的理解能力水平，并且学生们都是即问即答，回答问题恰当到位。本节课共出现了 15 个问题，比如"哪几件事例引发了作者对生命的思考？""哪一件事让你感动？你又因为什么而感动？""飞蛾可能在说什么？""沉静而有规律的心跳代表什么？""我们应该怎样珍惜生命呢？""生命是什么？"每个问题都是教师在精心设计下提炼而成的，紧紧围绕文章中的三个事例以及"引发学生对生命的思考"这一主题展开。

在指导教学方面，赵老师分别采用读文、小组探讨的形式指导学生进行自主学习和合作学习，以课题的形式，针对"哪一件事让你更感动"这一问题引导学生进行探究学习，并引起学生在思想上与文本的交锋。在讲解三个事例的环节，赵老师都是按照"找让你感动的句子或词语——体会到什么——指导感情朗读"这一顺序来引导学生进行朗读、感悟的。

这节课给我的启发是，在教学重难点方面，赵老师处理得很娴熟，她注重学习方法（朗读方法）的指导，主要围绕抓重点语句和结合生活实际来引导学生思考、感悟，让学生对生命价值的含义有了更加深刻的认识，进而引导学生珍惜生命、善待生命。这一点是在阅读教学中最为重要的环节，本节课通过找重点语句、朗读、指导朗读等形式将这一目标完成得非常好。

孙思臣老师的这节课，教学重难点突出，也是围绕"抓住重点词语，结合生活实际体会句子的含义，引导学生思考人生、感悟生命的意义"这一教学重点展开，教学环节紧紧围绕"杏林子通过哪几件小事告诉我们要珍惜生命""生命是什么"这两个问题层层递进。本节课共用时 42 分钟，导入课题以及初读感知、学习生字词环节用时 9 分钟；精读感悟环节是本节课的重点，用时 21 分钟，其中三个事例的讲解用时比较均匀；拓展延伸环节，介绍了作者的生命履历，引导学生谈出自己的感悟，并且针对"生命是什么"这一问题进行课堂练笔和交流，用时 12 分钟。本节课中，教师提出的问题、板书以及学生的回答情况皆反映出该教学设计的有效性和合理性。

这节课首先感染人、打动人之处便是孙老师的语言魅力，浑厚而深沉的语调为学生与听课教师创设了"情动而辞发"的对话情景，思路清晰，讲解及提问都契合主题，语言简洁，语速适中，音量也恰如其分。除此之外，他还借助眼神、肢体语言（包括表情）、音乐等课程资源，更好地实现了教学目标。板书的呈现十分有效。与此同时，媒体的呈现也是按照文章的脉络以及授课顺序及时有效地呈现给学生。在讲到三个事例时，教师将文章段落有重点性地出示、引导，恰到好处。

在对话环节，本节课注重师生之间的对话。提问时机恰当，问题认知难度适宜，符合学生的理解能力水平，并且学生们都是即问即答，回答问题恰当、到位。在本节课中，共出现了 14 个问题，比如"请大家把手放到左胸口，你感受到了什么？""这篇文章想告诉我们什么？""谁想通过朗读把这只令人震惊的飞蛾带到我们面前？""想象作者初见这一场景时的表情是怎样的？""你怎样对自己的生命负责？"每个问题都是教师在精心的设计下提炼而成的，紧紧围绕文章中的三个事例以及"引发学生对生命的思考"这一主题展开。

在指导教学方面，孙老师分别采用读文、小组探讨的形式指导学生进行自主学习和合作学习，以课题的形式，针对"杏林子通过哪几件小事告诉我们要珍惜生命"这一问题引导学生进行探究学习，效果较好，能够达到教学要求。在练笔环节，对"生命是什么"的思考引起学生理想与现实、思维与笔尖的碰撞，将学生对"生命"的认识进一步升华。

这节课给了我很多启发。首先是孙老师的个人魅力，如他的抑扬顿挫、他的感情饱满、他的激情熏陶。其次是在评价的运用方面。在每一个学生回答问题之后，孙老师都会给予及时有效的评价，而且评价语言很到位，不是简单的"好"与"不好"，而是用贴切的语言给了学生肯定及建议。这节课带给我最深刻的触动就是：如果想让你的学生充满激情、感情丰富、走进文本，那么，首先，教师要激情四射、熟习文本，用自身的魅力感染学生去求知、去感悟！

（山东省潍坊市奎文区圣荣小学 邢彦辉）

一样的思路，相遇不一样的对话

本篇课文的作者是台湾著名女作家杏林子。作者意在用自己的亲身经历呼唤大家珍惜生命，表达自己强烈的生命意识和积极的人生态度，愿每

第三章 和而不同——复调语文的研修

个人都能让有限的生命发挥出无限的价值。因此，让学生理解生命的意义应成为本文教学的重点。

我对本节课的观课维度是对话维度中的教师。

一、环节

赵彩玉老师和孙思臣老师的课堂教学环节及教学目标基本一致：导入新课——检查预习——初读感知——深读感悟——拓展延伸——作业。这一系列环节由浅入深，环环相扣。

二、呈示

两位老师都运用电教媒体呈现了文本的重点段落以及相关的资料，既有文字展示又有图片与音乐的展示，时机恰当地展示了教学重难点，渲染了课堂气氛，创设了教学情境，板书工整，清晰明了。

三、对话

师生对话是一种平等的对话，是一种心灵上的交流。师生双方各种不同的观点进行碰撞，通过平等对话，取长补短，给师生以新的启迪，引发师生进行更深入的思考。语文教学的最终目的是促进学生的发展，而发展是全局性的。这两堂课的师生对话是平等、真诚、全方位的，体现了学生是学习的主体的新课程理念。教师给予学生充分的阅读时间，耐心地等待学生潜心会文，有层次地引领学生认真思考，深入感悟文本，并能灵活地调控课堂。而且，两位老师在课堂中遇到能够即时生成的话题时，能够抓住时机进行提问，能以自己的教学智慧去支持对话，并且顺势而导，问题有层次性，评价语言及时到位，使对话持续展开和不断优化。

四、指导

在深读感悟环节，两位老师抛出大问题，引导学生进行小组合作学习。汇报交流环节中，学生的精彩回答，以及学生之间的相互交流与补充，显示了小组合作学习的到位和有效，充分体现了教师在阅读教学中的组织、点拨、引导作用。对于文中的精彩句段，教师引领学生细细品味，咀嚼语言文字的精妙。对于学生的不理解之处，教师注意引导、点拨，使其茅塞顿开。当学生有精彩的发言、有独到的见解时，教师进行了真诚而精辟的点评，使学生的认识不断向远处延伸。

五、机智

从整堂课来看，两位老师驾驭课堂的能力强，整体素质高。赵老师在深入学习环节，指导学生抓语言文字进行深入理解，激发学生丰富的想象力，是一种很好的学习方法。并且，赵老师很注重学习方法的指导。但是，赵老师引导学习三个事例的方式单一，放手不够。孙老师的特点是很注意情感的激发，在学习三个事例时，用多种方式引导学生理解和感悟，如反复朗读、创设情境、理解文本等。孙老师的普通话讲的很好，范读到位，语言极富感染力，起到了烘托课堂气氛的作用。而且，孙老师的体态语言很丰富，如在学习飞蛾求生这个故事时，孙老师让学生伸出手，闭上眼睛想象飞蛾在自己手中挣扎。这样一个简单的动作，让学生感受到了一股强烈的力量——生命的力量，自然而然也加深了学生对生命的理解。

这两堂课，可以说是一样的思路，而相遇不一样的对话：通过学生、教师、文本之间的深入交流和互动，达到了一种精神上的沟通和心灵上的碰撞。最终，使得教学目标顺利达成！

（山东省潍坊市奎文区幸福街小学　杨莲兰）

淡妆浓抹总相宜

前几天，聆听了赵彩玉老师和孙思臣老师的同课异构课——《生命生命》，我想简单地从"课程性质"这个维度来谈一谈自己的几点看法。

一、教学目标的达成

两位老师都以"引导学生体会生命的可贵，人人都要珍爱生命"为教学目标，课堂教学效果显示，教学目标的制定合理到位，学习目标的预设呈现鲜明。

二、教学内容的安排

教学内容处理得当，体现了语文教学的学科特点。两位老师都引领学生深刻理解了"飞蛾求生""瓜苗生长""静听心跳"三个事例，从而感悟生命的可贵。

三、教学过程的实施

依据具体的教学内容和教学目标，在课堂教学中，两位老师都采用了自主互助、合作交流等多种学习方式，注意在教学中创设情境，注重学习

第三章 和而不同——复调语文的研修

方法的指导，体现了语文教学的学科特点。教学中，他们都特别注重与文本的"对话"，引导学生从具体的语言文字中，从一遍遍的朗读中，去体会主人公对生命的渴求与尊重，体会文章的深刻内涵。特别需要提出的是，他们都适时引入了一些课外教学资源，如对文章作者杏林子的深入了解、对"什么是生命"的深度解读等，这些都很好地促成了教学目标的实现。

四、教学评价

检测学习目标的生成，两位老师采用的方式基本上有三种：一是课堂上的回答问题，二是课堂上的小练习、小练笔，三是课后作业的延伸。同时，两位老师在课堂上的评价适时适中，有针对性，有鼓励性。

从"同课异构"这点来看，两位老师对教学目标的定位无疑是相同的，在教学方式的呈现、教学流程的实施中都有很大的相同之处。但两位老师又各有千秋，赵彩玉老师以女性温柔委婉的独特魅力，在教学中循循善诱，引导学生进行了一次与文本、与生命的对话。孙思臣老师则以其无处不在的激情，熏陶和感染学生，和学生一起感悟生命。

总之，两位老师的教学都很好地体现了语文学科特点，体现了课程性质。如果说赵彩玉老师的课是恬然娴静的"淡妆"，那么孙思臣老师的课就可以称得上是轰轰烈烈的"浓抹"了。总之，他们都引导学生用心与文本对话，用灵魂与文本对话，真是"淡妆浓抹总相宜"啊！

（山东省潍坊市奎文区幸福街小学　祝洪芹）

研修课例（二）《卖木雕的少年》

教学实录一

一、激趣导入，板书课题

（播放歌曲《找朋友》）

师：大家都很熟悉这首快乐的歌曲《找朋友》，而在生活中，每个人都有自己的朋友，都有难以忘怀的友情趣事。今天，我们就来学习一篇关于朋友的文章。请大家齐读课文题目。

（生齐读）

师：同学们的声音真是既整齐又响亮。这个"卖"字，我们可以怎么来记忆？

生："卖"比"买"多了一个"十"字。

师：嗯，卖东西的人比买东西的人多了十元钱，所以"卖"比"买"头顶上多了一个"十"。比较两个字的外形和其所表达的意思，我们就可以记住这个字，这是一种非常好的识字方法。大家记住这个字了吗？

生：记住了。

师：同学们，看到这个题目，你有什么问题要问吗？

（引导问出预设问题：木雕是什么样子的；少年是一个什么样的人）

生：木雕是什么样子的？

师：木雕是什么样子的呢？老师也想知道呢！

（师板书：木雕）

生：少年在哪里卖木雕？

生：少年为什么卖木雕呢？

师：大家的问题多数是围绕少年，那少年是一个怎样的人呢？大家想知道吗？

生：想。

（师板书：少年）

二、检查预习

师：想要寻求这个答案，就让我们一同走进这篇课文吧！先请大家自读课文。

（课件出示要求：①读准字音，读通句子，遇到难读的词语一定要多读几遍；②思考这篇课文讲了一件什么事）

......

师：谁能根据这个提示来说一下，这篇课文主要讲了一件什么事情？

（课件出示）

这篇课文主要讲"我"到非洲旅行时，想买（　　）做纪念，但是（　　），只好放弃。后来非洲少年（　　），"我"被友情感动的事情。

（生补充完整）

师：这就是文章的主要内容，大家掌握这种归纳方法了吗？

生：掌握了。

师：那接下来，老师要看一看大家对词语的掌握情况。请一名同学来读第一组词语。

（课件出示词语）

（生读第一组描写瀑布的词语）

师：把词语读得抑扬顿挫，很好。谁来读第二组？

（生读第二组描写木雕的词语）

师：读得非常流利。再请一名同学来读第三组词语。

（生读第三组描写人物的词语）

师：如果你的声音再响亮一些就更完美了。现在，让我们一起来读一读这些词语。

（生齐读三组词语）

师：同学们都会读这些词语了吧？把它们放到课文中，你们还认识它们吗？请同学默读课文，完成这两个要求。

（课件出示要求：①画出文中描写木雕的句子；②画出文中描写少年言行和神情的句子）

（生自读课文，并画出相关的句子）

三、精讲课文，深入感悟

师：木雕是什么样子的，你找到课文中描写木雕的句子了吗？

生："木雕，是非洲最常见的工艺品。摊点里陈列的木雕琳琅满目，各式各样。"

师：谁再来补充一下？

生："说是坐凳，其实是一个卷鼻大耳象，象背上驮着一块寸把厚的树桩。这些坐凳构思新奇，大象雕得栩栩如生。"

师：我们来看看这两个句子，并读一读。

（课件出示）

摊点里陈列的木雕琳琅满目，各式各样。

这些坐凳构思新奇，大象雕得栩栩如生。

（生自读）

师：读完这两个句子，你仿佛看到了怎样的木雕？

生：我仿佛看到了各式各样的木雕。

师：你能说说这各式各样的木雕都有什么样子的吗？

生：有人物的，有动物的；有宽的，有窄的……

师：什么样子的都有，这真是各式各样啊！你还看到了什么样子的木雕？

生：我还看到了栩栩如生的木雕。

师：怎样的栩栩如生呢？

生：我好像看到了一个狮子木雕，跟真的一样。

师：这真的是栩栩如生啊！

（课件出示图片欣赏）

师：同学们请看，这就是非洲木雕。这些木雕大多出自民间艺人之手，它们那生动的表情刻画，神秘而独特的造型，受到世界各地人们的喜爱，所以这些木雕又被称为"非洲式照片"。了解了这些之后，我们再来读一读这两个句子。

（生齐读）

师：同学们，请看第一句话，"琳琅满目"是什么意思。

生：满眼都是美好的东西。

师：理解非常准确。琳琅满目的意思是，满眼都是珍贵的东西，形容美好的事物很多。那这个词用在这里是形容木雕——

生：形容木雕很美。

师："琳琅满目"这个词能去掉吗？

生：不能。

师：为什么？

生：去掉了这个词，就只是说明木雕的种类很多。

师：是啊，去掉了这个词，可能我们就会觉得木雕没有那么美了。那我们再来看第二句，把"栩栩如生"和"构思新颖"这两个词调换位置行吗？

生：不行，因为有了想法，才能雕出栩栩如生的木雕。

师：是啊，有了想法才能雕出栩栩如生的东西。同学们，木雕美不美？你们想不想要？

（师板书：美）

生：想。

第三章 和而不同——复调语文的研修

65

师：让作者爱不释手的木雕就是出自一位少年之手。这是怎样的一个少年呢？通过读课文，你找到描写他言行和神情的句子了吗？请同学们在小组内交流一下。

（生小组交流）

师：哪个小组的同学来读一下你们找到的句子？

……

师：通过刚才大家找出来的句子，我们不难发现，其实这里讲述了少年和"我"之间的两件小事。

（分别出示两组句子）

师：谁来说一说第一件事情是什么？

生：少年要把木雕卖给"我"。

师：你能简单地概括一下吗？

生：卖木雕。

师：好，第一件事总结出来了。那第二件事更容易了，是什么呢？

生：少年送木雕给"我"。

师：同学们概括得很好。我们请一名同学来读一读卖木雕的句子。

（课件出示）

"买一个吧！"坐凳的主人是个十五六岁的、五官端正的黑人少年。

那少年走到我跟前，诚恳地说："夫人，您买一个吧！"

（生读）

师：谢谢你，读得非常流利。请同学们比较一下这两个句子有什么不同？

生：多了一个"夫人"和"您"。

师：从这里，你感受到了什么呢？

生：少年的诚恳。

师：请带着你的诚恳来读这两个句子。

（生读）

师：多么诚恳的少年啊！你从这两个句子里能感受到少年的想法是什么吗？

生：少年很想卖出木雕。

师：那你有多想卖出你的木雕呢？请你来读一读。

（生读）

师：多么诚恳的一个少年啊！请你诚恳地面对你的同桌读一读这两个句子。

（生同桌互读）

师：让我们一起来诚恳地读一读这两个句子。

（生齐读）

师：是什么原因让一个十五六岁的少年，如此诚恳地想让人买走他的木雕呢？

（课件出示图片，简介非洲）

师：大家请看，非洲有三分之一的土地被沙漠覆盖，许多国家政治不够稳定，经济发展缓慢，这造成非洲各国普遍处于贫穷状态。少年如果把木雕卖掉了，可能会解决一家人一天的生计。让我们一起读一读这两句话，同学们读少年的话，老师读旁白。

（师生合作读少年卖木雕的句子）

师：即使少年如此的诚恳，即使"我"对那个小象墩爱不释手，那最终"我"买走小象墩了吗？

生：没有。

师：为什么呀？

生：因为行礼已经超重了。

师：所以"我"不得不带着遗憾离开了摊点。但是，课文的最后，"我"是带着遗憾离开的吗？

生：没有。

（课件出示）

"这个小，可以带上飞机。"少年将一件沉甸甸的东西送到我手里。

少年连连摆手说："不，不要钱。中国人是朋友。"

师：请一名同学来读一读这两句话。

（生读）

师：就在"我"要付钱的时候，少年连连摆手说："不，不要钱，中国人是朋友。"从这里，你看出了什么？你感受到了什么？

生：少年很善良。

师：带着你的感受读一读这句话。

（生读）

师：你还感受到了什么？

生：少年很友好。

师：带着你的感受来读一读这句话。

（生读）

师：为什么一个非洲少年会对"我"这样一个中国游客这么友好呢？老师找到了一些资料，请一名同学来读一读。

（课件出示资料，生读）

师：就是这份无私的援助，让这个十五六岁的非洲少年都觉得：中国人是朋友。孩子们，双月相伴为朋，两手相牵为友，让我们再读一读这两句话。

（生齐读）

师：此时，这个小象墩已经不仅仅是一个小象墩了，而且深深蕴含少年的心意、少年的情意，还有那沉甸甸的中非人民的友谊。大家还记得少年猜出"我"的中国人身份，在"我"离开摊点时，他的神情吗？

生：少年的眼里流露出一丝遗憾。

师：他当时遗憾的是什么？

生：中国朋友没有将自己喜欢的木雕带走。

师：是啊，因为看出中国朋友对木雕象墩爱不释手，却不能带走，心愿无法满足，所以他遗憾了。在"我"收到木雕小象墩时，少年的表情是什么样的？

生：他笑了。

师：他为什么笑了？

生：因为朋友的心愿满足了，他为朋友高兴。

师：少年用那颗善良、友爱的心消除了彼此的遗憾。就这样，我们跟随这些描写少年语言、动作和神情的句子一步一步走进了少年的内心。让我们一起读一读那些描写少年的话语，男生读少年的话，女生读旁白，老师读描写少年神情的句子。

（课件出示，师生合作朗读）

师：此时此刻的少年给你留下了怎样的印象？

生：我觉得少年很善良。

生：这是一位友爱的少年。

生：这个少年很友爱，重友情。

师：有这样一位真诚、善良、友爱的少年做朋友真好！

（配乐：音乐《友谊地久天长》）

师：朋友，可以跨越年龄和国界。我们肤色不同，我们也可以相互搀扶，因为——

生：我们是朋友！

师：我们喜好不同，我们依然可以互帮互助，因为——

生：我们是朋友！

师：我们性格不同，我们还是可以互相谦让，因为——

生：我们是朋友！

四、拓展提升，感情升华

（课件出示图片：奎文区胜利东小学献锦旗现场、奎文区孙家小学捐款现场）

师：看看我们的周围，互帮互助、谦让搀扶的朋友有很多。同学递来的一张纸、一支笔、一块橡皮，我们都要心怀感激。我们要留心生活，生活中的每一点、每一滴都让我们感动。此时此刻，你想对你的朋友说些什么，拿起你手中的笔，把它写下来。

（课件出示）

朋友，当我在学习上遇到困难的时候，你_____。

朋友，当我在生活中需要帮助的时候，你_____。

朋友，当我心情不好的时候，你_____。

朋友，我想对你说_____。

（生写作习文）

师：谁写好了？请来读一读你想对朋友说的话。

生：朋友，当我在学习上遇到困难的时候，你给了我帮助，谢谢你！

师：多体贴的朋友啊！

第三章　和而不同——复调语文的研修

69

生：朋友，当我心情不好的时候，谢谢你一直陪着我。

……

师：听了大家的话，我也忍不住想对我的朋友们说一些话。当然，这个"朋友们"也包括你们，包括所有来听课的老师……请一名同学来帮我读。

（课件出示，配乐）

生：朋友，谢谢你听到我的呼唤，随时出现在我的身边。

朋友，谢谢你快乐时的分享，伤心时的陪伴。

朋友，谢谢你在我需要帮助时的鼎力支援。

想到你，心里会甜如甘泉；想到你，心里会幸福无限。

朋友之交，其淡如水，浓于茶，淳于酒。

朋友是人生之中的一道彩虹，相遇、相识、相知，足矣。

愿朋友们一切都好！

师：谢谢你的精彩诵读！

五、总结

师：同学们，朋友不分地域和肤色，不分年龄和性别。我相信，只要我们懂得互相帮助，互相关心，互相谦让，友谊就能够长存心间！我相信，你肯定还有很多话想对朋友说，课下请你写在小练笔上，可以是一段文字，也可以是一首诗。

（执教：山东省潍坊市实验小学　琚凤霞）

教学实录二

一、激趣导入

师：同学们都喜欢旅游吗？

生：喜欢！

师：呵，还加上了动作！今天，老师要带大家去一个地方，那就是非洲的莫西奥图尼亚大瀑布！

（课件播放图片）

师：莫西奥图尼亚大瀑布举世闻名，景色十分壮观，那里游人如织，真是名不虚传！当然，非洲最吸引人的还要数那里的木雕工艺品，这些木雕一般都出自民间艺人之手，栩栩如生，各式各样，构思新奇，令无数游客爱不释手！那你们喜欢吗？

生：喜欢！

师：当然，非洲还有很多的名胜，希望同学们在课下能够更多地去了解一下。今天这篇课文讲的就是一个关于非洲木雕的故事，让我们一起走进——《卖木雕的少年》。

（生齐读课文题目）

二、初读课文，整体感知

师：那么，这篇课文主要讲了一件什么事情呢？请同学们轻轻打开课本的第112页，自读课文。注意给难懂的词语做上记号，联系上下文或借助工具书理解词语，并思考课文讲了一件什么事情？当走到你身边时，老师希望能听到你悦耳的读书声！开始吧！

（生自由朗读课文）

师：课文已读完。首先，我们检查一下词语的掌握情况。

（课件出示）

名不虚传　游人如织　十分壮观

琳琅满目　各式各样　栩栩如生　构思新奇　爱不释手

五官端正　清晰可辨　语无伦次　一模一样

师：你发现了什么规律吗？

生：这些都是四字词语。

师：下面，我们就用"开火车"的方式读一读这些词语。

（生读，师纠正"栩""模"两字读音，并在黑板上领写析字，并辨别"辨、辩、瓣"）

师：那么，同学们有没有发现每一行词语的特点呢？

生：第一行是描写风景的，第二行是描写事物（物品、工艺品）的，第三行是写人的！

师：那么，我要考考你们对这些词语的运用能力了！请看屏幕。

（课件出示）

大瀑布真是（　）。这里（　），景色（　）。摊点里陈列的木雕（　），（　）。其中，象墩（　），大象雕得（　），我一看就（　）。

（生作答）

第三章　和而不同——复调语文的研修

师：真好，可见同学们将课文预习得真扎实！下面，谁来说一说这篇文章讲了一件什么事情呢？

生："我"去非洲旅游，看到精美的木雕，但是因为行李太重，带不走这精美的木雕。有一位非洲少年为了不让"我"带着遗憾回国，送给了"我"一只小木雕。

（师板书：中国游客　非洲少年）

师：是啊！为了不让"我"带着遗憾回国，少年诚恳地送给了"我"这个木雕。

三、研读感悟，品味入情

师：说到遗憾，文中有这么一段话："少年的眼睛里流露出一丝遗憾的神情。我也为不能把这件精美的工艺品带回国而感到遗憾。"在这句话中，出现了两次——

生："遗憾"。

师：那么，谁能说一说"我"为什么遗憾呢？

生：因为木雕很美，"我"的行李却超重了，"我"为不能带走这精美的工艺品而感到遗憾！

师：是啊！是怎样的一个工艺品让作者这么牵肠挂肚呢？我们一起来看一看。

（课件出示）

说是坐凳，其实是一个卷鼻大耳象，象背上驮着一块寸把厚的树桩。这些坐凳构思新奇，大象雕得栩栩如生。

师：谁想来读一读？

（生读）

师：我仿佛看见了这栩栩如生的象墩木雕。谁想再来读一读这两句话？

（生读）

师：多么精美的木雕啊！"我"捧着象墩，然后怎么样？

生：仔细观赏，爱不释手。

师：这么精美的工艺品，"我"却不能带回国，真是——

生：遗憾！

师：那么，谁来说一说少年又是为什么而遗憾呢？

生：他为这位中国人带不走象墩而遗憾。

生：他为自己卖不出木雕而感到遗憾。

师：到底少年是不是遗憾"我"的遗憾呢？让我们走进下文，去寻找答案。

（课件出示要求：默读课文第10～15自然段，边读边画出描写少年言行、神情的语句，试着在一旁写写你的体会）

（生边读边画）

师：同学们都画出来了。下面，同桌之间交流一下，看看双方画的和想的是否一致？

（生同桌交流）

师：下面，我们进行集体交流。谁愿意来分享一下？

生：我画的句子是："他听到谈话声，来到我们面前，原来是白天卖木雕的那个少年。看样子，他是专门在这里等候我的。"

师：你能说一说这句话中哪些词语使你感动吗？

生："专门""等候"。

师：少年在这里等了多久，你们知道吗？

生：不知道。

师：可能是一个小时，可能是两个小时，也可能是很久了！你从这两个词语里面体会到了什么？

生：非洲少年的友好、真诚……

师：你能带着这种真诚，再来读一下这句话吗？

（生读）

师：请同学们想象一下，少年在等"我"的时候会想些什么呢？

生：他可能会想：如果看到这个小象墩木雕，她一定会喜欢，也就不会感到遗憾了！

师：多么淳朴、善良的少年啊！还有其他描写少年言行、神情的句子吗？

生：我找到的句子是："'这个小，可以带上飞机。'少年将一件沉甸甸的东西送到我手里。"

师：从少年的语言里，你又体会到了什么？

生：他的真诚。

师：那你能真诚地读一读少年的这句话吗？

（生读）

师：谁想再来挑战一下？

（点名读、齐读）

师：还有其他描写少年言行、神情的语句吗？

生："少年连连摆手，用不太标准的中国话说：'不，不要钱。中国人是我们的朋友。'"

生："他笑了，露出了两排洁白的牙齿。"

师：从少年的语言和动作里，你又体会到了什么呢？

生：他的友好。

师：多么友好、真诚的一位少年啊！下面，就让我们分角色来朗读"我"和少年之间的对话，去感受一下少年对"我"的真情实感！

（师指名两位同学朗读，然后师生分别扮演角色朗读，最后由生生完成对话朗读展示）

师：现在我才体会到，少年露出一丝遗憾的神情，是因为——

生：我们是朋友。

（师板书：朋友）

师：少年耐心地等待，是因为——

生：我们是朋友！

师：他诚心地赠送"我"木雕，还是因为——

生：我们是朋友！

四、升华感情，拓展延伸

师：说到这里，你有什么疑问吗？

生：为什么说我们是朋友呢？

师：对啊！为什么我们是朋友呢？谁来说一说这个故事发生的时代背景？

生：20世纪六七十年代，坦桑尼亚和赞比亚两国领导人向世界有关国家请求援建一条连接两国的铁路，中国答应了援建铁路。但是，其他国家不但不帮忙，反而讽刺中国，质疑中国的动机。中国人没有退却，顶住了压力，从 1970 年开始，援建这条铁路，用时 6 年，克服了沼泽、天气等多种困难和危险，终于把铁路修成了！因此，非洲人民特别感激中国，感激中国人！

师：所以，少年会用那不太标准的普通话说——

生：中国人是我们的朋友！

师：说到中国对非洲的援助，请大家欣赏一幅图片，用心来感悟一下。

（课件播放图片，配乐）

师：在援助非洲人民修建好这条铁路之后，非洲人民写下了这样两行字：中国你好，我们是朋友！

生（齐读）：中国你好，我们是朋友！

师：是啊！友谊无国界，那么，此时你想对全世界人民说——

生：我们是朋友！

五、小结

师：这节课，我们学会了通过人物的言行、神情来体会人物内心的方法，那么就请同学们在课下用这种方法来自学这几篇文章。

（课件出示）

（1）自学第 28 课，了解作者表达的感情。

（2）爱在人间

①P63　生命的签证

②P70　德国美女，西藏盲童的"眼睛"

③P75　感动世界的"中国火焰"

④P91　超越国界的爱

（执教：山东省潍坊市奎文区圣荣小学　邢彦辉）

 观课报告

同课异构，匠心各具

一、民主、平等、尊重原则

两位老师的课都充分体现了民主、平等、尊重原则，这一点在整个课堂教学中贯穿始终。虽然这两位老师都是借班上课，但都善于与学生交流，

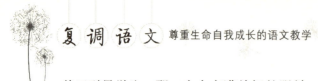

善于引导学生，那一个个充满关切的眼神，一句句充满鼓励和赏识的评价，一点点微不足道却充满关爱的举动，都在无形中拉近了师生间的距离。所以在每一节课上，学生的表现都非常棒，与老师的关系也相当融洽。两位老师以其独到的方式创设了一个宽松的学习氛围，激发了学生的学习热情，从而使学生以一种自由、放松的心态投入学习中，使学生在宽松、和谐的氛围中探索知识，使学生把精力集中到所要研究的问题中来，为实现复调语文的有效对话提供了一个良好的学习环境。可以说，两位老师已经与学生进行了心灵的"对话"。

二、合作、沟通原则

合作学习是新课程理念倡导的课堂教学的主要学习方式。合作学习中的讨论不是为了活跃气氛，而是通过学生之间思想的碰撞，真正达到解决问题的目的。因此，设计怎样的问题，成为合作学习的关键所在。在此，两位老师设计的讨论问题都是高质量的，并且有探究价值的。在每一堂课中，学生之间的合作与沟通，小组之间的合作与沟通，师生之间的合作与沟通，都非常明显，且效果很好。举个简单的例子，两位老师都注意了师生合作读课文，而且师生之间的每一次合作都配合得非常好。有了老师的示范和合作，学生才更想读好，才更会把握怎么读才好。

三、开放性原则

著名特级教师窦桂梅说："超越教材的过程，就是让学生多角度、多渠道、全方位从书本中积累文化知识，间接获得情感体验、生活体验等人生涵养的过程。"这两堂课都体现了开放性原则，即开放性地引入了相应的教学资料，比如关于非洲木雕的图文资料、关于"我们是朋友"的时代背景资料解读等。这种超越文本的开放性教学，扩大了学生学习语文的空间，有利于学生在生活实践中学习语文、感悟生活，使学生的文学素养更厚实，使学生的人文素养更沉实。我们说，复调语文的课堂，应该是一个百花齐放、百家争鸣的多个声音并存的课堂，它彰显的是来自四面八方的多重对话。而这种教学上的开放性，无疑为这满园春色提供了丰富的土壤。

四、生成性、创造性原则

复调语文的课堂应该是有效对话的高效课堂，而高效的课堂离不开高效的思考。两位老师非常善于引导和启发学生思考，虽然在课堂上提出的问题相对较多，但对于三年级的学生来说，这些问题的提出还是切实可行的。在老师的引导下，课堂中生成了一个又一个有价值的问题，而对这些问题的探讨，又最终将教学一步步推进教学目标的实现中。因此，课堂的生成性原则体现得较好。相比较而言，创造性原则在两位老师的教学中体现得最为明显。琚老师大胆取舍，在其他非重点内容上几乎不浪费时间，紧紧抓住"木雕"和"少年"这两个点来进行教学，引导学生体会木雕的美、"我"的不舍，进而体会少年的真诚友爱，体会"我们是朋友"的内涵。邢老师则是在上课伊始，通过别具匠心的成语分类，在对词语的交流中就把课文的非重点段——前三个自然段一带而过，随后紧紧围绕两个"疑惑"进行教学，使学生体会两个"疑惑"的深刻含义，从而突出了主题。总之，两位老师都是通过一系列的问题，把学生逐步引入课文深处，让他们在不知不觉中进入深层次的学习之中。

同课异构，匠心各具，复调语文就是要追求"和而不同"。两位老师都引领学生进行了生生之间、师生之间、生本之间等多种层次的多元对话，最重要的是，还进行了一次关于朋友、关于友谊的深层对话。

（山东省潍坊市奎文区幸福街小学　祝洪芹）

让阅读教学走向复调

《卖木雕的少年》是人教版小学语文三年级下册第七单元中的课文，这也是本单元关于国际理解和友好的第三篇课文。课文讲的是一位非洲少年对中国人民的友谊，叙述详略得当，对美丽的大瀑布的描写一带而过，而围绕课文重点，将笔墨放在选木雕、放弃买木雕、送木雕等内容上。课文还准确而得体地运用了许多四字词组，可以让学生积累并学会使用。

我对本节课的观课维度是：有效对话，实施流程。现代教学论倡导一种崭新的教学理念、一种新型的教学文化，即在教学过程中，建立在民主、平等基础上的人、文本和环境之间激荡起心灵的共振和呼应。因此，相互作用的对话是优秀教学的一种本质性标志。

一、教师、学生与文本之间的复调

阅读教学中的对话，就是基于文本的对话。脱离了文本，就没有了对话的根基。在教学中，多种形式的阅读可以帮助学生更好地理解文本。两

第三章　和而不同——复调语文的研修

位老师在教学中都进行了多种形式的阅读，如有感情地朗读课文、分角色朗读课文、反复诵读课文等，帮助学生深入理解课文，激发学生的情感。其中，刑彦辉老师在教学过程中的深读课文这一环节（默读第 10～15 自然段，画出描写少年言行、神情的语句，试着在一旁写写你的体会），突出了学生与文本的复调，体现出阅读的生机与活力，让学生真正成为学习的主人。

二、创设情境，确定话题

在阅读教学中，教师要为学生积极创建特定的情境，使学生能够自由地与文本对接。在课堂上，琚凤霞老师在导读环节抛出话题："针对课文题目，你有什么要问的?"学生纷纷提出质疑。抛出问题创设情境，老师于是把学生带入故事的情境中，引导学生在这个情境中交流、探讨。这样能够帮助学生深入地理解课文，体会课文的意境，领会人物的内心世界。一个巧妙的设问，就是一支点燃学生思维的火把，能激活学生的阅读期待，诱发学生和文本以及师生、生生之间对话的渴望。同时，琚凤霞老师也依据教学内容向学生提出了需要解决的问题，引发学生的探究精神，进而激发学生的对话热情。

三、以复调精神为指导，研讨话题

阅读教学中，师生问答是关键，因为问答也是对话，但对话绝不是简单的应答。在本堂课的教学中，两位老师在这一方面做得都很好，话题有质量、有效果，在研讨话题时让人感到对话的真诚和自由，不仅仅是教师和学生间的交流，而且是师生之间的心灵沟通，让学生畅所欲言，尊重了学生的独特体验、独特发现。此外，教师对学生发言的肯定与鼓励有很多，如"你回答得不错""你读得很真诚"等；对于学生的错误，教师也及时地给予了指正。

四、形成复调对话结果

在这两堂课的教学中，教师以平等的身份走近学生，让学生畅所欲言，教师则真心倾听，真心交流，相机引导，这体现了教师在"对话"中既是主导者，又是一个特殊的"对话"主体。同时，在充分调动学生自主参与对话的基础上，教师适时示范，精要点评。可以说，复调对话充满课堂。

五、自我深层对话

自我深层对话，体现了学生对文本的深入理解。如琚凤霞老师的课堂，以情感的激发为基点，引导学生深入理解和感悟，效果很好。在引导学生理解"不，不要钱……"这一句话时，琚老师出示资料，让学生清楚地认识到少年是一个怎样的人，体会到"我们是朋友"这句话的含义，使情感得以升华。而"你想对你的朋友说些什么，请把它写下来"的拓展环节，这应该是学生自我深层的对话，是学生在充分地感受、理解的基础上的感悟和思考。

让阅读教学走向复调，让阅读教学乘上"对话"的翅膀，让学生在这样的对话过程中构建和丰富自己的精神王国，这就是复调语文的课堂。

（山东省潍坊市奎文区幸福街小学　杨莲兰）

打破传统思维，对话情感教学

虽然同上一堂课，然而两位老师的教学切入点却迥然不同：邢彦辉老师侧重的是学习方法的传授，让学生学会自主学习；而琚凤霞老师则更侧重通过感情的渲染，以求与学生形成思想上的共鸣。这就是"同课异构"的魅力所在。

就邢老师这节课而言，教学目标准确到位，同时新颖、有效的学法指导让学生受益匪浅。首先，是知识目标的达成。邢老师极为用心，将同一类型的词语划分到一起，便于学生归类记忆，同时，邢老师对学生进行了写作指导，让学生们明确写景物、写工艺品、写人物表情分别使用什么样的词语。并且，练习随后跟近，让学生们新学到的知识马上有了用武之地，这是体现课堂高效的一种教学方法。其次，是能力目标的培养。邢老师基本把课堂让给了学生，引导学生自己深入文本，抓住重点词句品悟作者的思想，其中还贯穿了写作方法的指导，使整堂课的语文味十足。再次，是情感、态度和价值观的目标达成。例如在拓展环节，一个中非人民之间的小故事引发了学生与文本之间的共鸣，让学生更加深刻地体悟作者的真正意图。三个维度的教学目标的达成自然而流畅，让我不禁拍手称赞。此外，邢老师对于学情的把握也很到位。三年级是学生能力提升的一个分水岭，在这个阶段，学生们急需的就是习作方法的指导，而邢老师的课堂中无时

第三章　和而不同——复调语文的研修

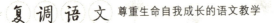

无刻不渗透着习作方法的指导，从基础知识的学习到深层次的文本内容品读，从词语的分类识记到人物神态、语言、动作的描写，这也充分体现了民主、平等和尊重的教学原则。

纵观整堂教学课，从简单生字的学习到课文中心环节的学习，以及最后的升华拓展环节，都渗透出民主、平等和尊重的思想。就导入而言，非常简单明了，几张图片就将学生们的思绪引入非洲的瀑布与木雕。而生字词的归类识记与简单的随堂练习环节，是对传统意义上的识字教学的突破，这是一种开放的、创造性的教学设计。在品读课文时，邢老师从人物的神态入手，紧扣"遗憾"这个神情描写，引导学生一步步走向文本的深处，在这一过程中的同桌交流、集体交流，将民主、平等和尊重的原则有效地在课堂中呈现出来，同时也奠定了学生的课堂主体地位。教师一直作为一个引导者与学生展开交流、对话，而学生与学生、学生与文本的对话才是本节课的中心，这充分体现了教师、学生与文本之间的复调。而在最后的拓展升华环节，邢老师创设的教学情境则更好地为学生提供了一个思考平台，让学生进行了自我的更深层次的对话，以求与作者达成思想上的共鸣。

新颖的生字词教授方式，贯穿始终的写作方法渗透，以及教学情境创设，邢彦辉老师为我们呈现了一节优秀的语文课。

（山东省潍坊市奎文区幸福街小学 李 娜）

三、 异而求和： 复调语文的 "异课同构"

"异课同构"，即同样的课程目标在不同的教学内容中得以实现。有别于传统意义上的异课同构，复调语文理念下的异课同构不是在教学手段或模式上寻求"雷同"，而是追求达成同一课程目标，追求一种高层次的和谐统一，有效地避免了史伯所担忧的"以同裨同，尽乃弃矣"的严重后果。

以下，我们以《青海高原一株柳》和《地震中的父与子》的研修课例来具体说明。

研修课例（一）《青海高原一株柳》

教学实录

一、教学目标

1. 能正确、流利、有感情地朗读课文。

2. 了解反衬、借物喻人的写作方法，学习散文的写作手法。

3. 通过研读语言文字和合理想象能够体会青海高原一株柳的神奇，进而能够理解以顽强的毅力和韧劲与命运作抗争的人生哲理。

4. 能从课文中的柳树品格联系自身，在自己心中种下培养坚毅、顽强的品格的种子。

二、教学重点

通过研读课文的第5、6、7、9自然段，深入品读语言文字并加入合理的想象，能够体会出青海高原一株柳高大粗硬、顽强不屈和敢同命运抗争的精神。

三、教学难点

引导学生感悟作者不仅是在写柳树，而且是在写人，从而理解以顽强的毅力和韧劲与命运作抗争的人生哲理。

四、教学过程

第一课时

学生读熟课文，疏通字词，了解青海高原恶劣的自然环境，查字典理解课文中的重点词语，如伫立、撑立、苍郁、锻铸、巍巍然、虐杀等。

第二课时

1. 回顾环境导入

师：今天，我们继续学习第15课，请大家齐读课文题目。

（生齐读课文题目）

师：经过上节课的学习，我们知道了青海高原的环境是异常苍茫和恶劣。课文中用这些词和短语描绘了青海高原的环境，我们一起来读一读。

（课件出示）

广袤无垠　青草覆盖的原野

寸草不生　青石嶙峋的山峰

第三章　和而不同——复调语文的研修

深邃的蓝天　凝滞的云团

铁铸一样的青山　赭红色起伏的原地

（生读）

师：读的时候如果速度再慢一点儿，就能读出意境来了，再来读一次好吗？

（生再读）

师：在如此恶劣的环境中，这株柳树居然存活了下来，所以作者用了一个词来形容它。

（师板书：神奇）

师：下面，我们就一起去看一看这株神奇的柳树。

2. 透过文字读柳

师：请大家自由地品读课文，找一找从哪些地方感到这株柳树的神奇？

（课件出示）

这株柳树大约有两合抱粗，浓密的树叶覆盖出百十余平方米的树阴。树干和树枝呈现出生铁铁锭的色泽，粗实而坚硬。叶子如此之绿，绿得苍郁，绿得深沉，自然使人感到高寒和缺水对生命颜色的独特锻铸。它巍巍然撑立在高原之上，给人以生命伟力的强大感召。

（生自由读）

师：谁来交流一下，你从哪些地方感到柳树的神奇？

生："这株柳树大约有两合抱粗，浓密的树叶覆盖出百十余平方米的树阴。"我能从"两合抱粗""百十余平方米"这两个短语感到柳树的高大，因为高原气候是很恶劣的，它却能生长得如此高大、粗壮，所以说这株柳树很神奇。

师："两合抱粗"有多粗？咱们两个人来演示一下吧！

（师生演示）

师：树荫有百十余平方米。咱们教室大概有 150 平方米，也就是说像咱们教室这么大的一片树荫。那么，此时你眼中看到的是怎样一株柳树？

生：一株高大的柳树。

（师板书：高大）

师：试着读出这株树的高大，好吗？

（生读）

师：好一株高大、粗壮的柳树啊！大家一起来读一读这一句话。

（生齐读）

师："两合抱粗""百十余平方米的树阴"，让我们感受到柳树的高大。这段中还有一句写到了柳树的高大，谁来说一说？

生："它巍巍然撑立在高原之上，给人以生命伟力的强大感召。"这句中的"巍巍然"是高大雄伟的意思，从这个词也能看出柳树的高大。

师：高大、粗壮的柳树，这是一奇。除此之外，我们还能从哪些地方感受到柳树的神奇？

生："树干和树枝呈现出生铁铁锭的色泽，粗实而坚硬。"树干和树枝粗实而坚硬，说明这株柳树跟普通平原上的柳树不同，平原上的柳树比较柔软。

师：注意一下，作者用什么来形容柳树树干和树枝的颜色？

生："生铁铁锭"。

师：同学们见过"生铁铁锭"吗？

生：没有。

师：生铁铁锭的色泽和坚硬程度就好像是火车道上的铁轨。读了这一句，你又看到一株怎样的柳树？

生：粗实而坚硬的柳树。

（师板书：粗硬）

师：请一个男生来读一读这句话。

（生读）

师：从你的读声中，我听出了男子汉的力度，大家像他这样一起读一读这一句。

（生齐读）

师：粗实而坚硬的柳树，这是二奇。那这株柳树还有什么与众不同之处吗？

生："叶子如此之绿，绿得苍郁，绿得深沉，自然使人感到高寒和缺水对生命颜色的独特锻铸。"这株柳树叶子的颜色是苍郁的、深沉的，颜色很暗，这跟平原上柳树的叶子不一样，平原上柳树的叶子是嫩绿的、翠绿的。

师：你们是不是感觉这样的颜色很奇怪？大家想一想是什么将这株柳树的叶子锻铸成这样的呢？

生：高原上的高寒和缺水，让这株柳树在历经磨难之后变成现在的样子。

师：是的，高寒和缺水这两大无形的杀手将柳树的叶子锻铸成苍郁而深沉的暗绿色，这是三奇。让我们一起把描写叶子的句子读一读。

（生齐读）

师：同学们，读到这里，这株柳树的形象就出现在我们面前了。现在，让我们把这几句话连起来读一读。

（生齐读）

3. 想象、感悟、释疑

师：同学们，这株柳树巍巍然撑立在高原之上，那是什么造就了这样一个不可思议的奇迹呢？接下来，让我们伴随作者的猜测和想象看一看它的艰难经历。

（课件出示要求：默读第 6、7 自然段，哪些词句让你感受到这株柳树在青海高原上撑立的不容易？画下来，并作简单批注。如果哪些词句深深触动了你的心灵，可以选择感受较深的一两处作重点批注）

（生默读）

师：哪位同学来说一说让你感到柳树生长不易的句子？

生："自古以来，人们也许年复一年看到过，一茬一茬的柳树苗子在春天冒出又在夏天旱死，也许熬过了持久的干旱，却躲不过更为严酷的寒冷，干旱和寒冷绝不宽容任何一条绿色的生命活到一岁。"很多柳树没有能活满一年，而这株柳树却撑立了许多年，它熬过了干旱和寒冷，创造了生命的奇迹，所以我能感受到它存活下来很不容易。

师：同学们，你们知道高原上的干旱和寒冷有多么严重吗？

生：最冷的时候，气温能达到零下六十多度；最干旱的时候，高原上能连续几个季节不下一滴雨。

师：连续几个季节不下一滴雨，最冷的时候达到零下几十度，在这样的环境下，一茬一茬的柳树苗子全毁了，只有这株柳树撑立了下来。这是一种怎样的奇迹啊！让我们带着自己的感受一起来读一读这个不可思议的生命奇迹吧！

（生齐读）

师：你们还从其他地方感受到柳树撑立的不容易吗？

生："风把一团团柳絮抛散到这里，生长出一片幼柳，随之而来的持续的干旱把这一茬柳树苗子全毁了，只有这一株柳树奇迹般地保存了生命。"从这句中，我能读出柳树生存的不容易，因为有很多柳树苗子曾在这里发芽，但是都因为干旱而死了，只有这一株撑立了过来，它活下来太不容易了。

师：同学们，你们注意到这句话中"一"字一共出现了几次呢？

生：四次。

师：是的，"一团团柳絮""一片幼柳""一茬柳树苗子""只有这一株"，我们怎能不说它是一个奇迹呢？同学们，文中还有一处描写柳树撑立下来不容易的段落，你发现了吗？

生："长到这样粗的一株柳树，经历过多少虐杀生灵的高原风雪，冻死过多少次又复苏过来；经历过多少场铺天盖地的雷轰电击，被劈断了枝干又重新抽出了新条。它无疑经受过一次又一次摧毁，却能够一回又一回起死回生。"

师：其中哪些词语令你感受特别深刻？

生："一次又一次摧毁""一回又一回起死回生"，这说明它经受了许许多多的磨难。

师：那是什么对它进行了一次又一次的摧毁呢？

生：高原风雪。

师：那是怎样的高原风雪呢？

生：虐杀生灵的高原风雪。

师：还有其他的事物对柳树进行了摧毁吗？

生：铺天盖地的雷轰电击。

师：虐杀生灵的高原风雪、铺天盖地的雷轰电击，如果没有亲眼看到，你根本无法想象那种场景到底有多么可怕。接下来，李老师就带领大家亲身感受一下。

（课件播放：狂风怒吼、电闪雷鸣的声音）

第三章 和而不同——复调语文的研修

师：请大家闭上眼睛，用耳朵去听，用心去感受，当狂风像狮子一样怒吼，当轰鸣的雷声再次响彻这片高原时，你眼前仿佛出现了一幅什么样的画面？

（在此停顿一分钟，留给学生一个思考的空间）

生：我仿佛看到这株柳树的一个枝干被闪电劈断了，但是它没有倒下，而是挺直了其他的枝干，继续撑立在这片高原上。

师：这是一株勇敢的柳树，它没有在困难面前低头。

生：我仿佛看到狂风将这株柳树吹得东倒西歪，然而它的根却紧紧地抓住泥土，勇敢地同暴风骤雨抗争。

师：那么，带着你们的这种感受再来读一读这两个短语，好吗？

（课件出示）

虐杀生灵的高原风雪　铺天盖地的雷轰电击

（生齐读）

师：同学们，高原风雪是如此的凶狠残暴，那这株柳树害怕了吗？

生：没有。

师：而是冻死了多少次——

生：又复苏过来。

师：被劈断了枝干——

生：又重新抽出了新条。

师：请一位同学来读一读这两个短句。

（生读）

师：通过你的声音，我仿佛看到它在咬牙坚持。再请一位同学读一读。

（生读）

师：读得很好，让人感觉柳树是在跟死神较劲啊！同学们，让我们一起来读一读这两个短句。

（生齐读）

师：这株柳树经受这样的折磨仅仅只有一次吗？当然不是。从哪些词语中可以得出这个结论？

生："多少"。

师：文中连用了几个"多少"？

生：三个。

师：你能带着感情去读一读带"多少"的这三个短句吗？

（生读）

师：三个"多少"，让我们感受到柳树遭受的摧残是多么频繁啊！但是，柳树没有畏怯，而是冻死过多少次——

生：又复苏过来。

师：被劈断了枝干——

生：又重新抽出了新条。

师：它无疑经受过一次又一次摧毁——

生：却能够一回又一回起死回生。

师：这里出现了几个"又"字？

生：四个。

师：我们从中能体会到什么呢？

生：我感受到它要坚定地撑立下去的决心。

师：下面，让我们大胆地想象一下，如果这株柳树会说话。

（课件出示）

A. 假如这株柳树会说话，当它经历过无数虐杀生灵的高原风雪，冻死过多少次又复苏过来，它会说＿＿＿＿＿＿＿＿＿＿。

B. 假如这株柳树会说话，当它经历过无数场铺天盖地的雷轰电击，被劈断了枝干又重新抽出了新条，它会说＿＿＿＿＿＿＿＿＿＿。

C. 假如这株柳树会说话，当它经受过一次又一次摧毁，却能够一回又一回起死回生，它会说＿＿＿＿＿＿＿＿＿＿。

（生交流完成情况）

师：生命不息，战斗不止，这株柳树值得我们深深地敬畏。让我们再来读一读这几句话，我读上句，大家接读下句。

（师生合作读）

师：这是怎样的一种力量啊？

生：顽强不屈、坚持不懈、锲而不舍……

4. 由柳及人升华

师：这株柳树顽强不屈的精神令所有人敬畏，读到这里，这株高原柳树已慢慢走入我们的内心。然而此时，作者却笔锋一转，用大量的笔墨描写灞河边的柳树，这是为什么呢？请大家快速浏览第8自然段。

生：生长的环境不同，所以等待它们的命运也不同。高原柳树无时无刻不在接受干旱和高寒的摧残，但它生长得高大、粗壮；而灞河柳生在很适宜的环境中，享受着生活。这里是用灞河柳安逸的生活环境反衬高原柳的艰苦。

师：说得很好，作者在这里运用反衬的写作手法。同样是柳树，生活的环境不同，它们的命运也就迥然而异。为了生存下去，高原柳树需要付出难以想象的艰苦卓绝的努力，那么它抱怨了吗？

生：没有。

师：读到这里，你又看到一株怎样的柳树？

生：敢于同命运抗争。

（师板书：同命运抗争）

师：是啊，正是由于这株柳树顽强地同命运抗争，才铸就了这样的神奇！所以，作者这样赞美它。

（课件出示）

这株柳树没有抱怨命运，也没有畏怯生存之危和艰难，而是聚合全身心之力与生存环境抗争，以超乎想象的毅力和韧劲生存下来，终于造成了高原上的一方壮丽的风景。命运给予它的几乎是九十九条死亡之路，它却在一线希望之中成就了一片绿阴。

（生齐读）

师：品读了这株柳树高大粗硬的外形、顽强不屈的精神和敢于同命运抗争的品质，我想很多同学会产生这样一个问题：究竟是什么人创作出了这样一株令人望而生畏的柳树呢？下面，让我们走近作者——陈忠实。

（课件出示作者资料，师配乐朗读）

陈忠实，被称为"文坛老农"。从小酷爱学习的他，因家庭贫困不得不休学一年；20岁时，由于种种原因，高考落榜，对好学的陈忠实而言这是一个严重的打击。然而面对命运多舛，他始终没有放弃，就像风将一粒柳絮卷上了高原，在这贫瘠的土地上硬是开辟出属于自己的一片领地。1997年，他的小说《白鹿原》荣获茅盾文学奖，这部小说引起轰动，一时间洛阳纸贵，堪称小说丛林中的一棵枝叶茂盛的大树。

师：了解了陈忠实的这些情况，你认为作者仅仅是在写一棵树吗？

生：这不仅仅是一棵树，作者想借这株柳树写自己的人生经历，他和这株柳树一样，经历都很坎坷艰难。

师：一切景语皆情语，虽然文章通篇的笔墨是着眼于一棵树，而作者实际是想借柳树写自己的人生。这样的写作手法，我们称为"借物喻人"。面对这样的陈忠实，面对他笔下的这株柳树，我想此时每个人的心中都是感慨万千。请拿起你手中的笔，给陈忠实或是他笔下的柳树写一封短信！

（生写作，并交流）

师：同学们，我相信此时此刻这株柳树已深深地在你心底扎根，让我们记住这种精神吧！

（生全体起立齐读课文的最后一段）

（执教：山东省潍坊市奎文区幸福街小学　李　娜）

教学反思

一唱三叹　感悟神奇

复调语文是在复调理论的基础上提出来的一种语文教研模式，其主旨在于实现教师、学生、文本、作者与教科书编者之间多重的平等和尊重的有效对话。在教学《青海高原一株柳》这一课文时，我以复调理论为基石，从教师的视角走入文本，与作品和作者对话，用自己的理解去感悟这株神奇的柳树所带来的心灵震撼。

一、初读感悟，整体感知

福建大学文学院教授潘新和曾说过："读多少书，读出了什么，读出了多少自己的发现和创造，永远是衡量一个语文教师智慧水准和教学效果的潜规则。"因此，语文教师在备课时应该平心静气地同文本对话，领略其中字的内涵、词的精美、句的生动、情的真挚，唯有如此，才能做好师生有效对话的引领者。

1. 细嚼慢品，与字词对话

文本细读的起点一定是文章的语言。所以在初读课文时，我会逐字逐

第三章　和而不同——复调语文的研修

句地斟酌每一个文字，力求读准每一个字音，理解文中重点字词的意思。例如，当读到第 3 自然段时，我发现作者居然在没有人物对话的文本中使用了一个叹词"哦"。查字典后，我读出了作者用词的准确与精妙。这个字有两个读音：一个读 ó，表示将信将疑；一个读 ò，表示领会、明白。作者在开头就给读者留下悬念，读者需要根据自己的理解确定此时的这个字应该读哪一个音。同时，对于文本中能表现课文主旨——"神奇"的词语，我也认真地查阅字典。例如，"伫立""撑立""苍茫""苍郁""锻铸""巍巍然""虐杀""摧毁""摧残"等词语，我都一一确定其准确的注解，从而实现与基础字词零距离的对话，达到由字及词、由词及句、由句及段、由段及篇的整体感知。

2. 拓宽视野，与环境对话

这篇文章的主线就是读懂柳树的"神奇"，第一步就是要深入了解青海高原特有的气候特点和地理特点。文中"广袤无垠""寸草不生""青石嶙峋""苍茫""铁铸一样的青山""赭红色起伏的原地"等一系列词和短语，将青海高原的地容和地貌形象、直观地呈现在读者眼前。而对于其气候的描写，作者仅仅使用了"高寒"和"缺水"这两个词语。我在查阅课外资料时了解到，在这片寸草不生的土地上，可以连续几个季节不下一滴雨，温度最低时可降到零下几十摄氏度。在如此恶劣的环境下，这株柳树居然存活了下来，难怪作者会用"哦"来表达自己的情感了。我想，任何一个人在这样的环境中，看到这样的一株柳树，都会发出这样的感叹吧！

3. 深入文本，与作者对话

当对这株柳树有了一个整体的感知时，我不禁想要走近作者陈忠实：究竟是怎样的一个人，能塑造出这样一株令所有人都望而生畏的柳树呢？

慢慢地走近陈忠实，我的眼前豁然开朗，其实作者写的不仅仅是一株柳树，而且是想通过这株柳树展现他坎坷的人生经历。他曾用自己的作品告诉读者："我和当代所有的作家一样，也是想通过自己的笔，画出这个民族的灵魂。"由此，我作出了一个大胆的猜想：陈忠实是不是想通过他的文字来重塑一个民族的灵魂呢？

二、再读品悟，构设框架

《青海高原一株柳》是陈忠实的一篇散文，纵观文本，文章层次清晰，语言优美流畅，情景交融，由物及人，借物抒情，为人们展现了一幅独特的充满生命力量的风景画，是丰富学生语言积淀和情感体验的好材料。初读文本时，我就已经深深地爱上了这株柳树，但越往里走，越觉得望而生畏，语言那么华丽，篇幅那么长，内涵那么丰富，整篇文章掂在手里沉甸甸的。文章的文字犹如作者笔下的青海高原，深邃而壮美，无论是大量的四字成语，还是富有气势的语句和段落，即使是单个的词语也能让人感到一种力量和劲道，如写外形的"撑立、巍巍然"，写高原环境的"深邃、凝滞、悲壮、苍凉"等。可以说，每一个文字和符号都浸透着高原柳树坚强的形象，这样的一种坚韧同时也浸透在作者的骨子里。然而，面对这一千二百多字的文本，要想最高效、最准确地将本文重难点以清晰的脉络呈现给学生，教师必须对文本进行重组。那么，如何才能活用教材，在头脑中架起新的框架呢？我再次走入文本，寻找突破口。

1. 删繁就简

在第二次潜读课文时，我决定大胆地对文本进行删减和整合，从而提高教学效率。对于本课的教学，我决定用两课时完成，第一课时达成三个要求：第一，与学生一起通读课文，使学生达到正确、流利地朗读课文的要求；第二，解决文中生字词的读音，同时结合上下文和查字典对重点词语进行理解；第三，了解文本中青海高原的环境和气候特点，交流查阅相关资料，让学生在头脑中形成一个整体的青海高原的图像。在第二课时的教学中，我直接将第3、4自然段中环境描写的词和短语提炼出来，呈现给学生一幅苍茫的高原环境图像。

2. 突出重点

每篇课文都存在集中反映文章思想内涵的句子和段落，教师在教学的过程中需要多形式、多角度地品读和感悟。

在这篇文章中，我重点讲解的是第5、7、9自然段，以神奇为主线，从"外形——精神——人生"三个方面逐层地进行深入体会。

在第5自然段的教学中，我给学生充足的自主学习空间，让学生与文本进行自由而深入的对话，而我从旁引领，协助学生完成对柳树高大粗硬的外形特点的整体认知。如理解柳树高大时，我引导学生抓住"两合抱""百十余平方米的树阴""生铁铁锭""苍郁""巍巍然"等词句，加以演示和举

第三章 和而不同——复调语文的研修

例，从而很好地让学生体会柳树的高大。

在第 7 自然段讨论"虐杀生灵的风雪对柳树的摧残"时，我先通过课件带学生走进狂风暴雨、电闪雷鸣的环境中体验真实的感受，然后展开丰富的想象，让学生猜测柳树在风雪中会怎样挣扎，会有怎样的动作和心理，训练其想象能力和口语表达能力。在深入走进语言文字，体会柳树生存不易的境地时，我再次创设三个语言情境，让学生猜测遇到一系列残酷的折磨之后，这株柳树会跟自己说什么，从而引领学生慢慢走近这株高原柳树，再次体会它撑立下来的不易，感受它顽强不屈的精神。

在最后一个环节的教学中，我让学生在高原柳与灞河柳的比较中体会，环境不同、命运不同，这株柳树生存下来并壮大起来，靠的是敢于同命运抗争的品格，从而升华文章的主题。读到这里，表现柳树神奇的主线就清晰地呈现出来：外形——精神——人生。在此基础上，我更近一步，引出作者陈忠实的背景资料，将柳树的生长历程与陈忠实起伏坎坷的一生进行比照，让学生自然领悟出，作者用了这么多的笔墨，最终想要告诉我们的是他那艰难的人生之路，从而让学生品悟借物喻人的写作手法。

三、三读领悟，拓展升华

1. 想象补白

在读文章时，我们应该看到文字背后的意思，选择恰当之处对文本进行恰到好处的想象补白，能够帮助学生更深入地与文本对话、与自己的内心世界对话。在这一课中，我将补白点定在了第 7 自然段，即这株柳树在经受了无数次打击后的表现上，从而让学生体会出这种顽强不屈的精神。

在这一环节，我直接借用书中的文字，巧妙地设计了三个想象情景——假如这株柳树会说话，让学生更直观、更感性地理解和感悟，这株柳树就是这样在一次又一次的摧毁下一次又一次地撑立了下来，从而更深入地感受它顽强不屈的精神。

2. 提升练笔

听说读写能力的训练是每一节语文课教学的立足点，因此，为了更好地让学生与文本、与作者、与自己的内心世界对话，我设置了如下一个练笔环节：给陈忠实或是他笔下的柳树写一封短信！记录下本节课自己的所思所想。

在我看来，真正的语文课堂就应该是在师生的"文本细读"中绽放出汉语语言文字的魅力，在对话中碰撞出更多思想的火花！

（山东省潍坊市奎文区幸福街小学　李　娜）

观课报告

复调语文因对话意识而熠熠生辉

《青海高原一株柳》是苏教版小学语文六年级上册第五单元的一篇课文，介绍了生长在青海高原上的一株粗壮的柳树，这棵柳树虽然是一株极其平常的柳树，但又是一株令人敬而生畏的、有着顽强精神的、神奇的柳树，它告诉人们面对人生的困境和艰难，不能抱怨，应该以顽强的毅力和韧劲与生存环境抗争。全文首先用两个自然段点明青海高原一株柳的神奇；其次从这株柳树生长环境的恶劣和巍然撑立写出其强大的生命伟力，继而猜测和想象这株柳树的生长过程，进一步体现出青海高原一株柳的顽强毅力；接着又写了家乡灞河柳的极易生长，从侧面烘托青海高原一株柳敢于与命运抗争的精神；最后以震撼人心的话语点明这株柳树没有抱怨命运，而是以超乎想象的毅力和韧劲生存下来，从而揭示出人生哲理。

复调语文因对话而存在，李娜老师在教学过程中就体现出了很明显的对话意识，是对复调语文的一次很好的实践解读。

一、开启学生与文本的对话，拉近生本距离

通过进行教材分析和学情分析，从"知识与技能""方法与过程""情感、态度与价值"三个维度考虑，李老师确定了"通过研读语言文字和合理的想象，能够体会青海高原一株柳的神奇，进而能够理解以顽强的毅力和韧劲与命运抗争的人生哲理"的教学目标。如何落实这一目标，除了"有感情地朗读"，便是之后的感悟品读了。

教学时，李老师以朗读为线，以"神奇的柳树"为心，步步为营，让学生在读书的过程中对课文的语言文字经历一个"感知读——感悟读——品悟读"的过程。文本是作者的代言人，是作者描写现实、反映生活、抒发感情、寄托理想的物质载体。作者叙述的每一件事情，描写的每一个人物，说明的每一个问题，论述的每一个道理，都是有一个精神的魂在其中

第三章　和而不同——复调语文的研修

的。朗读虽是传统的语文学习方法，但更是一种重要的对话教学方式。本课中的朗读设计，不仅落实了教学目标，而且培养了学生的说话能力，如"给陈忠实或是他笔下的柳树写一封短信"的环节中，学生发人深省的文字就是最好的证明！

朗读，拉近了学生与文本的距离，开启了学生与文本的对话，让复调语文碰撞出不同的声响。

二、开启学生与文字的对话，还语文本色

长期以来，我们在理念上不否认"理解"与"运用"是相辅相成的，但在具体的教学过程中却很难落实。通常情况下，阅读教学只是以"理解"为核心目标，作文教学只是视"运用"为主要目标，其后果必然是让语文变得支离破碎，重视"读写"训练的同时，忽略了"听说"能力的培养。

同时，在阅读教学中更为严重的一种现象是，语文课越来越像思想品德课，以至于大家都认为语文老师当班主任是最合适的！究其原因，在三维目标的设置上，我们往往把课程目标落实的重心放在了"情感、态度与价值观"上，在落实"知识与能力""过程与方法"两个目标上有所欠缺。落实前两个目标时，我们所采用的策略无法体现语文的言语运用特色，形式单一且没有效率。

在这节课中，李老师很好地抓住了语言文字的理解与运用，开启了学生与文字的对话，回归了语文的本色。读一篇文章，首先感知的当然是文字，经过一步步读字、读词、读句、读段、读篇，形成意义的联系，之后才能理解语言文字所承载的思想内容和文章情感。这是阅读一篇文章所不可缺少的环节。例如，李老师抓住"神奇""撑立"等词语，带领学生反复读、反复悟，让学生走进了文字的深邃世界里！在文字的运用上，李老师不仅抓住了"写"（最后的练笔环节），而且抓住了"说"（想象在不同境遇中如果会说话）。

三、开启学生与作者的对话，回归现实

现在的课堂已经越来越离不开多媒体课件了，但有时候，多媒体课件要么成为一个摆设，要么喧宾夺主，把一堂课搞成了视听觉的盛宴，而非语文的课堂。在李老师的这堂课上，多媒体课件则起到了锦上添花的作用，用的并不是很多，却都用到了点子上。尤其是对作者陈忠实的简介，让学生一下子由对柳转移到对人的思考上，使学生体会到本课实际上就是作者在托物言志啊！"志"的总结正是在落实"情感、态度与价值观"的目标。

一节课的时间总是有限的，但在有限的时间里能够展现这么明显的对话意识，可以称得上是成功的！复调语文就是一次大型的对话，这个对话场面的激烈程度，完全取决于教师在教学设计时是否注意了对话意识的培养。因此，也可以说，对话意识开启得越多，我们的复调语文就越发熠熠生辉！

（山东省潍坊市潍坊十中　孔　娟）

对话课堂引导孩子心灵的放飞

阅读教学从"独白"走向"对话"，给了学生一个广阔的舞台。如苏霍姆林斯基所说："在儿童的心灵深处，都有一种根深蒂固的需要，那就是希望自己是一个发现者和研究者、探究者。"在对话的课堂上，学生可以与文本、教师、同学进行全新的对话，进行心灵的碰撞，全面提高语文素养。

一、深入教材，教师与文本的对话

本堂课，教师自身对文本的充分解读以及认识、了解与见解，都在教学过程中不自觉地流露和渗透出来。正是因为有了对教材的钻研，教师才能将文本熟记于心。正是有了对文本的熟悉，才有了教师在课堂上教学感性和理性的结合，从而使课堂成为多角度和多方面对话的结合，课堂对话具有开放性、自主性和创造性。

二、诵读理解，学生与多面的对话

在课堂上，李老师通过引导学生对文本的反复诵读，以及对语言的理解和运用的对话，引领学生一步步走近这株令人敬而生畏的、有着顽强精神的、神奇的柳树。通过初读感知、感悟诵读及品悟生成的过程，李老师引领学生体会文中所蕴含的面对人生困境和艰难不能抱怨，应该以顽强的毅力和韧劲与之抗争，从而引发学生与作者、与同学、与老师的对话。

在语言文字的运用中，李老师更是抓住关键的词语，让学生与词语对话、与词语生成的环境对话，借助已有的经验，使学生体会青海高原上这株柳的不抱怨、顽强生长、忍受干旱、顶住严寒，从而提高学生与自己精神对话的层次。同时在学习的过程中，通过对比、比较的方式，学生还与

第三章　和而不同——复调语文的研修

写作方法进行了让人难以忘怀的对话。在这样让人印象深刻的课堂上，这样的对话方式，如何能让孩子们忘怀？

三、文本主线，教师与学生的对话

课堂上，教师与学生的对话是课堂生成性推进的动力，也是教师"平等中的首席"的体现。这里的"对话"，是教师进行合理引导的工具，如作者生平资料的准备、影像资料料的准备等，都是引发下一次讨论的契机。

课堂上，李老师的教学机智和教学智慧，使得课堂成为学生们展示智慧、挥洒情感、放飞心灵的舞台！

（山东省潍坊市实验小学　琚凤霞）

 研修课例（二）《地震中的父与子》

课堂实录

一、复习导入

师：同学们，昨天我们一起学习了《地震中的父与子》一课，认识了一对了不起的父子。今天，我们再次走近这对父子，走进他们的内心。请齐读课文题目！

（生齐读课文题目）

师：同学们，昨天我们初步掌握了文章所讲的大致内容，谁再来说一说文章讲了一件什么事？

生：文章讲述了在美国的一次大地震中，一位父亲冒着危险，坚持不懈，历尽艰辛，从废墟中救出自己儿子的故事。

师：很好，你说得正确而简练。

二、感受"父爱"的了不起

师：这是一对了不起的父子，那么他们了不起在哪里呢？请同学们默读课文，找出最能体现父亲了不起的一段话，可以边读边画，并写下批注。

（生默读课文）

师：谁来读一读你找到的那段话？

生："他顿时感到眼前一片漆黑，大喊：'阿曼达，我的儿子！'跪在地上大哭了一阵后，他猛地想起自己常对儿子说的一句话：'不论发生什么，我总会跟你在一起！'他坚定地站起身，向那片废墟走去。"从这段话里，我感到这位父亲对儿子深深的爱。教学楼都已经成为废墟了，他仍然没有放弃，带着一份对儿子的承诺坚定地走向废墟。

师：你看到了一位坚定的父亲。谁还找到了别的地方吗？

生："他挖了8小时，12小时，24小时，36小时，没人再来阻挡他。他满脸灰尘，双眼布满血丝，衣服破烂不堪，到处都是血迹。"这位父亲有着坚定的信念，为了救出自己的儿子，他受了这么多苦，而且一直挖了近40个小时都没有休息。在这么长的时间里，他肯定又累又饿，十分疲惫，但他仍坚持着，这种坚持就是一种了不起。

师：你看到这位父亲经受了长时间的疲劳。在这段话中，我们从哪里最能感受到父亲的疲惫不堪？

生：从"满脸灰尘"这个词可以看出他已经干了很长时间，脸上已经覆盖了一层灰尘。

生：从"双眼布满血丝"这个短语可以看出父亲的疲惫，因为一个人只有在极度劳累，长期得不到休息和睡眠不足时，才会双眼布满血丝。

师：是啊，要知道他可是挖了近40个小时，一点儿都没有休息，眼睛都熬红了。请你读出这位疲惫的父亲。

（生读）

师：这位父亲仅仅是劳累至极吗？你从这句话中还发现了什么？

生：我觉得这位父亲还遇到很多危险，受了很多伤。

师：他可能受到了哪些伤害？

生：他的身上"到处都是血迹"，可能被一些碎石划破了手掌和胳膊。

生：跌落的碎石可能划伤了他的皮肤，砸到了他的身上。

师：看来这位父亲正处在危险当中。文中还有哪些地方能够证明父亲处在危险之中？

生："消防队长挡住他：'太危险了，随时可能发生大爆炸，请你离开。'"

师：你看到了消防队长的焦急。

生："警察走过来：'你很难过，我能理解，可这样做，对你自己、对他人都有危险，马上回家吧。'"

师：请大家看课文的题目，这个"中"字说明什么？

第三章　和而不同——复调语文的研修

生：地震没有结束，还可能有余震，危险仍然存在。

生：地震随时会发生，这位父亲仍然有危险。

师：你们真会思考。同学们，请你们闭上眼睛，让我们再去看看那位父亲，在这漫长的时间里可能会发生怎样触目惊心的场面？

（师范读）

生：这位父亲一次次地累倒了，醒来后接着再挖。

生：他挖瓦砾时，手被扎破了，胳膊不小心被石头砸伤。

生：突然有余震发生，他摔倒了，倒在了石堆里，身上碰伤了，衣服割破了。

生：别人又来阻止他，可他视而不见，仍然像疯了一样往下挖着，嘴里还不断地喊着什么。

师：在这漫长的三十多个小时里，饥饿、疲惫以及随时存在的危险一直伴随着这位父亲，但他似乎毫无感觉，仍然不停地挖着，他的体力已经透支到了极限啊！同学们，为什么作者不直接写父亲一共挖了几个小时，却把这些表示时间的数字"8、12、24、36"一个个罗列起来呢？

生：更加突出挖的时间之长。

生：表现出父亲救子的艰难过程。

师：是啊，这每一分、每一秒是何等的难熬啊！当我们体会到这一点时，你又会怎样来读这段文字呢？

（生读）

师：你读出了自己的情感。时间在一分一秒地流逝，父亲在奋力挖掘时，可能在想些什么啊？请你有感情地说出来。

生：儿子在下面是否受伤了？如果他已经死了，我该怎么办？

师：这是多么可怕的结果！

生：不管别人怎么说，我都不会放弃，我一定要救你出来！

师：多么坚定的父亲啊！

生：即使别人不帮我，我也一定能将你救出来。

师：多么坚强和坚决的父亲啊！

……

师：从你们的回答中，我感到此刻的父亲不仅有着救出儿子的强大决心，而且还在担忧废墟下的儿子。那么，他担忧什么呢？

生：儿子还活着吗？

生：如果儿子死了，那么我该怎么办？

生：儿子受伤了没有？伤得严不严重？

师：是啊！这都是多么急切而现实的担忧啊！他为什么会有这些担忧呢？文中有哪些描写能证明父亲的担忧是正常的？

生：文中讲到教学楼成为废墟；还有人劝他说没希望了，甚至阻拦他去救自己的孩子。

师：是啊，教学楼成为了废墟，人人都绝望地离开，都说没有希望了。这样努力挖下去，可能挖出来的不是活生生的儿子，而是一具冰冷的尸体。时间越长，这种可能性越大。他此刻不但肉体上承受压力，而且精神上也在遭受痛苦的折磨啊！可尽管如此，这位父亲仍在奋不顾身地挖着。那么，周围的其他人和警察会去帮他吗？

生：不会去帮他。

师：不但没有帮他，反而认为这位父亲已经怎样了？

生：精神失常了。

师：这位父亲真的精神失常了吗？

生：没有失常，他只是为了救出自己的儿子。

生：没有失常，他这么做可能是救子心切，忘记了疲惫，忘记了危险，忘记了一切。

师：请你用一个词来形容此刻这位父亲的状态。

生：全神贯注！

师：是啊！用全神贯注来形容这位父亲的状态再合适不过了。同学们，38个小时，不吃、不喝、不睡！这是多么的惊人！他忘记了时间，忘记了饥饿，忘记了疲惫，更忘记了危险。他失去了正常人的表现。他的确失常了！然而他又不失常，因为这种失常令他全身充满了力量，所以，当悲痛欲绝时，他想起了自己曾经给儿子的承诺。

生："不论发生什么，我总会跟你在一起！"

师：当人们都来阻挡他，让他放弃时，回响在他耳边的依然是这句承诺——

第三章　和而不同——复调语文的研修

生："不论发生什么，我总会跟你在一起！"

师：当他孤军奋战，伤痕累累，就要倒下时，给他力量的还是这句承诺——

生："不论发生什么，我总会跟你在一起！"

师：是啊！不论发生什么，爸爸都会跟你在一起。所以，他不失常，因为这种失常正是一种什么？

生：爱！

师：一种怎样的爱？

生：一种伟大的父爱。

（师相机板书）

师：同学们，有这么一个故事：

（课件出示）

一位母亲去买菜，她突然看见自己只有两岁多的小孩从高楼的阳台上摔了下来。那位母亲呢，一下子从很远的地方拼命地跑过去，接住了那个小孩！后来，消防人员做了一个实验，同一个地方、同一个地点、同一个时间，让那位母亲跑过去，结果她却接不到一个沙包了。

师：想一想，母亲为什么当时能接住自己沉重的孩子，后来在相同的条件下却接不住一个重量很轻的沙包呢？

生：因为救子心切，这位母亲就拼了命，不顾一切地往前跑，脑子里没有任何杂念，只想着怎样尽快接住自己的孩子，所以她当时的速度很快。

师：你想到这位母亲的心里去了。那么，她后来为什么连一个重量很轻的沙包都接不住呢？

生：因为当时母亲的眼里只有孩子，孩子是她的一切，她不允许孩子受到任何伤害。而沙包在她眼里显然远远不及自己的孩子重要，所以母亲的注意力没有那么专注，速度也就降下来了，自然就接不住沙包。

师：你的分析很有道理。同学们，与其说这位母亲接不住沙包是因为沙包不重要，不如说当危险来临时，母亲去接孩子是发自身体的一种什么？

生：一种爱。

师：一种爱，更是一种本能，一种天性的母爱。看来，这位母亲同课本中的父亲一样，她也失常了。可为了自己的孩子，他们宁愿失常，宁愿一直失常下去。同学们，让我们再来看看这位承受肉体和精神双重压力的父亲，在漫长的 38 个小时里，他忍受孤独与苦闷，咬紧牙关孤军奋战，他的举动多么令人感动啊！我们一起来读一读这段文字，读得更投入一些！

（生齐读）

师：这位父亲的举动感动了我们，似乎也感动了命运，他的付出没有白费，因为他的儿子阿曼达还怎样？

生：还活着！

师：那是一幅怎样的动人场面呢，让我们把它演绎出来好吗？老师来扮演父亲，请一名同学来扮演儿子阿曼达。我们直接读父子间的对话，不用读旁白。

（课件出示）

挖到第 38 小时，他突然听见瓦砾堆底下传出孩子的声音。

阿曼达："爸爸，是你吗？"

父亲："是儿子的声音！阿曼达！我的儿子！"

阿曼达："爸爸，真的是你吗？"

父亲："是我，是爸爸！我的儿子。"

阿曼达："我告诉同学们不要害怕，说只要我爸爸活着就一定会来救我，也能救大家。因为你说过，不论发生什么，你总会和我在一起！"

（师生合作朗读）

师：同学们，这就是伟大的父爱，正是这种伟大的父爱让这对父子彼此间有着亲密无间的信任，也正是这伟大的父爱让我们看到了一位真正了不起的父亲。

三、感受儿子"谦让"的了不起

师：刚才我们感受了一位了不起的父亲，那他的儿子阿曼达又了不起在哪里呢？请大家回到文中，找一找最能体现儿子阿曼达了不起的一段话。

生："'不！爸爸。先让我的同学出去吧！我知道你会跟我在一起，我不怕。不论发生了什么，我知道你总会跟我在一起。'"在父亲等人一起来救他们的时候，阿曼达没有第一个出来，反而将逃生的机会先让给其他人。从这里，我看到了他在生死关头的一种奉献和谦让。

师：你真会思考，点到了问题的本质。把生存的优先权让给了别人，

第三章 和而不同——复调语文的研修

101

阿曼达看似简单的谦让实在是一种壮举啊！现在请两名同学还原当时的感人画面，直接读父子间的对话。

（课件出示）

阿曼达："我告诉同学们不要害怕，说只要我爸爸活着就一定会来救我，也能救大家。因为你说过，不论发生什么，你总会和我在一起！"

父亲："你现在怎么样？有几个孩子活着？"

阿曼达："我们这里有14个同学，都活着，我们都在教室的墙角，房顶塌下来架成个大三角形，我们没被砸着。"

父亲："出来吧！阿曼达。"

阿曼达："不！爸爸。先让我的同学出去吧！我知道你会跟我在一起，我不怕。不论发生了什么，我知道你总会跟我在一起。"

（生合作朗读）

师：当处在危难中时，小小年纪的阿曼达竟会如此勇敢！然而，在废墟下的阿曼达真的没有一点点害怕吗？

生：他也可能害怕。

师：在这种环境下，任何人都会害怕，然而阿曼达虽然害怕，却没有慌张。想象一下，阿曼达在废墟下会想些什么？

生：我不能害怕，爸爸一定会救我出去，爸爸说不论什么时候，他总会跟我在一起。

师：他会对其他的同学说什么？

生：你们不要害怕，我爸爸会来救我们的，我们会活着出去的。

师：这就是勇敢的阿曼达！对父亲的信任，成为支撑他面对灾难、坚持活下去的坚定信念。也正是这种信念，让他在之后被爸爸救援时，将优先逃生的机会让给了别人。他的确是一个了不起的孩子，因为他懂得了爱的最高境界就是爱别人。让我们一起再来读一读这段话，共同感受一个了不起的阿曼达。

（课件出示）

父亲："出来吧！阿曼达。"

阿曼达："不！爸爸。先让我的同学出去吧！我知道你会跟我在一起，我不怕。不论发生了什么，我知道你总会跟我在一起。"

师：同学们，其实天下所有的父母都是一样的，为了自己的孩子，他们宁愿放弃一切；为了自己的孩子，再苦再累，他们的心都是温暖的。或许这就是人们常说的一句话——"可怜天下父母心"。讲到这里，老师想起了刘和刚唱的一首歌《父亲》，我们一起边听边看，感受一下，歌声里的是一个怎样的父亲？

（播放音频）

师：同学们，你们可能不知道，刘和刚在这首歌里唱的父亲，就是他自己的父亲，也正是这些真实的经历才让刘和刚唱出了自己对父亲的心声。刘和刚的家在黑龙江省的一个农村，家庭很贫困，可父亲不怕苦累，拼命干活供他学习唱歌。在一次做活中，由于太累，父亲的一根小手指在事故中被砸掉。这就是刘和刚的父亲，一名同样伟大的父亲啊！同学们，我相信你们也有这样的一名父亲。只不过在平凡的生活中，你们很少看到父亲对你们的付出，很少用心去体会父亲对你们的关爱。此刻，正是一个很好的机会，请你们拿出纸和笔，将自己想要对父亲说的话写下来，然后把它们大声喊出来。

（播放音乐，生写作）

师：谁先来说一说你的心里话？

生：爸爸，你为这个家付出了太多，我爱你！

师：你是一个懂事的孩子。

生：爸爸，你每天出去辛苦地工作，都是为了这个家，都是为了我的成长。谢谢你，爸爸！

生：我爱你，爸爸！你和妈妈为我付出得太多了，我要努力学习，将来挣钱让你们生活得更好！

师：你真是一个孝顺的孩子。

生：爸爸，你放心，从现在开始，我一定好好听话，用心学习，长大后好好孝顺你！

师：如果听到这些话，爸爸们该多么高兴啊！同学们，天下的父母千千万，爱子之情却一样深。救援结束了，就让我们再一次走近这对父子，再次感受这温暖感人的画面。我们师生配合，一起来还原救援之后出现的画面好吗？老师读父亲的话和旁白，你们读阿曼达的话，最后一句我们一

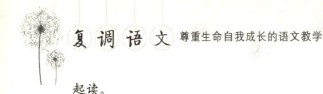

起读。

（课件出示）

紧张的救援结束了，父子俩紧紧拥抱在一起。

阿曼达："爸爸，我从没有害怕，因为不论发生了什么，你都会和我在一起！

父亲："儿子，不论再发生什么，我都会跟你在一起。"

合："不论发生什么，我们总会在一起"。

（师生合作朗读）

师：同学们，今天我们更深刻地了解了这对了不起的父子。老师希望你们在以后的日子里好好读书，写一手好文章，将来做一个了不起的人。这节课，我们就学到这里。请同学们全体起立，向后转，谢谢所有听课的老师。下课！

（执教：山东省潍坊市奎文区幸福街小学　孙思臣）

 观课报告

遵循对话教学原则，开展有效对话教学

《地震中的父与子》是一篇震撼人心、情感性很强的文章，但文章的内容是关于发生在国外的地震中父与子的事情，与学生的生活有一定的距离，而且生离死别的痛苦对于十多岁的学生来说少有亲身体验。孙思臣老师借助精心的设计、巧妙的点拨、多样的对话朗读，引领学生潜心会文，透视人物内心世界，感悟人生坚定信念，牵引学生游走于字里行间。

一、精心设计，遵循对话教学的科学性原则

高年级的课文篇幅较长，40分钟的课堂教学时间又有限，于是，孙老师删繁就简，以最震撼心灵的场景辅助教学，以体会最能体现父亲了不起的一段话——"他挖了8小时、12小时、24小时、36小时，没人再来阻挡他。他满脸灰尘，双眼布满血丝，衣服破烂不堪，到处都是血迹"入手，整节课中抓住这段话体会"父亲爱的承诺、坚守的了不起"和"儿子生命关头谦让的了不起"，反复诵读，创设情境，反复想象，反复感悟，使整节课浑然为一体。复调中的对话应该是深层的、理性的思考，是学生习得经

验的融会和理解，科学性的原则正是由基于对文本的精心设计来体现的。孙老师的教学设计做到了这一点。

二、多读多悟，落实对话教学的知情统一原则

美国当代教育家本杰明·布鲁姆把"认知和情感比喻为人生的两架梯子"，认为"它们相互补充，引导人走向生命的巅峰"。对话教学的过程既是一个理性的认知过程，又是一个情感的体验过程，因此，对话教学活动必须通过情感活动促进学生知识的增长和能力的发展，同时，通过良好的认知满足学生的心理需求，引发良好的情感体验。在孙老师的课堂中，读的形式有自读、齐读，更有分角色的个性化读，多读多悟让学生在与文本的对话中一步一步深入其中，最终完成精神层次的对话。

三、挖掘潜在资源，夯实对话教学的课内外相结合原则

40分钟的课堂知识含量到底有多大，一篇近千字的教材触类旁通又可以有多少？对话教学应该是一个完整的学习过程，课内外相结合原则的落实，更大限度地拓宽了语文学习的渠道，更大效率地丰实了学生的知识储备。孙老师在这节课上引入了刘和刚的歌曲《父亲》，并介绍了歌曲的背景资料，有效地落实了情感目标——体会父亲对儿子的爱。这首歌曲的播放，感动了现场听课的老师和学生，更开启了学生与文本以外的相关知识的对话与交流。

四、"写一写"，将对话教学的生活化原则进行到底

听说读写是四大学习能力，也是对话的四种基本方式。在教学中，教师往往因为时间关系，忽略了"写"的对话方式。孙老师在对教学内容有所取舍的情况下，还是落实了这一环节，也正是有了这一环节，才真正地将课内的对话拉回到现实的对话。"教学即生活"，对话的课堂应该是生活化的课堂。孙老师设计的"写一写，写出此时此刻想对父亲说的话"，将学生拉到现实中，学以致用，打开学生内心深处的闸门，让多情的话儿更加验证课堂的成功！

当然，教学有方法可循，但教学又因人、因生、因地而无固定方法。在这节课中，孙老师因为有所取舍，有些环节进行的节奏稍微快了些，因此，留给学生思考的时间有点少。另外，孙老师在对文本深刻解读的基础上，如果能创设一种新的"交锋"（复调的交锋即冲突），激发学生不同声

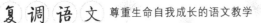

部的声音协奏，对话的深度还会更深！效果还会更好！

（山东省潍坊市潍坊十中　孔　娟）

遵循对话教学原则，开展有效对话教学

新课程理念提倡，学生是学习的主体；教师是课堂的组织者和引导者，要引导学生进行自主合作、探究性的学习；学生、教师、文本之间应该深入对话，真诚交流互动，达到一种精神上的沟通和心灵上的碰撞。在这两堂课中，学生与文本的对话得到了充分体现，实效性强。

一、批注式对话突出

学生与文本对话的方式有很多种，在这两堂课中，比较突出的是批注式对话。教师引导学生自主学习，与文本、与作者进行深层次的对话，并在此基础上写下自己的理解、感悟与疑惑，即作好批注。

孙思臣老师在教学《地震中的父与子》中，第二环节是感受"父爱"的了不起。孙老师的做法是在学生充分学习后，和学生一起交流学习情况，引导学生由感受父亲的疲惫，到理解父亲不顾生命危险也要救儿子，再到体会父亲救儿子时的"精神失常"，最后到感悟伟大的父爱。孙老师给了学生充足的与文本对话的时间，让学生有足够的时间细致阅读课文，使学生与文本的对话走向深入，使学生感悟文章所透射的无言至爱与动人真情的内涵，也才使得师生之间、生生之间的对话精彩纷呈。

李娜老师在教学《青海高原一株柳》中的做法是通过多种方式，让学生与文本充分对话，如默读课文、带着感情朗读课文、抓重点语言文字深入理解等，并在此基础上作批注，使学生充分与文本对话，进而深入感悟高原柳的顽强不屈、坚韧不拔、坚持不懈、永不言弃……

读书百遍，其义自见。学生如果没有读透读懂文本，那么就更谈不上能有自己的感悟理解了，其结果就是学生在交流时无话可说，或者讲得比较肤浅，交流的环节流于形式。因此，为了让对话更加精彩、更加有效，教师必须给足学生与文本对话的时间。让学生充分参与其中，积极主动地进行探究，这样的课堂才能展现学生的才华，张扬学生的个性，促进学生的发展，阅读教学才会焕发出鲜活的生命力。

二、师生共读，与文本对话

在一堂课中，如果老师只是单一地、一味地让学生带着问题去读书，那么学生往往会厌倦这种读书的方式，必然导致学习效果不佳。所以，教师必须参与其中，与学生共读。在这两堂课中，两位老师都多次参与了文本阅读，如激情范读、引读、分角色朗读等。

在教学中，孙思臣老师表现得尤为突出的部分是分角色朗读。在朗读中，教师作为"父亲"是投入的，看到儿子还活着，他惊喜万分，激动不已，甚至喜极而泣。学生扮演的"儿子"也是激动地呼喊："爸爸，是你吗?""爸爸，真的是你吗?"这是一段让人不忍听闻的对话，不只是一个简单理解的过程，而是师生双方与文本之间的思想交流，更是情感震撼与灵魂碰撞的过程。

所以说，只有让学生与文本充分对话、独立阅读，师生之间的对话水平就会越高、越有效，师生、生生之间的心灵对话才会折射出动人的光芒。

（山东省潍坊市奎文区幸福街小学　杨莲兰）

冲突密码在哪里?

讲求价值多元，没有唯一正确的答案，只要能自圆其说，你就是有价值的，因此，复调语文的课堂是一个在思想上风云际会的世界。

这是复调语文的表面意思。还有更深一层，也是更关键的一层意思，就是它的冲突或者交锋性。巴赫金用了一个例子来说明复调的交锋性：《白痴》中的菲利波芙娜，她一方面认为自己是堕落的女人，与处处为自己开脱的梅什金争论，极力谴责自己有罪；另一方面又憎恨同意她的自我谴责的人们，这样，她谴责自己的声音和别人为她开脱的声音及她憎恨同意她的自我谴责的声音就形成了交锋。如果没有交锋，就不会有复调的产生。

新课程标准提出，语文是教师、学生、文本及教材编者之间的平等对话过程。然而，此处的对话并非复调的对话，复调对话的内涵还要更深一层。课标中所谓的对话，是只要有话题就可以了，复调对话则必须有能挑起理解冲突的话题。

所以，理想中的复调课堂必然具备三个元素：交锋、对话情境和课程资源。

第三章　和而不同——复调语文的研修

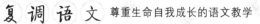

交锋：是对文本理解上的交锋。只有在理解上有交锋，学生才会发出不同的声音。任何一篇文本的存在都是多元的，所以我们不用担心找不到文本的冲突点。引起理解上的冲突的这个点，就是冲突密码。异口同声的课堂，不是复调课堂。

对话情境：营造情境是语文教学的一个法宝。巴赫金认为，对话离不开语言、身体和他人。对话情境首先包括身体姿势、说话表情和语气。营造情境是语文教学的一个法宝——语文教学是一门艺术，而艺术的鲜明特征就是具有情境性。刘勰在《文心雕龙》里说："夫缀文者情动而辞发，观文者披文以入情，沿波讨源，虽幽必显。"意思是，写文章的人因为动了感情而写成文章，读文章的人因为阅读文章而进入这种感情，沿着词句去追寻情感的本源，它的意思再幽深也能够理解。至于进入情境的辅助手段，我们可以利用音乐、插图、讲故事等。

课程资源：复调语文不是单一定位在课堂教学模式的研究上，而是同时定位在语文课程建设上，也就是既要解决怎么教的问题，又解决教什么的问题。与其在厨房里研究胡萝卜切丝好还是切片好、炖着吃有营养还是炒着吃有营养，不如萝卜、白菜、茄子、土豆都进厨房，提供的营养会更加充分。

用复调语文的理念来看，李娜老师执教的《青海高原一株柳》这节课很完美，语文学科的元素体现充分，语文味道很浓，抓住关键词，引领学生沉入词语里面去；并且用补充句子的形式引领学生进行表达，直接指向语文课程的大目标。但是，只是运用了复调的两个元素——情境和课程资源，没有引起理解上的冲突。

在讲这节课之前，我和李娜老师一直存在一个小小的分歧：作者先讲了青海高原一株柳，又讲了家乡灞河的柳，李娜老师认为这是一个对比的手法，而我认为这是一个反衬的手法。因为单纯从概念上讲，作为被对比的双方是平等的，而在反衬中，被反衬的一方是主要的，另一方则是次要的。

为什么李娜老师坚持认为这是一个对比呢？因为文中的灞河柳给人的印象太深刻了：随便折下柳条一插，便可以长成一株柳，一阵风雨过后，沙滩上就可以急骤冒出一片柳丛——这些和青海高原一株柳需要付出艰苦卓绝的努力相比，当然是形成了鲜明的对比！所以，李娜老师认为这是对比是有道理的。

但是，这个小小的分歧又引出了下一个问题：为了突出青海高原一株柳的坚忍不拔，就否定甚至歧视灞河柳，文章这样的立意是不是太浅薄、太狭隘了呢？所谓一切景语皆情语，因为对逆境成才者的敬意就非得去贬低顺境成才的人吗？

请注意，本文的作者是著名作家陈忠实。我在上学的时候就读过陈忠实的小说《白鹿原》，他是一位大家，而任何一位大家，其作品所传递的价值观必然是宽容的、悲悯的和普世的，否则，他成不了大家。那么，这样一位大家，怎么会有这样稚嫩的手笔呢？

我进行了刨根问底的追寻与查证。结果很快就出来了，这不是陈忠实的原作。陈忠实的原作只写到课文的第6自然段，以"然而这株柳树却造就了一个不可思议的奇迹"结尾，全文只是表达了对生命奇迹的赞叹。文章后半部分的内容是教材的编者加上去的，编者的意图是对与命运抗争者进行赞叹。

以上对文本本来面目的追寻过程，就是教师与文本、与课文编者的对话过程。这个过程当中，出现了作为教师的我和编者之间的价值冲突：他赞美逆境成才，贬低顺境成才；而我更赞同原著，适者生存，不论顺境逆境，都要去适应，或许在逆境里更容易成就生命的奇迹。

教师和文本之间的充分对话是一堂课的重要前提，而教师与学生之间的对话是一堂课的关键。教学时，把原作和课文一同呈现给学生，挑起学生的认知冲突，学生的思维便会瞬间被点燃了。

可以说，《地震中的父与子》的教学中情境与课程资源都具备了。

关于文章的主旨，孙思臣老师的教学定位是在感受父子的"了不起"，这是很棒的。但是，父与子的什么"了不起"？是孙思臣老师提出的"父爱的了不起"和"儿子谦让的了不起"吗？我认为，"父爱的了不起"和"儿子谦让的了不起"是浮在文本表面的东西，这样的解读会引发学生不同的声音吗？很显然不会。

教师引入的课程资源也是关于母爱天性的伟大的。但是，母爱或者父爱是一种本能，这是连母鸡也会做的事情，谈不上了不起，更谈不上伟大。

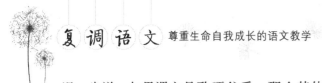

退一步说，如果课文是歌颂父爱，那么其他孩子的父亲难道都对自己的孩子爱得不够吗？只有阿曼达的父亲才真正爱自己的儿子吗？显然，这也是不合乎情理的。

课文的最后说这是一对"了不起的父子"，那么，"了不起"的到底是什么？我们再回到文本。当教学楼变成一片废墟时，当其他的父母都绝望了的时候，这位父亲绝望了没有？他为什么还要挖下去？支撑他挖下去的又是什么？为什么那么多的父母，唯独他没有放弃？而为什么14个孩子当中，唯有阿曼达相信自己的爸爸会去救他们？所有的问题只有一个答案，课文中重复了两遍的那个句子："无论发生什么，我总会和你在一起。"父与子同时对这句话的信任与坚守，成就了这个因爱而在的奇迹。父亲对这句诺言的坚守，就是"死了也要爱"，在38个小时的不眠不休的挖掘过程中，他肯定做好了挖到尸体的准备；而儿子在令人绝望的条件下，对这句话的无条件信任让14条生命得以拯救。

所以，文本的冲突点可以是："父与子了不起"的仅仅是父爱的伟大和儿子的谦让吗？相信这个问题必定也是点燃学生思维的火种。

综合这两节课来看，其他的方面都已经趋于完美，只是冲突的设置还稍微有所欠缺。而对文本理解冲突密码的寻找，是复调对话课堂的首要条件，在这一点上，我们还需要共同努力。

总之，无论是"同课异构"还是"异课同构"，都极大地促进了复调语文的教学研究。我们在研究中教学，在教学中研究，将理论引入实践，将理论与实践相结合，其实质都是对"斯为美"的"和"境界——促进学生发展的教学规律的一种追求：有"随风潜入夜"般的文本研读，更有学生审美情趣的升华、启迪思想的感染熏陶；有沉静深入的思维活动，也有多边对话，更有人性关怀。

（山东省潍坊市潍城区南关中学　李东文）

有无相生
——复调语文的课堂

第四章

以语言和言说为基本构成单位的语文，更直接地指向人的内心和自我，追求的是心灵的丰盈和自由。因为有涉精神与情感，有涉心灵与诗意，复调语文的课堂教学追求的更是一种严格意义上、在对话关系中产生的美学境界。

德国哲学家、20 世纪存在主义哲学的创始人之一海德格尔说："语言是存在的家。"中国美学家、文艺理论家朱光潜说："语言是思维。"以语言和言说为基本构成单位的语文，它不忽视物质生活的追求，然而它更直接地指向人的内心和自我，追求的是心灵的丰盈和自由。正如德国诗人荷尔德林所说："人充满劳绩，但还诗意地栖居在这片大地上。"因为有涉精神与情感，有涉心灵与诗意，复调语文追求的更是一种严格意义上的美学境界。

　　严格意义上的美学境界是怎样的呢？老子说："天下皆知美之为美，斯恶已；皆知善之为善，斯不善已。有无相生，难易相成，长短相形，高下相盈，音声相和，前后相随。"世间的一切关系，包括有与无、难和易、长和短、高和下等都是在对话关系中产生的，美的境界当然也是，这正是复调语文的课堂教学所追求的。

一、　用美的尺度观照诗词散文

　　新的课程标准进一步肯定和提高了古诗词在小学阶段的教学地位，《义务教育语文课程标准》（2011 年版）要求 1～6 年级的学生背诵优秀诗文不少于 160 篇，并在附录中列出优秀诗文背诵推荐篇目，也新增了许多优秀诗词，小学生古诗词阅读材料不论在数量上还是在内容上都有了很大程度上的扩展。那么，诗词教学仅仅是背诵与积累吗？

　　日本的教育家小原国芳、印度的哲学家泰戈尔、中国的著名人文学者钱理群都表达过一个意思：语文是一个民族的灵魂，诗歌是灵魂的内核。诗词是生命的歌，是美的化身，是值得后人咀嚼、消化和回味的精神食粮。那么，如何对诗词进行"咀嚼、消化、回味"呢？

第四章　有无相生——复调语文的课堂

鲁迅先生认为诗词是通过意境来反映生活的。他说："意美以感心，一也；音美以感耳，二也；形美以感目，三也。"诗词只有在美的烛照下，才能实现意、音、形的融合。因此，诗词的阅读与欣赏应当跨入美学领域，用心灵去捕捉诗的意象和境界。

但是在具体的教学过程中，很多教师急于求成，教学的盲目性和随意性较大，比如，有的高估学生的认知水平和接受能力，要求学生每天背诵一首古诗词；有的低估学生的水平，老是填鸭注入式地串讲，使得学生没有自主学习和思考的时间；更有的仅把诗歌大意告诉学生就算完成任务。诸如此类的做法都使诗歌的美消失殆尽，使诗歌的教学变成一项背诵的苦差，学生难以从根本上体会诗词最美的情感，学生对语文的兴趣也深受影响。

我们在准确认识小学古诗词教学的重要地位与意义的基础上，要用美的尺度来观照诗词教学，紧紧抓住小学古诗词的特点，从文本分析入手，结合小学生的年龄特点进行研究，以让学生感受音韵美、感受画面美、领悟意境美为具体目标，力求全面地、多维度地探索古诗词的最佳教学模式，并以此为立足点，辐射到文质兼美的散文教学方式的探索。

 教学实录与赏析一

风起青萍之末
——评孙云霄老师的研讨课《如梦令》

一、反复朗读，感知词的音韵美

师：同学们，我们先来读一读这首词。你们在课前读过这首词吗？读过更好，如果没读过也不怕。

（生读）

师：正确而且流利，读得很好。

（课件出示《如梦令》格律）

如梦令

宋·李清照

— ｜ — — ｜ ｜

常 记 溪 亭 日 暮，

—	│	│	—	—		│
沉	醉	不	知	归	路。		

│	│	│	—		—	│
兴	尽	晚	回	舟，		
│	│	—	—	—		│
误	入	藕	花	深	处。	

—	│	—	│
争	渡，	争	渡，
—	│	│	—	—		│
惊	起	一	滩	鸥	鹭。	

师：词的一个很大特点是讲究平仄规律。一二声叫作平声，三四声叫作仄声。这就是《如梦令》这首词的平仄格律。横线是平声，读的时候要拖长音；竖线是仄声，读的时候要短促，这就是"平长仄短"的诵读规律。老师先来范读，请同学们注意老师的读法。

（师范读）

师：同学们，你们找到读这首词的感觉了吗？大家一起读。

（生齐读）

师：下面，我们换一种读法，男生读上一句，女生读下一句。

（生合作读）

【赏析要点】此环节初次教学设计是这样的：①读准字音，读准停顿。②用潍坊话读。③平仄读。④一唱三叹读。⑤唱和读。目的是通过不同形式的读，让学生将词读通、读顺并读出美感，进而让学生感知词的音韵美。经过集体备课和多次试讲，发现没有经过理解的读只是形式上的鹦鹉学舌，并不能让学生真正体会词的音韵美。因此，教师将此环节的重点放在平仄读上。在反复吟诵的过程中，让学生既感悟古人吟诵诗词的"平长仄短"规律，又感受到宋词古韵悠长、余音绕梁的音律之美。

二、想象，理解词的画面美

师：同学们读得真好听啊！但是，你读懂这首词的意思了吗？谁愿意来说一说这首词的大意？

（生作答）

师：老师想考一考大家，"兴"字是什么意思？

生：兴趣。

生：兴致。

师：做什么的"兴致"呢？猜测一下，在那个下午，李清照可能做过什么有趣的事情呢？

生：喝酒。

师：李清照的一大爱好就是喝酒！

生：玩蹴鞠。

师：你真厉害，竟然知道蹴鞠。蹴鞠又是什么呢？

生：就是类似足球的一项运动。

师：你的知识储备真丰富！

生："兴"还有可能是玩水。

生：赏花。

师：李清照特别爱花，从她的其他词作中也可以看出这一点。

生：看夕阳。

师：对，这首词中提到了日暮时分，看夕阳是词人的雅兴啊！

生：吟诗作对。

师：对于一代词宗，这当然是少不了的事情了。所以，这个"兴"，有可能指——

（课件出示）

（品尝美酒的）酒兴

（游山玩水的）游兴

（吟诗作对的）诗兴

（棋逢对手的）棋兴

……

师：这是一个多么快乐的下午啊！谁能把这种快乐读出来呢？

（生读）

师：请再考虑，"争渡"是什么意思？

（课件出示）

关于"争渡"的注解，历来有两种观点：

第一，以《唐诗、宋词、元曲三百首》为主的一方观点认为，"争渡"的意思是"奋力划啊，抢着划啊"。

第二，以《唐宋词鉴赏辞典》为主的一方观点认为，"争渡"的意思是"怎么划啊，怎么划啊"。

师：再读一读这首词，联系上下句，考虑一下，你同意哪一方的观点呢？

生：抢着划，才能惊起鸥鹭，所以我同意第一种观点。

生：因为误入，找不到出路，所以大家争论怎么划，我同意第二种观点。

生：因为天色已晚，急着回家，所以才会抢着划，我同意第一种观点。

生：因为急着回家，不小心误入了荷花深处，所以开始讨论怎么划，我同意第二种观点。

......

师：同学们的理解都很有道理，但不管是"抢着划"还是"怎么划"，李清照那个时刻的快乐是不变的。谁能把李清照当时"争渡"的快乐读出来呢？

（生读）

师：读懂了李清照的快乐，这还不算达到高层次的理解。高层次的理解，是能从词里读出画面。再读一读这首词，找一找词中有哪些美丽的画面或者美好的镜头，把相关的词语在书上画出来。

（生边读边划）

师：可以说一说你发现的画面吗？

生：溪亭日暮。

生：藕花深处。

生：一滩鸥鹭。

（课件出示）

溪亭日暮

藕花深处

争渡，争渡

惊飞鸥鹭

......

师：同学们，短短的33个字中就隐藏着这么多画面，真称得上是古人所说的"画中有词，词中有画"啊！那么，这些画面到底有多美呢？在小组内交流一下你喜欢的画面，并将这画面写下来吧！

（生交流，写画面）

师：现在，我们一起交流一下你喜欢的画面吧！"常记溪亭日暮"，溪亭日暮在你的想象里是一幅怎样的画面呢？

生：我喜欢的是"溪亭日暮"这幅画面。夕阳落山了，霞光辉映在溪边的亭子上，黄色的瓦变成橙黄色的了。亭子周围的景物，如荷花、绿叶，还有李清照和她的朋友，都变成金黄色的了。这让我想起了一句诗："夕阳无限好，只是近黄昏。"

师：真的是一幅迷人的画面啊！

生：夕阳西下，晚霞染红了溪水，染红了远山，李清照被这美景迷住了，甚至忘记了和朋友喝酒聊天。

师：是的，好美的落日啊！把你描绘的这种美读出来好吗？

（生读课文）

师：夕阳西下，漫天彩霞，霞光辉映碧水，万物沐浴霞光，置身在这色彩绚烂、水波流转的世界里，怎能不目眩神迷，怎能不沉醉呢？"常记溪亭日暮，沉醉不知归路。"就读这两句，一起读。

（生齐读）

师：藕花深处又是怎样一番景致呢？

生：一丛丛碧绿的荷叶，衬托着一朵朵美丽的荷花，让我想起一个名句："出淤泥而不染，濯清涟而不妖。"荷花像一个小姑娘，穿着淡绿色的裙子，亭亭玉立，显得那么恬静优雅。

师：多么美丽的荷花仙子啊！

生：一朵朵荷花在水中摇曳，千姿百态，美不胜收。这繁花从这头开到那头，中间不留一点儿空隙，开得如此美妙绝伦。

生：这让我想起了"荷叶罗裙一色裁，芙蓉向脸两边开"。

师：多么诗情画意啊！"接天莲叶无穷碧，映日荷花别样红。"回眸处，有暗香流动，置身这清香四溢的藕花深处，意醉神迷，怎么会找到回家的路呢？这是一幅怎样的画面啊！你能把荷花的美读出来吗？

（生读课文）

师："兴尽晚回舟，误入藕花深处。"因为误入藕花深处，所以"争渡，争渡"，谁喜欢的画面是争渡啊？

生：李清照和她的朋友抢着划船，看哪，小船划得那么快，水花把衣服都溅湿了！

师：天上燃烧着彩霞，身边怒放着荷花，在这片美丽得让人忘记了声音的风景里，突然传来了"哗啦啦"的船桨击水的声音，突然传来了银铃般的笑语声，这是多么生动的意境啊！

（师引读，男女生分读；齐读）

师：争渡争渡，所以惊起了一滩鸥鹭！"惊起一滩鸥鹭"，这又是一幅怎样的画面呢？

生：一只只白色的鸥鹭飞起来，犹如在天空中开出一朵朵白色的花，映着夕阳的金色，好美呀！

生：飞起的鸥鹭让我想起了一句诗："落霞与孤鹜齐飞，秋水共长天一色。"

生：一只只鸥鹭从荷花丛中飞出来，犹如夜幕中炸开的一朵朵烟花，又像是在银灰色的锦缎上绣出的几朵白花，高雅端庄，美丽低调。这景色真是美不胜收啊！

师：同学们，想一想，绿的荷叶，粉的荷花，粉黄、橘黄的彩霞，在这背景之下，洁白的鸥鹭翻飞，清清的水花四溅，这怎能不让人惊喜，怎能不让人惊叹呢？请你来读一读这种惊喜！

（生读）

师：全体同学一起完整地读一读这首词。

（生齐读）

【赏析要点】在想象画面美这一部分，教师出示自学要求，让学生通过自学及小组合作学习将词中难以理解的两个词语"兴"和"争渡"一一攻破。尤其是对"争渡"这个词语的教学，教师先是出示"怎么划"和"抢着划"的两种观点，让学生进行思考、辩论，一下子激活了学生的思维，将课堂气氛推向了高潮。接下来是"写画面"的部分。经过研修小组讨论后，将此环节改为先让学生在小组内互说自己想象到的画面，教师相机指

第四章 有无相生——复调语文的课堂

119

导，并对叙述语言优美的学生大加表扬，从而达到对其他同学的引领和指导之效。学生们在小组讨论后，将自己设想成作者本人，从作者当时的立场设身处地地进行考虑和感受，使诗中描写的形象和景象一一浮现于自己脑海中，从而能够将画面写得丰满，写得生动，写出了意境之美。

三、揣摩，品味词的意蕴美

师：大家知道读懂一首词的最高境界是什么吗？就是找到能体现词人心情的词眼，把33个字浓缩为一个字。

（课件出示要求：①再读课文，找出词眼，在文中画出来，并能说出为什么；②交流，揣摩词人沉醉的心情）

（生读课文，交流汇报）

师：同学们发现的词眼是"醉"，之所以说它是词眼，仅仅是因为"醉酒""醉景"吗？请同学们默读一下这段资料。

（课件出示）

李清照幸福的少女生活

李清照的外公是前朝的宰相，李清照父亲所任的官职相当于现在的教育部部长，她从小在优裕的生活环境中长大，接受优良的家庭教育。因此，少女时代的生活在她的眼睛里是充满了色彩的，也是充满了愉快、生机、乐趣的。这很集中地体现在她的一首著名的词《如梦令》当中："常记溪亭日暮，沉醉不知归路。兴尽晚回舟，误入藕花深处。争渡，争渡，惊起一滩鸥鹭。"这词写得太好了，非常集中地体现出李清照早期生活的无忧无虑。

——北京师范大学　康震教授《百家讲坛之李清照》

师：现在，请同学们再想一想，李清照"醉"的是什么呢？

生：醉的是"无忧无虑"。

生：醉的是"快乐的生活"。

生：醉的是"美好的生活"。

师：让我们醉醉地读一读这首词吧！

（生齐读）

【赏析要点】在尊重学生独特体验的基础上，教师让学生寻找词眼，欣赏"醉"字，分析词人因何陶醉，并感悟"醉"字和整首词词意的关联，以及作者为何对那日情景念念不忘，通过让学生咀嚼词句、品味词句的语言，以及适时补充李清照少女时期幸福生活的文字介绍，让学生真正走进词人的生活，品出了"醉"的无穷滋味。

四、拓展，领悟词的真情美

师：从这首词的开头两个字"常记"，我们不难看出，李清照后来常常回忆起这首词。那么，她会在什么时候记起这首词呢？

生：在快乐的时候。

生：在不愉快的时候。

生：在旧地重游的时候。

生：又到黄昏的时候。

师：不管是不是旧地重游，不管是不是快乐，人在任何时候都愿意把快乐美好的记忆永存心间。

（课件出示）

李清照结婚以后，生活甜蜜。在一首词《减字木兰花》中，她写道：怕郎猜道，奴面不如花面好。云鬓斜簪，徒要教郎比并看。

师：怕丈夫以为自己的容貌不如花儿好看，于是把花朵斜插在头发上，只是想要让丈夫比比自己和花儿哪一个更好看。多么甜蜜的爱情啊！如果这时记起这首《如梦令》，她会快乐地吟诵。

（师引读，生齐读）

（课件出示）

花自飘零水自流，一种相思，两处闲愁。此情无计可消除，才下眉头，却上心头。——《一剪梅》

东篱把酒黄昏后，有暗香盈袖。莫道不销魂，帘卷西风，人比黄花瘦。——《醉花阴》

师：丈夫到外地做官以后，两人暂时分开，李清照对丈夫的思念之情，正像词中所写"才下眉头，却上心头"，人比黄花都瘦了。如果这时想起这首《如梦令》，她会带点淡淡哀愁地吟诵，请全体女生读。

（师引读，女生齐读）

（课件出示）

如今憔悴，风鬟霜鬓，怕见夜间出去。不如向，帘儿底下，听人笑语。——《永遇乐》

第四章 有无相生——复调语文的课堂

师：北宋战乱时期，丈夫赵明诚去世，李清照为了躲避战火，孤身一人，颠沛流离，备尝人间辛苦。有一年元宵节的时候，有人约她出去游玩，那么爱玩的她却拒绝了。她说，容颜憔悴，头发凌乱，害怕见人。不如自己偷偷地，从帘子底下，听人家说说笑笑。这时如果想到了那首《如梦令》，她只能偷偷地吟诵。请全体男生读。

（师引读，男生齐读）

（课件出示）

寻寻觅觅，冷冷清清，凄凄惨惨戚戚。

乍暖还寒时候，最难将息。

三杯两盏淡酒，怎敌他、晚来风急！

雁过也，正伤心，却是旧时相识。

满地黄花堆积，憔悴损，如今有谁堪摘？

守着窗儿，独自怎生得黑！

梧桐更兼细雨，到黄昏、点点滴滴。

这次第，怎一个愁字了得！

——《声声慢》

师：进入中年，李清照孤苦无依，生活凄凉。有一个叫作张汝舟的人，为了骗取李清照的钱财，对李清照大献殷勤，骗得李清照与他结婚。婚后，张汝舟对李清照拳脚相加，施以暴力。可怜李清照这个至纯至净、这个柔柔弱弱的才女啊，费尽周周折折，最后才从他的魔掌中逃脱。离开了这种梦魇一样的生活，李清照的心境更加凄凉，于是她写下了这首《声声慢》。不是一个愁字可以形容得了的李清照，如果这时记起了那首《如梦令》，带着现在的哀伤，追忆昔日的快乐时光，她会这样吟诵。

（师引读，生齐读）

师：这快乐美好的溪亭日暮，不但温暖了千年以前的李清照的一生，而且明媚了千年以来无数喜欢它的人的精彩瞬间。蔡琴曾在全国第十一届运动会上演绎过这首词，我们大家一起欣赏一下。

（播放蔡琴演唱《如梦令》的视频）

师：太美了，这样的美感怎一个美字了得呢？让我们也像李清照一样，把这种快乐和美好永存心间吧！试一试背诵出来好吗？

（生齐背）

师：这节课大家学得是那么的积极，那么请大家在课下用这种想象的方法，自己试着去解读一首词，好吗？

【赏析要点】此环节的设计意图是让学生感知李清照在不同时期的代表作品，不仅让学生明白每一首词、每一句话都是李清照的真言、真语、真性情——这是一代词宗之所以为词宗的最可珍贵之处，而且要让学生通过感知李清照晚年生活的不幸，从而懂得李清照少年生活"当时只道是寻常"的美好之处。在课堂即将结束时，播放蔡琴的音画视频《如梦令》，如泣如诉的吟唱，唯美诗意，回味悠长，恰到好处地阐释了喜悦背后的哀伤，将课堂推向了美的高潮。

总的来说，这节课从美学角度全方位地进行了观照：朗读，感知词的音韵美；想象，理解词的画面美；揣摩，品味词的意蕴美；拓展，领悟词的真情美。四个环节的设计，使学生在想象意境、体味感情、品读语言的过程中，始终伴随着诵读，边读边思，边读边悟，在整首词优美语言的熏陶感染中，让学生真正领略到古诗词无穷的魅力，顺利实现了课堂的三维目标。马克思说过："人按照美的规律来建造。"在诗词教学活动中，学生不仅仅通过思维获得对词的认识和文化熏陶，而且在其所建构的诗词世界中直观自身，从而得到整个精神上的满足和陶冶——若果真如此，语文教育的目的便达到了。

（山东省潍坊市奎文区幸福街小学　孟会玲）

教学实录与赏析二

照水红蕖细细香
——评孙云霄老师的观摩课《古诗两首》

一、谈话导入

师：有人这样形容南北两地的不同，江南"多山多水多才俊"，而北方则是"一山一水一圣人"。这"一山"指的便是五岳之首的泰山。今天，我们就在这巍巍的泰山脚下，走近江南最美的那一水。请同学们猜一猜，那会是哪里？

生：西湖。

师：同学们真聪明！今天，我们来学习两首与西湖有关的古诗。

二、比较题目

师：从这两首诗的题目中，你能读出什么？

（生作答）

（课件出示）

题目	《六月二十七日望湖楼醉书》	《晓出净慈寺送林子方》
时间	六月	六月
地点	西湖　望湖楼	西湖　净慈寺
人物	苏轼	杨万里
事件	醉书	送林子方

【赏析要点】《六月二十七日望湖楼醉书》和《晓出净慈寺送林子方》这两首诗相映成趣，诗题内涵丰富，点明时间、地点、事件与诗人心境。这两首诗同是写六月的西湖景色，却各具特色，各有风味。《六月二十七日望湖楼醉书》为宋代杰出诗人苏轼所作，写的是疾雨急来急去的变幻景色。《晓出净慈寺送林子方》为宋代诗人杨万里所作，写的是晴好天气下西湖中莲荷的壮美。

教师在上课伊始出示题目，让学生由古诗的题目入手，比较这两首诗题的异同。从对题目的解读中，学生已经能感受到这两首诗的紧密联系，对于进一步的学习充满了兴趣。再者，开篇以领会两首诗的异同来展开教学，比先单独教学某一首诗效果要好得多。

三、教学《六月二十七日望湖楼醉书》

师：首先，我们走近第一首诗，请大家齐读题目。

（生齐读题目）

师："书"何义？"醉"何义？

生："书"就是"写"的意思。

生："醉"就是"喝醉酒"的意思。

生：我觉得"醉"是"陶醉"的意思。

师：对"醉"字的含义，大家有不同的理解，那么到底谁的理解更恰当呢？随着学习的深入，我们的问题会迎刃而解的。

（出示课件）

六月二十七日望湖楼醉书

苏　轼

黑云翻墨未遮山，

白雨跳珠乱入船。

卷地风来忽吹散，

望湖楼下水如天。

（一）熟读，感知音韵美

1. 检查预习读

师：谁愿意读一读这首诗？

（生读，师正音）

师：这位同学读得正确而且流利，要是读慢点会更好。谁再来读一读？

（生读）

师：有点古人的味道，真的是字字清晰，娓娓道来。

2. 平仄读

师：古诗有一个很大特点是讲究平仄规律。一二声叫作平声，三四声叫作仄声。读的时候，平声要拖长音，仄声要短促，这就是平仄的诵读规律。

（出示诗的格律）

师：请大家细心听老师读。

（师范读，生齐读）

师：同学们读得真好听！古诗的一大特点就是音律美！

【赏析要点】诗歌的特点是富于节奏美、韵律美和意境美，诵读起来朗朗上口，没有哪个学生不喜欢读古诗的。在本环节的教学中，教师先让学生自由读，然后引导学生进行多种方式的诵读，如范读、自由读、个别读、小组读、配乐读、齐读等，让学生从形式各异的朗读中领会诗歌的音韵美。

（二）想象，感知画面美

师：古诗不但具有音律美，而且具有画面美。所以，读古诗，读得美不算本事，你要是能读出画面来那才了不起呢！现在请你自读古诗，下雨前、下雨时和下雨后，你分别看到了哪些景物，看到了一幅怎样的画面？

（生自读、想象）

师：诗中描述雨前景象的是哪一句？

生："黑云翻墨未遮山"。

师：读到这个诗句，你仿佛看到了什么？

生：黑云滚滚而来，像打翻了的墨汁一样。

生：黑云像打翻了的墨汁一样将天空染得乌黑，但是还没来得及把山给遮盖住。

师："翻"字让你想到了哪些词语？

生：翻滚、涌动。

生：云翻墨滚。

师：将"翻"字换成"如"字好不好？

生：不好。换了以后，诗句少了迅猛的气势。

师：谁能读出这种气势？

（个别读、男生读、生齐读）

师：黑云就这样以磅礴的气势滚滚而来，但在还没有遮住山头之时，雨就下来了！这雨下得怎么样？诗中是怎么描述的？

生："白雨跳珠乱入船"。从中可以看出雨下得很大。

师：从哪些字眼能看出这雨很大？

生："白""跳""乱"。

师：在什么情况，下的雨是白色的？跳珠是指什么？

生：雨下得特别大、特别急的时候，是白色的。跳珠本来是指跳动的珍珠，这里是指雨点。

师：如果你就是那颗跳珠，你的心情会是怎样的？

生：会很欢快，还会有点着急。

师：读出这种欢快，读出这种着急吧！

（生齐读）

师：雨后的西湖又在苏轼面前展现了一幅怎样的画面呢？

生："卷地风来忽吹散，望湖楼下水如天。"

师：对于"忽"字，你是如何理解的？

生：忽然。

师：我们还学过其他带有"忽"字的诗句吗？

生："忽如一夜春风来，千树万树梨花开。"

师：这句诗中的"忽"字让你有什么感觉？

生：雪来得快，下得大。

生："李白乘舟将欲行，忽闻岸上踏歌声。"这句诗中的"忽"字让我感到汪伦踏歌相送的突然，及李白心中突如其来的惊喜。

师：大家的古诗积累真丰富，见解也很深刻呀！联系《六月二十七日望湖楼醉书》全诗，你从"忽"字中感到了什么？

生：云黑，雨大，风急。

生：这雨来得快，去得也快，骤雨短暂。

师："忽"字给李白带来了惊喜和感动，那么，"忽"字给苏轼又带来了什么呢？请同学们仔细聆听，闭眼想象。

（师范读后两句，生聆听、想象）

【赏析要点】正所谓"诗中有画，画中有诗"，《六月二十七日望湖楼醉书》这首古诗描绘了西湖上一幅风云突起、瞬息万变的壮美画面。教师按"雨前、雨中、雨后各是一幅怎样的画面"来组织教学，这样不但保留了诗境的整体美，而且隐约比较出西湖的"变幻"——即后面的教学要凸显的"动态美"。古诗给了教师引导学生发挥想象的途径和方式。其实，每一个学生都是有潜力的。只要我们相信他们，给予他们想象的空间和表达的机会，那么，给他们一首诗，他们就能画出一幅逼真的图画。

（三）揣摩，感知意蕴美

师：把一首诗读得美，读出画面来，其实还是不太够的。要是把28个字读成一个字，读出这首诗的诗眼来，那就太了不起了！反过来说，诗眼就是整首诗里最重要的那个字，整首诗里就弥漫着这一个字的气息。那么，这首诗的诗眼是什么呢？

（生默读古诗，画出诗眼，并说出自己的理由）

师：是的，这首诗的诗眼就是"醉"字。望湖楼下的那场雨深深地印入诗人的心里，让诗人如此魂牵梦萦，一醉就是15年啊！15年后，诗人和好朋友莫同年重逢，再一次来到西湖，不禁又想起了这些"乱入船"的"跳珠"，于是即兴赋诗一首，就是这一首诗——《与莫同年雨中饮湖上》。

（课件出示）

与莫同年雨中饮湖上

苏 轼

到处相逢是偶然，

梦中相对各华颠。

还来一醉西湖雨，

不见跳珠十五年。

师：这首诗的前两句写了诗人与老友莫同年重逢的喜悦，后两句回忆了15年前留给诗人深刻印象的那一幕雨景。

（师范读，生齐读后两句）

【赏析要点】"诗中有画""诗中亦有情"。历代著名的诗人、词人，其作品中令人叫绝的文字背后，都隐含诗人彼时彼刻的心情故事。在学生"想象画面美"的基础上，教师引导学生寻找诗眼"醉"字，并补充诗人15年后故地重游时的一首即兴诗——《与莫同年雨中饮湖上》，其中的后两句"还来一醉西湖雨，不见跳珠十五年"道出了诗人当时的"醉"，一醉15年啊！可见当时的醉之深、醉之切！有了这种感染，学生再读，自然会读得如痴如醉。

（四）深入，感知境界美

师：找到了这首诗的诗眼，还是有点不够。你们知道读一首诗的最高境界是什么吗？那就是读出画外音，理解诗人的言外之意。一切景语皆情语。一首写暴雨的诗与苏轼的人生经历有什么关系呢？

（生猜想）

师：通过刚才对诗歌的品读，你猜一猜苏轼此时的心情是怎样的？

生：是快乐的。

生：是振奋的。

师：其实，这个时候的苏轼刚刚遭受人生中一次巨大的打击。苏轼因为才华横溢，很受当朝皇帝的欣赏，在朝廷里官居要职。正当他准备大展宏图的时候，却因为与当权者意见不合，被贬到了杭州，做了一个小小的通判。这首诗就是他在被贬第二年时写下的。同学们，他在那样的境遇下，竟能写下这样一首自我陶醉的诗，请你们说说看，你们觉得苏轼是一个怎样的人?

生:很乐观。

生:很豁达。

师:是啊,水上一时黑云翻墨,转眼间又是碧水蓝天。在苏轼眼中,人生又何尝不是如此呢?面对人生的坎坷、逆境,他始终保持一种宠辱不惊、乐观豁达的心态,并把这种豪情借这场雨抒发了出来。你们不仅读出了诗的味道,而且品出了诗人的心声,真是苏轼的知音啊!在生活中,我们或许也会遭遇突如其来的风暴,那么,欣赏它吧!无论它是黑云白雨,还是碧水如天!让我们结合自己的理解来齐背这首诗。

(生齐背)

【赏析要点】古诗具有"亦画、亦情、亦理"的特点,它既闪耀美的光彩,又给人以深刻的启迪,能够让学生在思想上受到美的陶冶和升华。《六月二十七日望湖楼醉书》这首诗,作者苏轼"醉书",可是他最想表达的是什么?对于小学生而言,理解这一点看起来有些难度。可是,教师补充了苏轼"被贬"的遭遇后,作者的心声就不言而喻了,使古诗的"言外之意"水到渠成地展现在学生面前,正所谓"诗以道志"。

四、教学《晓出净慈寺送林子方》

师:同学们,刚刚我们穿越时空,回到了九百多年前的西湖边,和苏轼一同欣赏了那里的黑云翻墨、白雨跳珠、碧水蓝天。在北宋的苏轼于望湖楼醉书115年以后,还是在西湖边,还是一个六月天,南宋的杨万里在这里写下了《晓出净慈寺送林子方》这首诗。请大家先自学这首诗。

(课件出示要求:①自读古诗,读出韵律美,并想象诗句表达的画面;②可以小组交流,说出自己的理解)

(生自学,后交流汇报)

师:与苏轼的诗相比,杨万里的诗更加浅显易懂,让我们一起来交流一下。读完了这首诗,你看到了一幅怎样的美景?

生:莲叶与天相接,一望无际,碧绿碧绿;荷花与日相映,谁曾见过这样的鲜红?

师:与诗句相比,我们的语言显得有些苍白,你可以把自己的想法通过朗读表达出来。

第四章 有无相生——复调语文的课堂

（生读）

（课件出示："接天的莲叶，无穷碧的荷花"画图，及"小荷才露尖尖角，早有蜻蜓立上头"的图景）

师：这两首写荷花的诗，同样都出自杨万里的笔下，但分别是一幅怎样的美景？

生：一首是写大片的荷花，另一首只写了一朵荷花。

生：前者突出碧叶与红莲的映衬美，后者突出小荷与蜻蜓的映衬美。

师：你真善于发现！这两首诗，相当于照相取景的"远景和近景"。一朵荷花，一个蜻蜓，这分明就是怜惜和珍爱，是单个的美，是一种怜惜之美；千万朵荷花，望不到头，看不到边，带给我们的是冲击和视觉的震撼，是意境开阔的大气之美！该怎么读出这种大气开阔的美呢？

（生个别读，齐读）

师：题目是《晓出净慈寺送林子方》，整首诗却既不叙友谊，又不述别情，是不是跑题了呢？

（生谈自己的看法）

师：说得好。原来，这首诗是把美景送给朋友呀！那么，这首诗的诗眼又是哪个字呢？这个问题就留给同学们课后探讨吧！无论如何，杨万里留给了我们一片传唱千古的映日荷花！让我们一起读出西湖胜景的美。

（配乐，生朗诵）

【赏析要点】一首《望湖楼醉书》如此层层铺垫、步步引导下来，相信学生一定已经有了极大的学习热情和极强的"跃跃欲试"心态。此时，"放手"，是最合适不过的了。当然，每首诗都有它的不同之处，"放"中还是要"扶一扶"的。在本环节中，教师扶了两把：①比较同是杨万里的诗作，"接天莲叶无穷碧，映日荷花别样红"和"小荷才露尖尖角，早有蜻蜓立上头"，一个是"开阔大气之美"，一个是"怜惜之美"，从而引导学生读出前者的恢宏壮观。②由"整首诗却既不叙友谊，又不述别情，是不是跑题了呢"，引出学生对本首诗"诗眼"的思考，甚或是争执，学生此时是"愤而不启""悱而不发"，意犹未尽，教师却戛然而止——"留给同学们课后探讨"，无形中把学生对古诗学习的热情延伸到了课外，取舍得当，调控自如。

五、再度比较

师：如果把苏轼笔下的雨中西湖比作一幅水墨画，那么杨万里笔下的晴天西湖就是一幅水彩画，能够体现这两种色彩的词分别是什么？

生：黑，白。

生：碧，红。

师：请男同学读水墨画，女同学读水彩画。

（男女生分别读）

师：如果说苏轼笔下的雨中西湖展现的是动态美，那么杨万里笔下的晴天西湖展现的就是静态美。请男同学读展现静态美的《晓出净慈寺送林子方》，女同学读展现动态美的《望湖楼醉书》。

（男女生分别读）

师：两首古诗，两种情怀：一样的六月，不一样的风景；一样的西湖，不一样的韵味！不论是黑云翻墨，还是白雨跳珠，它总有碧水如天的时候；不论是接天莲叶，还是映日荷花，它毕竟只是在六月中！一样的翰墨飘香，一样的豁达潇洒，让我们字字入目、句句映心，配乐齐诵这两首古诗。

（生齐诵，配乐）

【赏析要点】"用美的尺度关照语文教学"，不止"唯美"，还需"最美"。古诗把音韵美、色彩美、画面美、意境美与艺术妙笔融为一体，有着特殊的审美功能，古诗教学的过程其实是鉴赏美的过程。那么，对这两首古诗的教学，何不再"美"一些呢？在"再度比较"这一教学环节中，苏轼笔下的雨中西湖成了一幅"水墨画"，杨万里笔下的晴天西湖成了一幅"水彩画"；苏轼笔下的雨中西湖展现的是"动态美"，杨万里笔下的晴天西湖展现的是"静态美"。一"黑"一"白"，一"碧"一"红"，一"动"一"静"，的确如此！试想，再这么一比较，学生读起这两首诗来该是何等的"美"啊！让古诗教学"美"起来，让古诗教学真正走到如临其境、如见其人、如闻其声的境地。

（山东省潍坊市奎文区幸福街小学　祝洪芹）

第四章　有无相生——复调语文的课堂

教学实录与赏析三

感悟花韵，品悟文韵，领悟神韵
——评孙云霄老师的观摩课《夹竹桃》

一、一个词，雾里看花

师：同学们，今天我们来学习一篇很有意思的课文，请齐读课题。

（生齐读课题）

师：你们见过夹竹桃吗？

（生迟疑）

师：老师带来了一组夹竹桃的图片，我们一起来观赏一下。

（课件出示夹竹桃的图片）

师：仔细观察图片，你能猜一猜它为什么叫夹竹桃吗？请仔细观察夹竹桃的花和叶，看哪位细心的同学能有所发现。

生：花朵像桃花，叶片像竹叶。

师：你真有一双慧眼。叶似竹，花像桃，所以人们给它取了一个形象而好听的名字：夹竹桃。让我们一起来读一读这个富有诗意的名字。

（生齐读课题）

师：让我们读得诗意一些。

（生再读课题）

【赏析要点】本课导入简洁干脆，除尽繁华，尽显课之本色。一幅直观的"夹竹桃"图片，让"叶似竹，花似桃"的一株平淡的小花在学生心中留下了深刻的第一印象。苏霍姆林斯基曾说过："儿童是用形象、色彩、声音来思维的。"如果只是通过语言描述、长篇大论的讲解，是无法使学生形象生动地想象出夹竹桃的样子的，而直观形象的图片能第一时间引发学生的学习兴趣，使学生在头脑中形成对夹竹桃的第一印象。这样的情境设计，既提高了课堂效率，又激发了学生的学习兴趣。

二、读词读话，触动情感，花姿动人

师：课前，我们已经预习过这篇课文了，谁能把这些词语读好呢？

（课件出示）

花团锦簇 满院生辉 五彩缤纷 美不胜收 花开花落 凄清

万紫千红　一声不响　迎风吐艳　无不奉陪　榆叶梅　熏透

毫不含糊　浓浓烈烈　花影参差　叶影迷离　微风乍起　荇藻

师：如果根据课文内容把这些词语分为两大类，前两行词语是关于夹竹桃什么特点的，第三行词语是关于夹竹桃什么特点的？

生：前两行词语是关于夹竹桃的美丽的，最后一行词语是关于月光下的夹竹桃的。

师：是吗？其他同学有没有不同意见？

生：前两行词语是写夹竹桃的韧性的，最后一行词语是写夹竹桃的引人幻想的。

师：为什么呢？"五彩缤纷"也是写夹竹桃的吗？请你们说一下理由。

生：前两行词语是写其他花的美丽的，正好衬托了夹竹桃的韧性。

生：关于最后一行词语，作者在课文的最后一段已经点出了，就是夹竹桃的容易引起作者幻想。

师：你太会读书了！同学们通过预习就把课文写什么的问题解决了，你们太厉害啦！作者在开篇第一句说："夹竹桃不是名贵的花，也不是最美丽的花，但是对我来说，它却是最值得留恋最值得回忆的花。"现在请你们自由读课文，想一想：作者为什么说夹竹桃是最值得留恋最值得回忆的花？画下关键的词语或者句子，并在旁边写一写你的感受。

生：我画下的句子是："我们家的大门内也有两盆夹竹桃，一盆红色的，一盆白色的。红色的花朵让我想到火，白色的花朵让我想到雪。火与雪是不相容的，但是这两盆花却融洽地开在一起，宛如火上有雪，或雪上有火。我的心里觉得这景象十分奇妙，十分有趣。"作者这样写，让人读起来也觉得夹竹桃是有趣的。

师：火雪相融，确实有趣！

生：我找到的句子是："夹竹桃却在那里悄悄地一声不响，一朵花败了，又开出一朵，一嘟噜花黄了，又长出一嘟噜。"败了再开，黄了再长，默默无闻，很有韧劲！

师：能把你的理解读出来吗？

（生读）

师：在读这句话的时候应该强调哪一个字？

第四章　有无相生——复调语文的课堂

生："又"字。

师：最细微处最见精神。一个"又"字，可能平时谁都不会在意，然而这里的两个"又"字却让我们感到了夹竹桃的韧性。所以季羡林说——

（课件出示）

这一点韧性，同院子里那些花比起来，不是显得非常可贵吗？

师：关于"韧性"，在字典里有两种解释，那么在这篇课文中应该是哪一种解释呢？

（课件出示）

韧性：

①物体柔软坚实、不易折断破裂的性质。

②指顽强持久的精神，坚忍不拔的意志。

生：我认为是第二个解释。

师：是的！对于夹竹桃，作者赋予了它只有人才具有的精神与意志，可以看出作者对夹竹桃的感情。让我们把这种感情读出来。

（生齐读）

师：还有同学找到了其他的语句吗？

生：我找到的句子是："在和煦的春风里，在盛夏的暴雨里，在深秋的清冷里，看不出有什么特别茂盛的时候，也看不出有什么特别衰败的时候，无日不迎风吐艳。"

师："无日不迎风吐艳"，你能想象它迎过哪些风吗？

生：和煦的春风。

生：夏天的狂风。

生：秋天的冷风。

师：它只迎过风吗？还可以迎过什么？

生：炎炎烈日的炙烤。

生：倾盆大雨的浇注。

……

师："无日不"能换成"没有一天不"吗？哪一句更简洁、更坚定？

生：不能换，"无日不"更坚定。

师：是啊，它被和煦的春风轻抚过，被疯狂的大风袭击过，被凄冷的秋风吹打过，被炎炎烈日炙烤过，被倾盆暴雨浇注过，可是它依然迎风吐艳。现在你能读好这一句吗？

（生读）

师：一年三季的感觉一样吗？读的时候，语气和语调应该有变化吗？请同学们自己试着读一读。

（生小声练习）

师：它一年三季，默默无闻，开了败，败了开，始终如一。因此，季美林先生感慨地说——

生（齐读）："这一点韧性，同院子里那些花比起来，不是显得非常可贵吗？"

师："从春天一直到秋天，从迎春花一直到玉簪花和菊花，夹竹桃无不奉陪。"从中你感受到了什么？

生：夹竹桃的顽强。

师：怎样叫无不奉陪呢？

生：就是一直陪着。

师：春天开吗？

生：开。

师：夏天开吗？

生：开。

师：秋天开吗？

生：开。

师：夹竹桃一直在开，这就叫——

生：无不奉陪。

师：这句话里还强调了哪个词？

生："一直"。

师：夹竹桃没有一天不是这样的。谁能把这段时间的漫长读出来？

（生读）

师：一年三季，花开花落，无不奉陪。要做到这一点，容易吗？所以，季美林先生说——

生（齐读）："这一点韧性，同院子里那些花比起来，不是显得非常可贵吗？"

师："从迎春花一直到玉簪花和菊花"，哪个段落写了从迎春花一直到玉簪花和菊花？谁愿意读一读？

（生读课文）

师：读了这一段，你眼前仿佛看到了什么？

生：各种花争相开放，热烈奔放。

师：读一读，然后说一说这一段写了几个季节？

生：这一段写了三个季节，好多种花。

师：课文的题目是《夹竹桃》，作者要写的是夹竹桃，这里却大段大段地描述其他的花花团锦簇、满院生辉、五彩缤纷、美不胜收、花开花落、万紫千红，作者是不是一时疏忽而跑题了呢？

生：不是的，作者使用的是衬托手法。

师：是的。作者在这里将夹竹桃与院子里其他的花进行对比，其目的是要衬托出夹竹桃的——

生：韧性！

师：当"每年春天，迎春花首先开出黄色的小花，报告春的消息"的时候，夹竹桃在干什么？

生："夹竹桃却在那里悄悄地一声不响，一朵花败了，又开出一朵，一嘟噜花黄了，又长出一嘟噜。"

师：当"以后接着来的是桃花、杏花、海棠、榆叶梅、丁香等等，院子里开得花团锦簇"的时候，夹竹桃在干什么？

生："夹竹桃却在那里悄悄地一声不响，一朵花败了，又开出一朵，一嘟噜花黄了，又长出一嘟噜。"

师：当"到了夏天，更是满院生辉"的时候，夹竹桃在干什么？

生："夹竹桃却在那里悄悄地一声不响，一朵花败了，又开出一朵，一嘟噜花黄了，又长出一嘟噜。"

师：当"凤仙花、石竹花、鸡冠花、五色梅、江西腊等等，五彩缤纷，美不胜收"的时候，夹竹桃在干什么？

生："夹竹桃却在那里悄悄地一声不响，一朵花败了，又开出一朵，一嘟噜花黄了，又长出一嘟噜。"

师：当"夜来香的香气熏透了整个夏夜的庭院"的时候，夹竹桃在干什么？

生："夹竹桃却在那里悄悄地一声不响，一朵花败了，又开出一朵，一嘟噜花黄了，又长出一嘟噜。"

师：当"玉簪花带来凄清的寒意，菊花则在秋风中怒放"的时候，夹竹桃在干什么？

生："夹竹桃却在那里悄悄地一声不响，一朵花败了，又开出一朵，一嘟噜花黄了，又长出一嘟噜。"

师：当院子里"一年三季，花开花落，万紫千红"的时候，夹竹桃在干什么？

生："夹竹桃却在那里悄悄地一声不响，一朵花败了，又开出一朵，一嘟噜花黄了，又长出一嘟噜。"

（课件出示）

然而，在一墙之隔的大门内，夹竹桃却在那里悄悄地一声不响，一朵花败了，又开出一朵，一嘟噜花黄了，又长出一嘟噜。在和煦的春风里，在盛夏的暴雨里，在深秋的清冷里，看不出有什么特别茂盛的时候，也看不出有什么特别衰败的时候，无日不迎风吐艳。从春天一直到秋天，从迎春花一直到玉簪花和菊花，无不奉陪。这一点韧性，同院子里那些花比起来，不是显得非常可贵吗？

师：因此，作者这样写道。齐读这段课文，老师读黑色句子，大家读红色句子；然后，男同学读黑色句子，女同学读红色句子。

【赏析要点】由图及词，在检查生字掌握情况的同时，从三组词语中能读出夹竹桃什么样的特点？透过连续的几个短语，教师让学生对夹竹桃的"韧性"有了一个初步的了解，同时也引出了本课的教学重点：从三个不同的点品悟夹竹桃的韧性，同时由物及人，感受季羡林先生如夹竹桃一样富有韧性、坚强不屈的高贵品格。

一品韧性。教师抓住一个"又"字，让学生在反复的品读中品悟夹竹桃顽强持久的精神和坚忍不拔的意志。同时，出示"韧性"的两种不同释义，训练学生结合不同的情境，准确理解词语的意思。二品韧性。一个"无日不"的情境创设，拓宽了学生的想象空间，让学生想象无论是狂风大

第四章　有无相生——复调语文的课堂

作还是烈日炎炎，甚至在更恶劣的环境中，夹竹桃的状态都是"争风吐艳"，使学生对"韧性"一词的理解更深入了一层。三品韧性。教师通过引导学生品读对迎春花、玉簪花等其他花的描写，让学生在自主学习中，领悟作者运用的衬托手法。整个环节在朴实无华的师生对话、生本对话中完成，不仅让学生品读到语言文字的内在魅力，同时渗透给学生一种写作方法，达成了新课程标准要求的学习并会运用语言文字的要求。

三、隙中窥月，文中看人，人花合璧

师：夹竹桃的韧性深深地打动了季美林。请你阅读下面这段资料，说一说你对"韧性"有什么新的理解。

（课件出示资料，生配乐朗读）

1936年，他找到了自己毕生要走的道路。在以后的半个多世纪里，他一直孜孜不倦地研究生冷的印度学及中亚古文字学。

1945年，他身处物资匮乏的德国，"在饥饿地狱中"挣扎，经受战祸之苦，却发表多篇重要论文。

1967年，"文化大革命"开始，他饱受磨难，却偷偷翻译了280万字的梵文作品。

1992年，81岁高龄的他完成《牛棚杂忆》的修改，此书被认为"是一本用血泪换来的、和泪写成的文字""是一代宗师留给后代的最佳礼品"。

2003年，92岁的他因病住进医院，但仍然每天清晨6点起床工作。凡输液，必伸左手，只因要留下右手写东西。在这期间，他著成了二十多万字的《病榻杂记》。

2006年，精通12国语言的他被授予"翻译文化终身成就奖"。同年，他被评为感动中国人物。

师：同学们，回忆季先生生命中的这些片段，你对"韧性"是否又有了新的理解？

生：夹竹桃的韧性，就是作者的韧性。

生：作者像夹竹桃一样有韧性。

师：是呀，韧性就是从清晨到傍晚，从青年到老年，笔耕不辍。韧性就是不管生活如何变化，认准了目标就始终如一，时时奋进。正是因为夹竹桃有着与作者相似的一份难能可贵的韧性，所以在季先生心目中，它

是——

生：最值得留恋最值得回忆的花。

【赏析要点】一组关于季羡林坎坷人生经历的资料的呈现，深深震撼了学生们的心灵。面对季老多舛的生命历程，学生们自然想到他之所以喜欢夹竹桃，欣赏夹竹桃的韧性，因为这正是他自己人生的真实写照，无需教师过多的语言，学生对文本的解读已然上升到一个新的高度。

四、观花养心，儒释合一，文人境界

师：季先生会爱上夹竹桃，还因为——

（课件出示）

但是夹竹桃的妙处还不止于此。我特别喜欢月光下的夹竹桃。你站在它下面，花朵是一团模糊；但是香气却毫不含糊，浓浓烈烈地从花枝上袭了下来。它把影子投到墙上，叶影参差，花影迷离，可以引起我许多幻想。我幻想它是地图，它居然就是地图了。这一堆影子是亚洲，那一堆影子是非洲，中间空白的地方是大海。碰巧有几只小虫子爬过，这就是远渡重洋的海轮。我幻想它是水中的荇藻，我眼前就真的展现出一个小池塘。夜蛾飞过，映在墙上的影子就是游鱼。我幻想它是一幅墨竹，我就真看到一幅画。微风乍起，叶影吹动，这一幅画竟变成活画了。

师：夹竹桃引起了作者哪些幻想？

（生读相关句子）

师：你最喜欢哪一处幻想？请读给大家听。

（生读）

师：你读得真有趣！

（课件出示）

当我来到叶影参差、花影迷离的夹竹桃下，我幻想它是_____，它居然就是_____了。

师：你能像作者一样展开幻想吗？

生：我幻想它是森林，它居然就是森林了。

生：我幻想它是高山，它居然就是高山了。

……

师：这是多么奇妙的事情啊！一片简简单单的花影，竟然能给作者这么多小情趣！因此，作者在文章的最后说——

生："这样的韧性，又能这样引起我许多的幻想，我爱上了夹竹桃。"

（课件出示）

儒治世，道修身，释养心——中国古代文人的最高境界。

（生齐读）

师：夹竹桃的韧性恰似作者的持之以恒，时时勤奋；而当闲暇之时，作者可以在迷离花影下，神游八方，养神又养心！夹竹桃进可以给作者以激励，贡献社会，退可以给作者以雅兴，修身养性。这就是一张一弛，这就是进退有度！这就是儒释道合一的境界！可能你们此时还不太理解这句话的意思，但我相信今后有一天你们一定会读懂这句话的。

【赏析要点】智慧的语言对于学生的认知和行动有着刺激的作用，而且善用语言创设情境能更有效地陶冶学生的情操，提高课堂效率。在本节课中，教师与学生们赏析过季老对夹竹桃的美妙幻想后，巧妙地创设了一个情境。学生们充分发挥自己的想象，有的说像高山，有的说像森林……这样的有效情境的创设，使学生放飞了想象的翅膀，不仅与文本进行对话，而且跟自己的内心世界进行了一场深层次的交流，加深了学生对文本的理解，升华出本文"儒治世、道修身、释养心"的主题思想。

五、拓展延伸，走进作者，引导读书

师：同学们注意到课后的"作家卡片"了吗？季先生博古通今，学贯中西，被誉为"学界泰斗"。他的散文，质朴而不失典雅，率真而不乏睿智。《夹竹桃》便集中体现了这种风格。季先生还是一位坚定而忠诚的爱国者。2006年，95岁的季羡林被评为感动中国人物。颁奖词是这样的——

（课件出示，指生读）

智者乐，仁者寿，长者随心所欲。曾经的红衣少年，如今的白发先生，留德十年寒窗苦，牛棚杂忆艰辛多，心有良知璞玉，笔下道德文章。一介布衣，言有物，行有格，贫贱不移，宠辱不惊。学问铸成大地的风景，他把心汇入传统，把心留在东方。季羡林，最难时也不丢掉良知！

师：知道吗？你读得比中央电视台的主持人还要棒！同学们，想不想更多地了解季先生？

生：想！

师：言为心声。正如"作家卡片"中所写的那样，季先生的每一篇散文都洋溢着他的质朴、典雅、率真、睿智。

（课件出示《季美林专集：怀念母亲》的封面及目录）

师：这本书里有《老猫》《槐花》《清塘荷韵》《枸杞树》等美文，喜欢散文的同学可以在课后走进季先生的散文世界，读一读这些作品，去收获更多的感动。最后，老师希望把季先生的写作心得与同学们共勉——

（课件出示）

我扪心自问，我的感情是真实的，我的态度是严肃的，这一点绝不含糊。我写东西有一条金科玉律：凡是没有真正使我感动的事物，我绝不下笔去写。——《季美林散文集自序》

【赏析要点】《义务教育语文课程标准》（2011年版）明确指出："语文教师应高度重视课程资源的开发与利用，创造性地开展各类活动，增强学生在各种场合学语文、用语文的意识，多方面提高学生的语文能力。"它是语文新课程改革的一大亮点，也是一大难点，对语文老师提出了新的要求和更深层次的思考。这要求教师从"大语文观"出发，充分利用课本和课本以外的语文资源，激活学生浓厚的学习兴趣，发挥学生已有的知识经验，链接相关的背景知识和已有的生活经验，扩充知识领域，开拓知识视野，有效地提高学习效率。作家卡片和颁奖词的引入，为学生搭建了一个与作者进行深入对话的平台，透过文字走进季老的心灵，品悟他儒治世、道修身、释养心的人生境界、人生智慧。同时，这也让我们看到了教师在"大语文观"下的课堂智慧。

（山东省潍坊市奎文区幸福街小学　李　娜）

二、　从诗的视野审视人物故事

古希腊伟大的哲学家柏拉图在对话录《伊安篇》里提出"灵感说"。他认为，诗人本身不精通各种技艺，却能凭借出神入化的描写打动人，那是因为诗神附到诗人身上，把自己的神力传给诗人，通过诗人又传给作品，最后通过作品感染读者。从另一个角度说，这是对诗歌的赞誉，唯有天赋

第四章　有无相生——复调语文的课堂

神力，才能洞彻心扉。"神力"何来？正如一位诗歌评论家所言，一首优秀诗歌在于生命关怀和生存关怀。

从诗的视野审视，就是要我们站在历史的高度，打量这纷繁世界、这众生万象，以这样的视野去审视人物命运，关注人的生存与发展。

 教学实录与赏析一

引而不发，步步莲花
——评孙云霄老师的执教课《鞋匠的儿子》

一、简介人物，蓄势待发

师：同学们，今天我们要了解这样一位人物：他母亲是一个私生女，私生子在那个年代里是非常受歧视的，因此他母亲饱尝世间炎凉；他父亲一生的大半时间都在流浪，直到后来才做了一位鞋匠。他9岁时母亲就去世了，15岁才开始上学，他一生所受的正规教育加起来总计不过12个月左右。他当过农民，做过船夫，开过荒山，经营过小杂货铺。但是，他的身上有着我们人类最珍贵的特质——对知识的热爱，对学问的渴望。他就是美国最有作为的总统之一——林肯。大家请看，这就是众人对林肯的评价。

（课件出示）

"达到了伟大境界而仍然保持自己优良品质的罕有的人物。"——马克思

"他的地位相当于音乐中的贝多芬、诗歌中的但丁。"——托尔斯泰

师：当选总统后，他在参议院的第一次演说上，被人嘲讽是鞋匠的儿子，而他却非常自豪地说——

（课件出示）

"我永远是鞋匠的儿子。"——林肯

师：同学们，听到这里，你有什么想法呢？

【赏析要点】出身卑微，却口碑不俗；没受过好的教育，却成就非凡；被人嘲讽，却引以为荣——三大悬殊对比，形成巨大落差，这个人物的神秘性一下子抓住了学生想探究真相的心理。

师：不要急。今天，我们就来学习一篇与林肯有关的课文，请同学们齐读课题。

（生齐读课题）

【赏析要点】一句"不要急"，引而不发，却又是蓄势待发。

二、简要概括，理清脉络

师：同学们在课前已经做了课文预习，现在请你快速浏览一遍课文，想一想：课文主要讲了一件什么事？

生：在一次会议上，有人羞辱林肯，他凭借自己伟大的人格魅力捍卫了尊严，赢得了大家的信任和爱戴。

师：还能说得再具体点吗？

生：林肯当选总统后在参议院的首次演讲之前，被人羞辱，说他是鞋匠的儿子。他凭借自己伟大的人格魅力捍卫了尊严，赢得了大家的信任和爱戴。

师：你说出了事情的起因、经过和结果，真棒！

生：林肯总统在参议院的首次演讲之前，被人讥讽是鞋匠的儿子。他反而引以为荣，并且感谢企图羞辱他的人，赢得了大家的爱戴。

师：你的概括力真强！俗话说："文如其人，言为心声。"下面，我们就一起走进这篇课文的字里行间，去感知一个鲜活的林肯。

【赏析要点】所谓"提领而顿，百毛皆顺"，简简单单几句话，不仅理清了文章脉络，而且锻炼了学生的概括能力。

三、潜心会文，多方对话

1. 读懂林肯说的第一段话，体会林肯胸怀的"宽广"

师：请同学们默读课文的第1～5自然段，画出林肯所说的三段话，并想一想从中你看到了一个怎样的林肯？画出关键的词语，然后和小组内的同学交流一下。

（生默读，小组讨论）

师：现在，我们来交流一下，思想的碰撞会使我们的认识更深刻。谁来读一下你画出的第一段话？

生："我非常感激你使我想起我的父亲。他已经过世了，我一定会永远记住你们忠告，我永远是鞋匠的儿子。我知道，我做总统永远无法像我父亲做鞋匠那样做得那么好。"从这段话中，我看到了一个宽容的林肯。

师：你是从哪里看出来的？

生："我非常感激你使我想起我的父亲"，竟然对对方的羞辱表示感激，

第四章 有无相生——复调语文的课堂

这是怎样的胸怀啊！

师：是的，这是以德报怨。

生："我一定会永远记住你的忠告，我永远是鞋匠的儿子。"这句话把讽刺看成忠告，可见林肯是一个心态多么好的人。

师：把恶意的讽刺和嘲笑看成友善的忠告，林肯的确是一个心地光明的人啊！

生："我做总统永远无法像我父亲做鞋匠那样做得那么好"，这句话表达了他对父亲的敬佩之情，可以看出林肯是一个尊敬父亲的人。

生：从这句话还可以看出林肯是一个善于把复杂问题简单化的人，别人讽刺他，他却感觉不出来。

师：你的见解很不简单。但是有一点，不是感觉不出来，而是大道至简哪！这句话一语双关：一层意思是表达自己对父亲的崇敬之情；另一层意思是，做总统难吗？不要把做总统这件事想得很复杂，能做到像我父亲做鞋匠那样就很了不起了！借用老子的话来说，就是治大国若烹小鲜，即治理国家就应该像烹调小鱼那样从简、那样从容！

【赏析要点】恰到好处的点评总能搭建一座桥梁，帮学生发现自己欲言却不能言的东西。"以德报怨""把恶意的讽刺嘲笑看成友善的忠告""大道至简""治大国若烹小鲜"，这些点评把学生的思维引向更新的层次。

师：短短几句话，句句意味深长啊！我们来回顾一下，林肯是在什么情况下说出这番话的？

生："当林肯站在演讲台上的时候，一个态度傲慢的参议员站起来，说：'林肯先生，在你开始演讲之前，我希望你记住，你是一个鞋匠的儿子。'"

师：最让你不舒服或最刺痛你的是哪一个词？

生："傲慢"。

师：表现傲慢应是怎样的一种语气？谁来读一读？

（生读）

师：这是大声地说。试一试把自己的感受融入进去。

（生读）

师：这是愤怒地说。这些参议员大都出身名门望族，都受过优良的教育。对林肯这样出身山野的卑微之人，议员们是从心眼儿里瞧不起的。而如此瞧不起的一个人竟然成为总统！他心里的傲慢可想而知。因此——

（师范读）

师：如果你是那位参议员，你会怎么傲慢地说？谁来试试看？

（生读）

师：在"慢"字上再下点功夫。

生："林——肯先生，在你——开始演讲之前，我——希望你记住，你——是一个——鞋——匠——的儿子。"

师：你太会朗读了！还有谁想来试一试？

（生读）

师：这位参议员傲慢地羞辱了林肯以后，其他的参议员有什么表示？

生：哈哈大笑起来。

师：我们来猜测一下，在他们的想象中，林肯受到羞辱以后应该会有怎样的反应？

生：林肯会勃然大怒。

生：林肯会与他们争论。

生：林肯会无地自容，觉得自己的父亲不如别人的父亲。

生：林肯会从此不理他们。

师：是的，同学们的猜测都在常理之中。对方不仅羞辱自己，而且羞辱了自己的父亲，在众目睽睽之下，他能不反应激烈吗？可实际上呢？林肯的反应有那么强烈吗？

生：没有。

师：西方有一个哲学家叫黑格尔，他曾经讲过一个小男孩扔石子的故事。一个小男孩把石子扔进水里，看到溅起的水花和荡漾开来的涟漪，他会感到很高兴。那是因为他看到了自己的力量在延伸，那水花和那涟漪都是他的作品。但是，这位议员扔出去的这颗羞辱的石子有没有在林肯这潭水里溅起他们预料之中的水花和涟漪呢？岂止没有！而且他们突然发现，林肯的胸怀根本就不是一潭浅水，而是一片大海！一片纳百川、容万物的汪洋大海！一颗小小的石子，哪怕是一块砖头、一块石头，对汪洋大海来说算得了什么呢？简直就是可以忽略不计的！我们再来读一下这段话，把

第四章　有无相生——复调语文的课堂

林肯这种大海一样宽广、处变不惊的胸怀读出来！谁愿意示范一下？

（生读）

师：读得太好了！感谢你让我们看到了一位胸怀像——

生：像大海一样的。

师：胸怀像大海一样宽广的林肯。

（师板书：宽广）

（课件出示）

"我非常感激你使我想起我的父亲。他已经过世了。我一定会记住你的忠告，我是鞋匠的儿子。我知道，我做总统无法像父亲做鞋匠那样做得那么好。"

"我非常感激你使我想起我的父亲。他已经过世了。我一定会永远记住你的忠告，我永远是鞋匠的儿子。我知道，我做总统永远无法像父亲做鞋匠那样做得那么好。"

师：比较以上这两句话，你们能看出它们的区别吗？

生：第二段话里有三个"永远"，第一段话里没有。

师：真厉害！这么细微的地方，你都能一眼看出来！有"永远"和没有"永远"的句子在语气上有什么不同呢？

生：有"永远"的句子语气更加肯定一些。

师：怎样才能读出这种肯定的语气呢？谁来试着读一下？

（生读）

师：简简单单的"永远"两个字，其中到底包含了怎样的内涵呢？

（课件出示，师配乐深情讲述）

林肯曾经深爱过一个姑娘。当时，他写信给朋友说："我会永远爱她。"可是，不久之后，这位姑娘就去世了。每当风雨大作的夜里，林肯总会跑到姑娘的坟前失声痛哭，他说不忍心看到姑娘一个人承受风雨。

林肯在做律师的时候，家里曾经请过一个佣人。林肯非常尊重这个佣人，把他当作朋友看待，并说两个人永远是朋友。后来，林肯成为总统，还经常去探望这位佣人朋友。直到林肯遇刺身亡的前一天，这位朋友还受邀请去白宫做客。

师：所以，同学们，林肯说的每一次"永远"，都是那么沉甸甸的。这其中，有沉甸甸的坚守，有沉甸甸的承担，更有沉甸甸的对人生的敬畏。现在，你能把这段话中的"永远"沉甸甸地读出来吗？

（生读）

师：老师给你提一个建议，"永远"这两个字读的时候语速放慢，语气加重。

（生读）

师：读得太好了！我想林肯当时就是用这样的语气说这段话的。

【赏析要点】一个"傲慢"，三个"永远"，简简单单的几个词，却能抓住学生的心，让学生情不能自已。其奥妙之处就在于教师以这几个词为切入点，将人物的相关经历融入进去，从另一个角度引导学生"披文以入情"。如此，学生朗读起来，自然情动而辞发。

2. 自读林肯说的后两段话，读懂林肯"人生而平等"的思想

（课件出示）

"就我所知，我父亲以前也为你的家人做过鞋子，如果你的鞋子不合脚，我可以帮你改正它，虽然我不是伟大的鞋匠，但我从小就跟父亲学到了做鞋子的艺术。"

"参议院里的任何人，如果你们穿的那双鞋是我父亲做的，而它们需要修理，我一定尽可能帮忙。但是有一件事是可以确定的，我无法像他那么伟大，他的手艺是无人能比的。"

师：读一读这两句话，你觉得林肯还是怎样的一个人？

（生读，师巡视点拨，小组交流）

生：愿意帮忙改鞋子，这说明林肯一点儿架子也没有。

生：愿意俯下身子为他的下属修理鞋子，这说明在林肯的眼里，"总统"和"鞋匠"之间是平等的。

师：你看到了文字背后的内容，真不简单！

（师板书：平等）

师：林肯说自己"从小就跟父亲学到了做鞋子的艺术"，这里的"艺术"换成"技术"是否更恰当呢？

生：不行吧！艺术是美的，技术没有美感。

师：是的！如绘画和音乐那样的高雅事物才叫作艺术。在一般人看来，

第四章 有无相生——复调语文的课堂

鞋匠坐在街头巷尾、坐在风中雨中，叮叮当当地为人修补鞋子，好像不太高雅。但是，林肯总统把这样的工作称为"艺术"，说明了什么？

生：这说明在他的心里，做鞋子也是很高雅的。

师：也就是说，职业没有高低贵贱之分，所有的职业都是平等的。林肯将"伟大"这个词用在鞋匠父亲身上，并且使用了两次，这说明了什么？

生：说明林肯对他父亲很尊敬。

师：只是对他父亲的尊敬吗？

（生沉默）

师：每次林肯提到"伟大"的时候，都与他父亲的什么有关？再读一读句子，想一想。

（生读）

生：都与父亲的职业、手艺有关。

师：所以说，林肯使用"伟大"这个词是表示对父亲的什么的尊敬？

生：职业。

师：是的，对所有鞋匠的崇敬，对所有从事卑微工作的人的尊敬。作为鞋匠的儿子，林肯的身份的确卑微，但是从他的话里，我们却感受到了恰恰与卑微相反的一个词，那就是他人格上的——

生：伟大。

（师板书：伟大）

师：林肯说完了这三段话以后，所有的嘲笑声都化成了——

生：赞叹的掌声！

师：由开始傲慢的羞辱到最后赞叹的掌声，参议员们的态度发生了这么大的变化，你能猜出他们心里是怎么想的吗？

【赏析要点】在自由交流的碰撞中，教师抓住时机，从"艺术""伟大"切入，抽丝剥茧，层层渐进，引导学生由林肯对父亲的尊敬中感悟他对普通劳动者的尊敬，进而感悟林肯所主张的"人生而平等"的思想。

3. 口语交际，提炼林肯思想中的老子之道

师：假设，参议院的演讲事件结束后，有记者采访现场的参议员们。假如我就是记者，在座的各位都是出身名门望族的参议员，那么谁愿意接受采访？请谈一下您听了总统演讲后的心情？

生：林肯总统用他的人格打动了我，我很激动！

师：感谢你接受我的采访！还有哪位愿意接受采访呢？

生：听了总统的话，我感到很羞愧，是我小看了我们的新总统。

师：你说出了很多议员的心里话！但是，我们的新总统面对羞辱却不敢奋起反击，你不觉得他没有血性，不够男人吗？

生：不是的！如果他当时表现得太激动的话，他就不会打动我们了。那也就说明他只是有勇无谋，也就不配做我们的总统了。

师：你说得太好了！

（课件出示）

"物壮则老，谓之不道，不道早已。"

"夫唯不争，故天下莫能与之争。"

师：借用老子的话说就是："物壮则老，谓之不道，不道早已。"意思是事物变得过于强大就会走向衰老，就会很快灭亡。另外一句话就是："夫唯不争，故天下莫能与之争。"意思是正因为他不与人争，所以天下没有人能够与他争。来，让我们齐读这两句话！

（生齐读）

（课件出示）

消灭敌人最好的办法就是把他变成朋友。

师：用林肯的话来说就是：消灭敌人最好的办法就是把他变成朋友。

（生齐读）

师：在参议院里，我们欣喜地看到林肯做到了这一点！此时，同学们，你们对这位伟人又有了怎样的理解呢？再次回味一下他说过的话："等到大家的笑声停止后，林肯说——"

生："我非常感激你使我想起我的父亲。他已经过世了，我一定会永远记住你的忠告，我永远是鞋匠的儿子。我知道，我做总统永远无法像父亲做鞋匠那样做得那么好。"

师："林肯转头对那个傲慢的参议员说——"

生："就我所知，我父亲以前也为你的家人做鞋子。如果你的鞋子不合脚，我可以帮你改正它。虽然我不是伟大的鞋匠，但我从小就跟父亲学到了做鞋子的艺术。"

师："然后他对所有的参议员说——"

生："参议院里的任何人都一样，如果你们穿的那双鞋是我父亲做的，而它们需要修理或改善，我一定尽可能地帮忙。但是有一件事是可以确定的，我无法像我父亲那么伟大，他的手艺是无人能比的。"

师：林肯的话言简意赅，我们却充分感受到了他的人格魅力，这就是语言的力量！

【赏析要点】言语的产生需要具体的情境。创设情境，让学生设身处地站在议员的角度抒发感想，给学生一个释放情感的机会，既为学生提供语言的材料，使之产生语言的动机，又进行了口语训练，促进学生语言的发展。用老子和林肯的名言来提炼林肯的智慧，引导学生更多地从理性的角度来思考的同时，让学生领略到了中华民族源远流长的国学精粹。

四、引入原文，比较学习

师：这篇课文是根据作家林清玄的一篇文章而改编的，原文的最后一段是这样的。

（课件出示）

批评、讪笑、诽谤的石头，有时正是通向自信、潇洒、自由的阶梯。那些没有被嘲笑与批评的黑暗所包围过的人，就永远无法在心里点起一盏长明之灯。

师：谁愿意给大家读一下这段话？

（生读）

师：第一次就能读得这么流利，真了不起啊！对于这样的结尾，你喜欢吗？为什么？

生：喜欢，因为它告诉我们一个道理。

生：我也喜欢，因为这个结尾有画龙点睛的作用。

师：老师也喜欢，因为它更贴近我们的心灵。我们试一试记住这句话，好不好？

（课件出示）

批评、讪笑、诽谤的_____，有时正是通向自信、潇洒、自由的_____。那些没有被_____的黑暗所包围过的人，就永远无法在心里_____。

（生积极发言）

师：太了不起了，看来同学们是真的喜欢这段文字，所以记得这么快！希望我们每个人的心里从此都亮起一盏长明之灯。当然，改编后的课文，它的内容更丰富了，引领我们去了解林肯在政治上的作为和主张。从最后一段中，你能发现林肯在政治上的主张是什么吗？

生：他主张国家统一。

师：对！林肯主张国家统一，反对分裂。他在任期内最大的政绩就是统一了国家，废除了农奴制，让黑人们有了做人的权利。

【赏析要点】有比较，才有鉴别。在阅读教学中，对文本的思想内容、语言特色、行文风格、感情倾向等方面进行赏析、概括，除了可以根据学生的阅读经验进行讲解分析外，把相关的文章或片段放在一起进行比较，也能让学生加深理解。此处引入原文的结尾，让学生进行对比阅读，目的就在于让学生理解文本写了什么、是怎么写的，进而使学生形成独立解读文本的能力。教师把课文的两个结尾放在一起，使学生通过比较认识到同样一篇文章可以有不同样的结尾，不同样的结尾可以使文章表达不同的主旨，这样，学生很自然地便理解了不同文本的不同表达效果。之后，教师巧妙借助改后的结尾作为桥梁，在后面的教学中把学生的视野引向一个更为全面的林肯，有助于帮助学生在头脑中把人物形象立体生动起来。

五、引入惠特曼的诗篇，感悟伟人的人格力量

师：1865 年，林肯遇刺后不幸身亡。消息传来，举国哀痛，著名诗人沃尔特·惠特曼写下了一首诗篇悼念他们敬爱的总统。

（课件出示）

啊，船长，我的船长！

［美］沃尔特·惠特曼

啊，船长，我的船长！

我们险恶的航程已经告终，我们的船安渡过惊涛骇浪，

我们寻求的奖赏已赢得手中。

港口已经不远，钟声我已听见，万千人众在欢呼呐喊，

目迎着我们的船从容返航，我们的船威严而且勇敢。

可是，心啊！心啊！心啊！

第四章　有无相生——复调语文的课堂

啊，殷红的血滴流泻，

在甲板上，那里躺着我的船长，他已倒下，已死去，已冷却。

啊，船长，我的船长！

起来吧，请听听这钟声，起来，

——旌旗，为你招展——号角，为你长鸣。

——为你，岸上挤满了人——为你，无数花束、彩带、花环——为你，熙攘的群众在呼唤，转动着多少殷切的脸。

这里，船长！亲爱的父亲！你头颅下边是我的手臂！

这是甲板上的一场梦啊，你已倒下，已死去，已冷却。

我们的船长不作回答，他的双唇惨白、寂静，

我的父亲不能感觉我的手臂，他已没有脉搏，没有生命。

我们的船已安全抛锚碇泊，航行已完成，已告终，胜利的船从险恶的旅途归来，我们寻求的已赢得手中。

欢呼，海岸！轰鸣吧，洪钟！

可是，我却轻移悲伤的步履，在甲板上，那里躺着我的船长，他已倒下，已死去，已冷却。

师：从这首诗中，你们感受到诗人是怎样的一种心情？

生：难过。

生：痛苦。

生：哀痛。

师：同学们都体会得很深刻！他将林肯称作自己的什么？

生：船长。

生：父亲。

师：是啊，同学们，有了船长，我们的航行将不怕风雨，不怕礁石；有了父亲，我们就有温暖的胸膛可以依靠。可是，现在，我们的船长、我们的父亲，他倒下去了，他的身体正在慢慢变凉……

【赏析要点】这首著名诗篇的引入，加上教师声情并茂的朗诵，连接了学生与文本的情感，将学生的情感引燃到制高点。这样，无需教师苦口婆心的讲析，在恰当的阅读材料的撞击下，学生与文本的对话更轻松、更透彻。

师：同学们，在这节课，我们认识了林肯。这样的林肯，你喜欢吗？

请你拿起笔，将自己最想说的话写下来，哪怕是只言片语，想到什么就写什么。

（课件出示）

此时此刻，我最想说……

（生写作）

师：可以了吗？把你的心里话跟大家分享一下。

生：林肯总统，你用你的人格征服了我们，带领我们走过险滩，却又这么快地离我们而去，怎能让我们不哀痛？

生：林肯叔叔，我会永远记住你说过的话，你是我的楷模。

生：林肯叔叔，你走了，但是为什么我感觉你还在我的眼前？

……

【赏析要点】先畅谈自己的感受，再尽情抒发，在纸上写出来，如此，学生在"读""听""想""说""议"的过程中投入了积极的思维活动和情感体验，使课堂教学过程真正成为学生的独立化阅读、个性化阅读过程。

师：同学们，作为人类有史以来最伟大的人物之一，林肯总统拥有了人类应具有的许多优良品质，我们在课上所了解的这些远远不够。老师建议大家在课后可以读一读《林肯传》，去感受那人性的光辉，去领略那精妙的演说。最后，让我们怀着无比敬仰的心情，读一读这位伟大人物留下的一句话。

（课件出示）

对任何人不怀恶意；对一切人宽大仁爱；坚持正义。——林肯

【赏析要点】苏霍姆林斯基在《论教育素养》中说过这么一段精辟的话："教师越是能够运用自如地掌握教材，那么，他的讲解就越是情感鲜明，学生听课后需要花在教科书上的时间就越少。这是教师素养一个非常微妙而又非常重要的特征。"教师只有深钻教材，才能找到打开教学的最佳切入点，课堂教学花费在教科书上的时间也就越少，教师奠定的课堂基调就越能触及学生的精神需要，学生就越容易主动地走向文本深处，探求与文本有关的更多课外资源。可见，孙老师的教学智慧首先来自之前对教材的精钻细研。

（山东省潍坊市潍城区南关中学　李东文）

第四章　有无相生——复调语文的课堂

教学实录与赏析二

生命，不仅仅是活着
——评孙云霄老师的赛课《艾滋病小斗士》

一、引用话语，揭示"斗"

师：同学们，今天，我们一起来学习一篇课文，请齐读课文题目。

（生齐读课文题目）

师：2001 年 6 月 1 日，正当全世界儿童欢庆节日的时刻，一位 12 岁的名叫恩科西的南非儿童去世了。他的死，引起了世界上许多人的关注。

（课件出示）

人类同艾滋病斗争失去了一个勇敢的声音，世界失去了一位同艾滋病顽强抗争的小斗士。——安南

师：请大家对照大屏幕读一读安南的这句感叹。

（生读）

师：课文的题目就是来自安南的这句话，到底是怎样的一个孩子，竟得到安南如此高的评价呢？下面我们一起走进课文的字里行间，去探求文字背后的秘密。

【赏析要点】整堂课教学主线清晰，目标明确，通过不断营造情境等多种方式，引导学生充分与文本对话，不断提高学生对文本的理解感悟能力，使学生在品味语言、感情诵读和个性表达中体会人物的精神品质，激发学生的生命体验，体现了以生为本的教学思想和以文本定教法的教学理念。从教学流程和设计理念中，我们可以清晰地抽取出本堂课的教学目标，即通过学习恩科西"顽强抗争艾滋病的精神"和恩科西"勇敢的声音"，体会他的坚强、乐观、关心他人的品质，使学生科学地认识艾滋病，关爱艾滋病人。

二、文本细读，感悟"斗"

师：课前，大家已经预习过课文，现在请你浏览一下课文，看一看课文中哪些地方写出了恩科西是一位艾滋病小斗士，并画下来，然后读一读。

生：我找到的句子是："他曾经应邀到美国出席艾滋病研讨会，用纤弱的声音不断向世界呼吁：要接受和爱护艾滋病人，尤其要关心患病的妇女

和儿童。"

师：你读得很好，如果再慢点就更好了，再读一遍好吗？

（生再读）

师：这次读得更好了。

生：我找到的句子是："小恩科西的生命力也许是南非所有患艾滋病的孩子中最强的，他竟然一直挺到了上学的年龄。"

生：我找到的句子是："他一边顽强地与病魔作斗争，一边关心和他一样患病的儿童。"

师：老师发现好多同学都画下了这一句，画了这一句的同学请举手。

（多数学生举手）

师：好，这就叫作英雄所见略同。我们就先来研读这一句。先看前半句，简单地说就是恩科西斗什么？

生：与艾滋病斗争！

师：我们可以概括成"斗病魔"。

（师板书：斗病魔）

师：同学们，这是一种怎样的病魔呢？就在这段话中，有一个词描述了艾滋病是一种怎样的病。

生："可怕"。

师：课文是怎样描写艾滋病的可怕的？请你读一读。

（师指名朗读）

生："6月1日这天，被艾滋病折磨得体重不到10千克的小恩科西终于静静地离开了人世。"

师：你想强调了"10千克"这个词，对吧！10千克，相当于一个一岁婴儿的体重。

（课件出示患病儿童图片）

师：这就是小恩科西最后的日子。你想用一个什么词来形容此时的恩科西？

生：瘦骨嶙峋。

生：骨瘦如柴。

师：还是你，带着你的感受再读一读这个句子。

（生再读）

师：既然强调 10 千克，你能读得再轻一点吗？读出他轻得不可思议。

（生再读）

师：还能从其他的句子看出艾滋病的可怕吗？

（生读）

师：你觉得哪几个词最能体现艾滋病的可怕呢？

生："每天""200 名""四分之一"以及"第二个生日"。

师：你强调的是数字，老师这里也有一组数字，刚才轮到哪里了？请你来读一读。

（课件出示）

根据联合国艾滋病计划署的统计，在这个我们共同生活繁衍的地球上，艾滋病就像一只巨大的黑色魔爪，每天都要夺去 8000 人的生命，同时以每天 340 万人的惊人速度迅速蔓延。南非成人中每 5 个人就有 1 人身患此病。据估计，中国的艾滋病感染人数已超过了 1000 万，是亚洲第二大艾滋病重灾区。

师：从这些数据中，你读出了什么？

生：庞大的数字说明，我们每个人，包括你我在内，时刻都面临着被感染的危险。

师：你说得真好！谁能带着自己的理解，再读一读这段话？

生："在南非，每天都有近 200 名携带艾滋病病毒的婴儿降生，这些孩子中有四分之一活不到自己的第二个生日。"

师：听得出你对数字进行了强调。然而，面对如此可怕的艾滋病，小恩科西是怎样顽强地同疾病作斗争的？

生："小恩科西的生命力也许是南非所有患艾滋病的孩子中最强的，他竟然一直挺到了上学的年龄。"

师：你从哪个字中体会到恩科西的顽强？

生："挺"字。

师："挺"是什么意思？那为什么不用"坚持"呢？

生："挺"比"坚持"的程度更深，坚持做的事情不一定是困难的，而"挺"字让我们感觉这个事情是不可能的。

师：你真会思考问题。同学们肯定生过病吧？还记得什么病让你感到很难受吗？咳嗽过吗？你愿意打针吗？吃药有意思吗？

（生自由发言）

师：其实将大家很多难以忍受的痛苦叠加起来，也不过是小恩科西承受的痛苦的一小部分。大家请看大屏幕中艾滋病的一些症状。

（课件出示）

口腔溃疡、伤风、流感、全身疲劳无力、食欲减退、长达3～4个月的连续发烧、寒战、夜间盗汗、关节疼、肌肉痛、呼吸困难、喉痛、胸痛、咳嗽、呕吐、持续性腹泻、腹痛、全身淋巴结肿大、体重减轻、单纯疱疹、带状疱疹、紫斑、血肿、血疱、滞血斑、皮肤容易损伤、伤后出血不止、脑病、肺病、肝脾病、恶性肿瘤……

师：同学们，这就是被病痛折磨的艾滋病人。就是这样，小恩科西经受我们常人难以想象的痛苦，一天一天地"挺"过来，一年一年地"挺"过来，顽强地与病魔作斗争。带着对这个"挺"字的理解，请你再来读这个句子。

（生再读）

师：老师从你的朗读中听到，恩科西好像挺得挺容易，没有一点儿困难。想象一下，医生预言活不过6个星期的恩科西忍受那么多我们难以想象的病痛，一天一天，一月一月，一年一年，挺到了上学的年龄，应该怎么读？

（生再读）

师：好一个坚强的"挺"啊！谁再来读一读？

（生读）

师：你平静的语气诠释了另一种坚强。

【赏析要点】在执教过程中，教师引导学生抓住"恩科西是一位艾滋病小斗士"中的"斗"字展开学习。在整体感知环节，教师让学生找出体现小恩科西与艾滋病顽强斗争的句子，让学生对恩科西有初步的了解，进而出示艾滋病的相关资料，抛出"面对如此可怕的艾滋病，小恩科西是怎样顽强地同疾病作斗争的"的问题，引导学生朗读和交流，同时穿插一定的课外资源，很自然地让学生对恩科西这个人物形象有了丰满的认识。其中，

157

不同情境的朗读指导更是有利于学生解读文本的思想情感，领悟文中跳动的感情脉搏。

师：我们继续研读这个句子："他一边顽强地与病魔作斗争，一边关心和他一样的患病儿童。"谁来说一说他是因为一件什么事情而想到要去关心艾滋病儿童呢？

生："9 岁那年，当养母带着恩科西到一家小学报名上学时，遭到全校大多数老师、学生和家长的反对，还在当地引起了一场轩然大波。"

（课件出示这段课文）

师：什么是"轩然大波"？谁能结合自己的理解谈一谈？

生：很大的纠纷，很大的风波。

师：同学们，其实在恩科西入学的那年，南非发生了一件事情。

（课件出示）

当时，南非对艾滋病患者的歧视相当严重。1998 年发生的一件事情就足以说明这一点。在当年的世界艾滋病日，住在南非的米妮通过电台公布了自己是艾滋病病毒携带者的身份。不久之后，她就被一群暴徒围殴致死。而她的家人则不断收到死亡恐吓，至今仍不敢出席死因聆讯。

师：从这段资料，你读出了什么？

生：人们对艾滋病患者的歧视相当严重。

师：你们知道这种歧视对恩科西意味着什么吗？

生：意味着他可能无法像正常人一样去上学。

生：意味着他随时可能存在人身方面的危险。

生：意味着他要忍受别人的谩骂和攻击。

师：是啊！哲学家黑格尔说过："没有一个人可以超越他的时代，正如没有一个人的身体可以超越他的皮肤一样。"作为南非当时第一个要上学的艾滋病儿童，恩科西遇到的每个陌生人都有可能是怒火冲天的暴徒。请看大屏幕，想象一下，然后小组讨论：假如当时你就在现场，你会看到什么？

（课件出示）

当养母牵着小恩科西的手走到学校的校门口时，家长们愤怒地指责养母："＿＿＿＿＿＿＿＿＿＿＿＿＿＿＿＿＿＿。"

当养母牵着小恩科西的手走进校园时，老师们强烈地向校长提出抗议：

"_____"

当养母牵着小恩科西的手走进教室时，有同学恶狠狠地冲恩科西吼道：
"_____"

生：当养母牵着小恩科西的手走到学校的校门口时，家长们愤怒地指责养母："你怎么能带一个艾滋病患者来上学呢？如果传染了我们的孩子，你就是罪魁祸首！"

生：当养母牵着小恩科西的手走进校园时，老师们强烈地向校长提出抗议："如果你允许一个艾滋病患者入学，我们就罢课。万一传染了我们，你负责啊！"

生：当养母牵着小恩科西的手走进教室时，有同学恶狠狠地冲恩科西吼道："别进来，你这个可恶的艾滋病恶魔，赶紧滚出去！"

师：同学们的回答仿佛让我们看见了当时的情景。谁来通过表演再现一下恩科西当时遭遇的艰难处境？

（生表演）

师：同学们表演得惟妙惟肖，这动作、这语言，太真实了！你们都有成为演员的潜质，继续努力！

【赏析要点】通过营造情境让学生深入理解人物形象并体会文本的思想感情，是当前语文教学中常见的做法，这样更容易使学生和文本、教材编者展开直接对话和智慧碰撞。如在引导学生理解"轩然大波"一词时，教师先插入一段背景资料，来表现恩科西入学时面临的艰难处境。"作为南非当时第一个要上学的艾滋病儿童，恩科西遇到的每个陌生人都有可能是怒火冲天的暴徒。看大屏幕，想象一下，然后小组讨论：假如当时你就在现场，你会看到什么？"教师要求学生对当时学校里的老师、同学以及家长可能出现的反应展开想象，并让学生通过自己的表演展现当时的情景，如此一来，呈现在学生面前的是一幅幅牵动人心的画面，小斗士的形象也逐渐清晰丰满起来。这既让学生直观形象地理解了"轩然大波"一词的含义，感受当时冰冷的社会环境，又拉近了学生与文本的距离，使学生逐渐接近恩科西的内心世界，并由此产生对恩科西情感上的认同。

师：同学们，面对激烈的反对声，养母和媒体记者会怎样反驳呢？

生：虽然是一个艾滋病患者，但他同样享有接受教育的权利啊！

第四章　有无相生——复调语文的课堂

生：教育应该平等地对待每一个人，我们不能歧视恩科西，应该欢迎恩科西来上学！

生：艾滋病患者也是人，他们享有与正常人一样的权利，恩科西是一个多么坚强的孩子。

师：但是，他坚强，就可以牺牲我们健康吗？同学们，这就是"轩然大波"。这次轩然大波让恩科西体验到什么？

生：来自人们的歧视。

师：同学们，此刻的恩科西正承受身体上和精神上的双重折磨！然而，即便面临如此大的困境，恩科西仍然没有抱怨，没有憎恨，反而用他那坚强的心关心和自己一样患病的儿童。那么，小恩科西是怎样关心和他一样患病的儿童的呢？

生："他曾经应邀到美国出席艾滋病研讨会，用纤弱的声音不断向世界呼吁：要接受和爱护艾滋病人，尤其要关心患病的妇女和儿童。"

师：这个句子中哪个词最能打动你？

生："纤弱"。

师："纤弱"的只是他的声音吗？

生：还有他的身体。

师："纤弱"的背后还有什么？

生：还有他那颗关爱他人的心。

生：还有一种震撼并温暖人心的伟大力量。

师：同学们，老师这里有一篇恩科西在 2000 年 7 月国际艾滋病大会上的发言稿，我们截取一部分读一读。

（课件出示）

我的妈妈也是艾滋病感染者，没办法照看我，我跟养母生活在一起。四年前，我的养母离婚了，因为我的养父不喜欢我是一个艾滋病人，他要基尔妈妈在他和我之间作一个选择。我不愿意看到基尔妈妈伤心地哭泣，我决定不再连累她，离开这个家。偷偷走出家门，我却不知道自己有没有力气走到福利院，我特别累，特别害怕自己死在街头，最后我在路边晕死过去。醒来的时候，我发现自己又在基尔妈妈家里了，是她找了几条街道把我抱回来的。

三年前，就是我入学的那年，我的生母去世了。基尔妈妈告诉了我这个消息，我当时就泪流满面。基尔妈妈带我参加了我妈妈的葬礼。我的母亲离开了我，我多么希望她和我在一起，但我知道她已去天国了，她就在我的头上看着我。

　　很多小朋友一看见我就远远地跑开，还往我身上扔石头，他们叫我艾滋病。可他们不理解艾滋病感染者内心的恐惧，我们也是人。我们很正常，我们也有一双手，有一双脚。我们能走路，我们能说话，我们能与其他人有着一样的需要。

　　师：同学们，恩科西最害怕的是什么？

　　生：死亡。

　　生：孤独。

　　生：歧视，还有人们对艾滋病患者的误解。

　　师：是啊，死亡、孤独、歧视……这些他最害怕的事情对他来说却是如影随形。那他最渴望的是什么？

　　生：渴望健康。

　　生：渴望得到别人的尊重。

　　师：健康、友谊、尊重……这些最正常不过的事情在恩科西这里却成了最奢侈的愿望。同学们，恩科西认为艾滋病患者不应该受到歧视，你觉得他的想法过分吗？

　　生：不过分。

　　师：过分的是什么？

　　生：过分的是人们的歧视，是这个世界的冷漠。

　　师：你点到了问题的本质。所以，在全南非、全世界都对艾滋病患者存有严重歧视的时候，在没有一个成年艾滋病患者敢于站出来的时候，有一个纤弱的声音让这个冷漠的世界有了一丝暖意，他在呼吁——

　　（课件出示，师指名接读）

　　生："要接受和爱护艾滋病人，尤其要关心患病的妇女和儿童。"

　　师：这个声音纤弱到随时都会消失，但是提醒了我们作为一个人应有的本分，他在呼吁——

　　（课件出示，师指名接读）

第四章　有无相生——复调语文的课堂

生："要接受和爱护艾滋病人，尤其要关心患病的妇女和儿童。"

师：你们愿意用健康的声音和恩科西一起呼吁吗？我们不应该仅仅是活着，而且应该温暖地活着。让我们用健康的声音和恩科西一起向世界呼吁："要接受和爱护艾滋病人，尤其要关心患病的妇女和儿童。"

（生接读画线句子）

师：让我们用健康的声音和他一起说："我希望政府向携带艾滋病病毒的孕妇提供艾滋病药物，使她们不再把病毒传染给自己的孩子。"

（生接读画线句子）

师：我们还要和他一起说："人们不应该对艾滋病人另眼相看，我们需要关爱，拥抱艾滋病儿童是不会被传染的。"

（生接读画线句子）

师：同学们，恩科西是在和人们的什么斗争啊？

生：人们对他们的歧视。

（师板书：斗歧视）

师：我们继续交流这一节课的大问题：还能从哪个地方能看出恩科西是一位艾滋病小斗士？

生："尽管恩科西感到生命随时可能结束，但他依然在梦想未来！"

师：我们一起来读一下他的梦想！

齐："等我长大了，我要成为一名艾滋病问题专家，周游世界，到各国演讲，让越来越多的人了解艾滋病，关心艾滋病人。"

（音乐起）

师：明知不可为而为之，这是一种精神，更是一种诗意！一人一行，让我们把恩科西的梦想读成一首诗。

（课件出示，师引读前两句，生分句朗读）

他说

等我长大了，

我要成为一名

艾滋病问题专家，

周游世界，

到各国演讲，

让越来越多的人

了解艾滋病人，

关心艾滋病人。

师：有一本书叫《基督山伯爵》，这本书的最后一句话是：人类全部的智慧就包含在五个字里面："等待和希望。"生命随时都会结束，能与死亡抗争的只有希望、梦想！所以，我们说恩科西在用梦想斗什么？

生：斗死亡。

（师板书：斗死亡）

【赏析要点】朗读是理解文本的一种表现形式，不同形式的入情朗读能有效促进学生对文本的理解，以及深化和丰富学生的内心感受。在解读恩科西呼吁人们关心、接受艾滋病人的片段，教师安排学生分不同的角色将恩科西的原话读出来，这里面的角色有扮演恩科西的声音去呼吁，有通过我们健康大众的声音去呼吁，这几种不同角色的呼吁所呈现出来的气息反差让学生从内心体会到，虽然恩科西的声音是纤弱的，但这纤弱声音的背后蕴含伟大的力量。这种力量传递到在场的听众身上，更传递到每一名听课学生的心里，让学生体会到恩科西呼吁的背后所体现的对人性真善美的渴求与期待。这样，学生逐渐走近了恩科西，恩科西的人物形象也在学生面前变得更加鲜活起来。

此外，在解读文本最后一处体现恩科西是"小斗士"这一片段时，教师说道："明知不可为而为之，这是一种精神，更是一种诗意！让我们把恩科西的梦想读成一首诗。"紧接着音乐响起，大屏幕上出现了恩科西的梦想，并被改编成了现代诗歌的形式。诗歌是最适合抒情的文学形式，这样一处感人的设计，感动了在场的每一个人，引发了学生情感的高潮，使学生们不知不觉间走进了文本，走近了作者的心灵。

三、痛切之时，升华"斗"

（课件出示）

2001年6月1日这天，被艾滋病折磨得体重不到10千克的小恩科西终于静静地离开了人世。6月9日，数千名南非各界人士出席恩科西的葬礼……

（音乐起，师范读）

约翰逊妈妈喃喃地说："孩子，你已经跑完了自己的比赛，你尽力了。

第四章　有无相生——复调语文的课堂

163

你唤起了许多人的爱心和理解，也给艾滋病患者带来了希望。孩子，我为你感到骄傲！你是英雄！"

（音乐起，课件出示曼德拉语，指生读）

南非前总统曼德拉痛切地说："又一条年轻的生命离我们而去了，一个人究竟该如何面对天灾，恩科西就是榜样。"

师：同学们，这是第二天世界各大报纸上登出的一幅照片，他是来为恩科西送行的一位小病友。这数千人里面或许还有歧视过恩科西的同学，有拒绝过恩科西的老师……面对恩科西小小的遗体，他们的心里会想些什么？选择你最关注的一位，写下他的心声。

（课件出示）

恩科西的同学说："_____。"

恩科西的老师说："_____。"

恩科西的病友说："_____。"

生：恩科西的病友说："作为小病友，我从你身上得到的不仅仅是同病相怜，而且是一种热爱生命的鼓励。"

师：你的话让我想起了世界文学大师罗曼·罗兰说过的一句话："这个世界上只有一种英雄主义，那就是了解生命并且热爱生命的人。"是的，他是英雄。

生：恩科西的老师说："恩科西是一个坚强的孩子，虽然他走了，但是他留下了多么宝贵的精神财富。"

师：是的，我们中国有句话叫："天行健，君子以自强不息。"

生：恩科西的同学说："恩科西，你放心地走吧，我相信你的愿望有一天会实现的。"

师：恩科西的愿望就由你去实现吧！你让我想起了一个人，他叫纪伯伦，他说没有实现不了的愿望。

生：恩科西的同学说："恩科西，我好后悔当初对你的歧视和不理解，希望你能原谅我！"

师：罗曼·罗兰说："对错误行为的后悔是对自己生命的拯救，这是一种了不起的成长。"

……

师：同学们，相信你们的肺腑之言不是简单的投桃报李，而是基于对生命的信仰。艾滋病、大地震、海啸、洪灾、泥石流……在灾难面前，我们每一个人都很弱小，但是都很重要。因为，我们都是人类这个整体的一分子，任何一个分子的感染都有可能祸及全身。所以，只有热爱生命，给每一个生命以敬意，给每一个生命以尊严，我们才能有信心地活着。最后，送给同学们一首诗——《热爱生命》，作者是我国当代著名诗人食指。

（配乐欣赏）

热爱生命

也许我瘦弱的身躯像攀附的葛藤，

把握不住自己命运的前程，

那请在凄风苦雨中听我的声音，

仍在反复地低语：热爱生命。

也许经过人生激烈的搏斗后，

我死得比那湖水还要平静。

那请去墓地寻找我的碑文，

上面仍刻着：热爱生命。

师：同学们，我们一起来读一读这首诗。

（配乐，师生齐读）

【赏析要点】整节课，教师让学生在品味语言、感情诵读和个性表达中，体会恩科西与艾滋病顽强斗争和关爱他人的品质，有效达成了本节课的情感目标。而最为可贵的是，教师将恩科西关爱他人的这种人文关怀上升到热爱生活、热爱生命的角度，对学生人生观和价值观的逐步建立起到了良好地引导作用。如在课堂快结束时，教师引用世界文学大师罗曼·罗兰说过的话，引用当代诗人食指的诗歌，无不体现了教师对教材情感目标的正确把握和导向。

（山东省潍坊市奎文区幸福街小学　孙思臣）

第四章　有无相生——复调语文的课堂

教学实录与赏析三

三次命令，无限柔情
——评孙云霄老师的执教课《彭德怀和他的大黑骡子》

一、两句评价语，宏阔背景图

师：同学们，美国著名作家史沫特莱曾经说过："长征是世界革命战争史上最伟大的史诗，而且不止于此！"韩国媒体评论说：不理解"长征精神"，就永远不能理解中国。这节课，我们来学习一个发生在长征路上的故事，请齐读课文题目。

（生读课文题目）

【赏析要点】本堂课的教学，教师巧妙开发和利用课程资源，再现复调语文的课程意识。导入时，教师用对中国红军万里长征的两句评价引入课题，创设情境并介绍背景知识——长征，同时，为下文做了情感铺垫。

二、一张预习案，课堂生本点

师：课前，老师批阅了大家的预习案，发现这个"御"字出错最多。老师查阅了一下，这是"御"字的演变过程。

（课件出示）

师：你看，左边的"彳"旁表示路口，中间上半部分的"午"字多么像拴马的绳索，中间下面的"止"字表示行走，右边的"卩"旁像是一个人牵着拴马的绳索，所以，"御"字就表示驾驭马车的意思，后来引申为抵挡、抵抗。所以，"御寒"就是抵御寒冷之意。请同学们在课后第二题中把这个字工工整整地描一遍。

（生写字）

【赏析要点】识字写字是贯穿整个义务教育阶段的重要教学内容，教师利用对预习案的反馈导入课题，根据学生在预习案中暴露出来的问题，有针对性地巧妙利用字理知识，重点把"御"字的结构、写法、各部分的特殊含义以及引申意义进行指导，推陈出新，令人印象深刻。

师：在预习案上，同学们试着概括了课文大意，现在请一位同学来读一读你概括的课文大意。

生：红军指战员在过草地的时候饥寒交迫，为解燃眉之急，彭德怀下命令杀掉他深爱的坐骑大黑骡子。

师：你看，我们抓住"饥寒交迫""燃眉之急""命令"这些关键词语，就概括出了课文的主要内容。这是一种很好的学习方法！

【赏析要点】概括课文大意是本学段学生应该掌握的学习方法，教师在教学中，引导学生抓住"饥寒交迫""燃眉之急""命令"等关键词概括课文内容，在提升总结和概括能力的基础上，巩固了词语和方法的运用，完成教学目标。

三、品读三次命令，感悟将士情深

师：通过预习案，老师发现同学们质疑最多的是，彭德怀为什么一次又一次地下令杀掉大黑骡子？这也是老师最希望和大家研究的问题。请同学们快速浏览课文，找出彭德怀下命令的句子。

（生读课文）

（课件出示）

第一次命令："好，全部集中起来，杀掉吃肉！"彭德怀的话一出口就是命令。

第二次命令：彭德怀有些不耐烦了，他大声地对身边的警卫员说："邱南辉，传我的命令，让方副官长负责杀骡子！"

第三次命令："副官长，快开枪！你不向它们开枪，我就要向你开枪！"彭德怀双手叉在腰间怒吼道。

师：彭德怀为什么要连下三道命令杀掉他的大黑骡子呢？现在，请同学们静静地默读课文，找一找。三次命令分别是在什么情况下下达的？圈出描写彭德怀动作、语言、神态的词语，并结合当时的背景，体会彭德怀的内心情感，也可以在空白处简单写一写自己的感受。

（生默读、圈画，师相机指导）

1. 品读第一次命令，感受情况之迫

师：第一次命令是在什么情况下下达的？

生：饥寒交迫。

师：饥寒交迫，情况非常危急，那么究竟危急到了什么程度？

生：危急到了再不杀这些牲口，战士们将面临饿死的程度。

师：还有要补充的吗？

第四章　有无相生——复调语文的课堂

167

生：燃眉之急。

师：什么叫燃眉之急？

生：大火已经快要烧到眉毛了，形容形势非常危急。

师：情况已经是燃眉之急。眼见战士们一个个因饥饿而昏倒在地，作为军团长，彭德怀的内心会是怎样的？

生：焦急、伤心、爱怜……

师：他可是三军的军团长，他有义务、有责任让士兵活着走出去。就是在这种情况下，他下达了第一道命令。你能读好这道命令吗？

（生读第一道命令）

2. 品读第二道命令，感受决心之坚

师：那第二道命令又是在什么样的情况下下达的呢？结合彭德怀的动作、语言、神态，谈一谈彭德怀在当时是怎样的一种内心情感？

（课件出示）

听了战士们的话，彭德怀深情地望着拴在不远处的大黑骡子，平静地对警卫员们说："部队现在连野菜也吃不上了，只有杀牲口解决吃的，或许能多一些人走出草地。"

师："深情地望着"，你从中体会到怎样的情感呢？

生：彭德怀对大黑骡子的深深眷爱、不忍和痛心。

师：联系前文，你还从哪里读出了彭德怀对大黑骡子的深厚感情？

生："有时彭德怀抚摸着大黑骡子念叨着：'你太辛苦了，连一点料都吃不上。'说着，就把自己的干粮分出一些，悄悄地塞进大黑骡子的嘴里，一直看着它吃完。"

师：彭德怀抚摸、念叨，把吃的分给大黑骡子。在彭德怀的眼里，大黑骡子就如同他的手足。所以，此处的"深情地望着"，是一般的"深情"吗？

生：不是，是手足之情！

师：大黑骡子和彭德怀亲如兄弟，杀它，就像是切断自己的手足！请你读出这种深情！

（生读）

（课件出示）

部队现在连野菜也吃不上了，只有杀牲口解决吃的，或许能多一些人走出草地。

师：既然充满深情，既然满怀不舍，那彭德怀为什么还下令杀它，而且话说得如此平静呢？把"只有"换成"如果"行不行？

生：不行。

师："只有"一词说明，除了这个办法还有没有别的办法？

生：没有别的办法了！

师：这是唯一的办法。为了战士，他必须这么做，这是理智的选择。杀牲口解决吃的，就一定能多一些人走出草地吗？从哪个词可以看出来不一定？

生：从"或许"一词可以看出。

师：为了战士们，只要有一线希望，彭德怀都会毫不犹豫地作出这样的选择！同学们，在平静的外表下，隐藏的是痛苦和不舍，流露出的是对战士的爱啊！

（师板书：爱）

（课件出示）

彭德怀拍着老饲养员的肩膀说："你们能走，我也能走。雪山不是已经走过来了吗？草地又算得了什么！大黑骡子是为革命立了功，这次就让它立最后一次大功吧！"

师：从彭德怀的动作和语言中，你又读懂了什么？

生：通过"能……也能……"这一句式，我体会到彭德怀与战士们同甘共苦的决心！

师：请读出你的理解！

（生读）

师：同学们，那种誓与战士同甘共苦的决心和无所畏惧的气概，已经完全饱含在了彭德怀那坚定有力的话语中，体现在他对老饲养员肩头的一拍中。让我们把这样的体会融入深情的朗读中吧！

（师生齐读）

师：在战士的再三请求中，彭德怀"不耐烦了"，出示第二次命令。请你们齐读句子。

第四章 有无相生——复调语文的课堂

（课件出示）

彭德怀有些不耐烦了，他大声地对身边的警卫员说："邱南辉，传我的命令，让方副官长负责杀骡子！"

（生齐读）

师：你从"不耐烦"中又感受到了什么？

生：他做事向来雷厉风行，这是彭德怀鲜明个性的真实写照。

生：他也不忍心杀这匹心爱的骡子。

生：真切地反映了彭德怀忍痛割爱背后的坚定决心，这份决心源于对战士的爱！

师：这"不耐烦"中饱含这样复杂的情感，但更多的是对战士的爱！

（师板书：爱）

师：下面，就让我们把这份"爱"融入朗读之中吧！

（生齐读）

3. 品读第三次命令，感受割爱之痛

师：要杀这匹大黑骡子怎么那么难啊！这第三次命令又是在怎样的情况下下达的呢？

生：在方副官长迟迟不肯开枪的时候。

（课件出示）

二十分钟过去了，仍然没有听到枪声。

师：在这20分钟里，出现了哪些感人的画面与场景呢？

生：彭德怀背过脸去。

师：让我们把目光聚焦在这个"背"过去的脸上，用心体会，你看到了什么呢？对彭德怀来说，这是怎样的20分钟啊？

生：漫长、痛苦、难熬、令人窒息……

师：在这死寂般的20分钟过后，爆出了他的第三道命令，请齐读——

（课件出示）

"副官长，快开枪！你不向它们开枪，我就要向你开枪！"

（生齐读）

师：这时，彭德怀双手叉腰，显然真的动怒了。你从这"怒吼"声中又体会到什么了呢？

生：他很生气。

生：他很着急。

生：他的态度很坚决。

师：这怒吼中饱含的又是对战士的——

生：爱！

（师板书：爱）

师：让我们和彭德怀一起生气，一起着急，一起怒吼。

生（齐读）："副官长，快开枪！你不向它们开枪，我就要向你开枪！"

师：如果方副官长不开枪，彭德怀真的会向他开枪吗？那他为什么这么说？

生：彭德怀不会向方副官长开枪，因为他更爱战士们。这样说，是命令、威胁，更能体现他的坚决。

师：彭德怀已经下达了死命令，方副官长怎么还要拖延呢？

（课件出示）

"砰"一声枪响，大黑骡子缓缓地、缓缓地斜倒下去。老饲养员猛地挣脱拉着他的人，扑上前去，抱住大黑骡子的脖子深深痛哭起来。狂风呜咽，野草叹息，在场的战士个个泪流满面，彭德怀向着斜倒下去的大黑骡子缓缓地摘下军帽……此时此刻，他有多少知心的话想对它倾诉呀……

（师配乐朗读）

师：彭德怀要对大黑骡子说些什么呢？请联系课文内容，走进人物内心，以"大黑骡子啊……"开头，为彭德怀写一段真情告白。

（生写作）

师：同学们，让我们停下手中的笔，一起走进那悲壮的一幕。看着心爱的大黑骡子缓缓地倒了下去，彭德怀会说什么呢？

（生朗读课堂小练笔）

【赏析要点】"想对大黑骡子说的话"这一练笔，是把升华到极致的情感转换成笔尖的记忆，让这种崇敬、忍痛割爱、赞叹之情得以表达。

师：纵有千言万语，却一句话也没说，这才是彭德怀，一个有情有义却刚毅果敢的将领，他把对大黑骡子的情感都饱含在了这摘下军帽的动作中。

（课件出示）

枪声响了。彭德怀向着斜倒下去的大黑骡子，缓缓地摘下军帽……

（生齐读）

师：在彭德怀的心里，在三军将士的心里，此时的大黑骡子成了什么？

生：英雄、战士……

师：是的，只有对英雄才要致以如此崇高的军礼，再齐读句子。

（生齐读）

4. 回归命令，彰显大爱

师：同学们，刚才我们通过抓三次命令，关注了彭德怀的语言、动作、神态，深入到彭德怀的内心，不仅感受到彭德怀对大黑骡子的深情，而且感受到一份深沉的爱。那是为了战士，为了革命，愿意献出一切的无私大爱。

（师板书：爱）

【赏析要点】让学生在反复朗读、讨论、评价的过程中，通过人物的语言、动作、神态的具体描写，去体会彭德怀爱大黑骡子而更爱战士们的思想感情是本节课的教学重点。用语言、动作、神态反应人物品质也是本文最大的亮点，三句命令，将一个铁骨铮铮的军人的刚毅、果断，和对骡子、对战士万千柔情并彰显出大爱精神的彭德怀展现在大家面前。在教学中，教师的问题始终围绕"透过现象看本质"这一教学重点展开，让学生深入、更深入地钻研教材，走进人物内心，让学生不仅从情感上抓住了人物形象，而且从心灵上碰触了这种准确、生动的语言描写艺术。

四、竹板声余音缭绕，长征情荡气回肠

（课件出示）

漫漫征程，再也见不到大黑骡子的身影了，它融进了北上的滚滚铁流，融进了宣传鼓动员的竹板声里："身无御寒衣，肚内饥。晕倒了爬起来，跟上去，走到宿营地。"

师：让我们把这句话还原成竹板声。

（师生合作）

师：身无御寒衣，肚内饥。

女生：晕倒了爬起来，跟上去，走到宿营地。

男生：晕倒了爬起来，跟上去，走到宿营地。

师：如果胜利不属于这样的队伍，还会属于谁呢？这真是，"风雨苍苍，一路泥潭一路霜。征途茫茫，一把草根一把糠。绝处危情，战士生死谁牵挂？痛杀爱骑，一腔热血洒碧疆！"长征留给我们的精神财富薪火不熄，代代相传。这节课的学习即将结束，但这只是我们了解长征精神的一个起点。相信同学们今后会通过自己的阅读，去了解更多的长征故事，去体味更多感人至深的瞬间，去感受更加荡气回肠的情感！

【赏析要点】在接近尾声之时，教师在竹板声中顺势深情配乐朗读对文本的精辟解读："风雨苍苍，一路泥潭一路霜。征途茫茫，一把草根一把糠。绝处危情，战士生死谁牵挂？痛杀爱骑，一腔热血洒碧疆！"此刻，即使课堂已是鸦雀无声，即使有的同学已是泪流满面，但大家心照不宣，这荡气回肠的诗句的引入抓住了学生的内心，抓住了文章的灵魂。

本节课上，孙老师让学生直面文本，与文本、教师展开平等对话，在听、说、读、写的语言文字实践中，使学生培养阅读能力，形成良好的语感，受到情感熏陶，获得思想启迪，提高语文素养。我想，做教师就应该像孙老师这样，就如晨曦的阳光，不刺眼却难能可贵。在孙老师的课堂上，学生们就如颗颗露珠，都在这适宜的阳光照耀下发光，发出了耀眼的光。

（山东省潍坊市奎文区圣荣小学　邢彦辉）

教学实录与赏析四

相遇那场美丽千年的心灵场景
——评孙云霄老师的执教课《孔子游春》

一、导入，初识孔子知大概

师：同学们，看到这么多远道而来的听课老师，作为小主人，你能用什么经典名句来表达一下自己的心情呢？

生："有朋自远方来，不亦乐乎！"

师：这句话是谁说的？

生：孔子。

师：你还知道孔子说过的哪些名言？

生："三人行，必有我师焉。"

生："己所不欲，勿施于人。"

……

师：孔子的智慧已经渗透在我们每个人的思想深处。同学们，春意正浓，生机盎然，在这美好的春天里，我们将和被誉为"万世师表，至圣先师"的孔子，和在座的老师们一起，到 2500 年前的泗水河畔，去那里寻找春天的气息，感受春天的魅力。今天，我们来学习《孔子游春》。

二、赏春，春意正浓悦景美

师：在泗水河畔，孔子和他的弟子们欣赏到了怎样的美景呢？

（课件出示）

阳光普照着大地，泗水河边桃红柳绿，草色青青，习习的春风像优美的琴声，在给翩翩到来的春天伴奏。大自然多像一位伟大的母亲！广袤的大地是她宽广的胸怀，茂盛的森林是她飘逸的长发，温暖的太阳是她明亮的眸子，和煦的轻风是她甜蜜的絮语……

师：谁能给大家美美地读一读这段话？其他同学请轻轻地闭上你的眼睛，用心去感受和想象。

（生配乐朗读）

师：感谢你把我们带进了一幅美丽的画面，请坐。同学们，睁开眼睛，说一说你的脑海中浮现了一幅怎样的画面？

生：桃红柳绿，草色青青。

生：生机盎然。

生："红杏枝头春意闹。"

生：春意盎然，生机勃勃。

师：是的，这是一幅春意正浓的画面！

（师板书：春意正浓）

师：谁愿意把这浓浓的春意再读一读呢？

（生配乐朗读）

三、论水，循循善诱寓意深

师：多么令人陶醉的景色啊！面对这春光无限、波澜起伏的泗水河，孔子却陷入了沉思。请同学们自读课文的第 3～9 自然段，看一看孔子沉思的是什么？

（生读课文）

生：孔子沉思的是水。

师：关于水，孔子发了一番怎样的宏论呢？

（生读课文第8自然段）

（课件出示）

"水奔流不息，是哺育一切生灵的乳汁，它好像有德行。水没有一定的形状，或方或长，流必向下，和顺温柔，它好像有情义。水穿山岩，凿石壁，从无惧色，它好像有志向。万物入水，必能荡涤污垢，它好像善施教化……由此看来，水是真君子啊！"

师：这段话是围绕哪句话来写的呢？

生："由此看来，水是真君子啊！"

（师板书：真君子）

师：再读这段话，想一想孔子认为水和真君子之间有哪些相似之处呢？

生：有德行，有情义，有志向，能施教化。

师：水的这几点品性一定让你联想到了关于水的成语、诗句、经典名言，甚至课文、歌词等，请你边读边想，你最认同哪一句，就在哪一句的下面记下你联想到的词语或句子。

（生读课文，并写批注）

师：真不忍心打断同学们。老师看到你们的课本上都写上了闪烁着智慧的文字，咱们一起交流一下读书的收获吧。哪一句让你感受颇深？先读这个句子，再说你的联想。

生："水奔流不息，是哺育一切生灵的乳汁，它好像有德行。"我想到了本册语文课本第一课的"你从雪山走来，春潮是你的风采；你向东海奔去，惊涛是你的气概"。

师：是《长江之歌》，你是由"奔流不息"这个词想到的。还有谁对这句话有感触？

生："水奔流不息，是哺育一切生灵的乳汁，它好像有德行。"我想到了"无边落木萧萧下，不尽长江滚滚来"。

师：你也是由"奔流不息"这个词想到的。

生："水奔流不息，是哺育一切生灵的乳汁，它好像有德行。"我想到

第四章　有无相生——复调语文的课堂

了"上善若水"。

师："上善若水，水善利万物而不争"，这是《道德经》中的句子。同学们真了不起，知识积累得这么深厚！"哺育"这个词让你想到了谁？

生：老师。

师：是的，"待到山花烂漫时，她在丛中笑。"还让你想到了谁？

生：母亲。

师：一切生灵包括？

生：人和动物。

生：有生命的东西。

师：一切生灵是指你、我、他，花鸟虫鱼，世界上一切的一切。水就像我们的母亲，如果没有水，就没有你，没有我，没有花鸟虫鱼，没有这个美丽的世界。请你带着感恩的心情读这句话。

生："水奔流不息，是哺育一切生灵的乳汁，它好像有德行。"

师：语言有温度，字词知冷暖，把这句话的温度提上来。"水奔流不息——"

生："是哺育一切生灵的乳汁，它好像有德行。"

师：这次你读出了自己的感受。这种感恩是花朵对阳光的感恩，是游子对慈母的感恩，请齐读这句话。

（生齐读）

师：这有德行的水，它就是——

生：真君子！

师：你还对哪句话有感触？

生："水没有一定的形状，或方或长，流必向下，和顺温柔，它好像有情义。"由这句话，我想到了"泉眼无声惜细流，树阴照水爱晴柔"。

师：多么温柔的水啊！

生：我想到了"桃花潭水深千尺，不及汪伦送我情"。

师：千尺深的水，千尺深的情。

生：我想到了"半亩方塘一鉴开"。

师："半亩方塘一鉴开，天光云影共徘徊。"水，你给它半亩方塘，它就是方的；给它万里长河，它就是长的；给它一条九曲十八弯的小溪，它就是弯的。能屈能伸，和顺温柔，真像是温文尔雅的君子。来，请你读出它的这种和顺温柔！

（生读）

师：你让我听出了一个词——柔情似水。请所有的女同学一起柔柔地读这句话。

（女生读）

师：这有情义的水，它就是真君子！还有哪句话让你感受颇深呢？

生：“水穿山岩，凿石壁，从无惧色，它好像有志向。”我想到了“飞流直下三千尺，疑是银河落九天”。

师：是的，它飞落九天毫无惧色！

生：我想到了水滴石穿。

师：是的，水滴石穿，滴水穿石，它有坚定的志向！看，水就是这样穿山岩，凿石壁！

（课件出示图片）

师：从两个表动作的字眼能看出水的“从无惧色”和水的“坚定志向”，是哪两个字？

生：“穿”“凿”。

师：把这两个字放到句子里，读出感情，请你读。

（生读）

师：感谢你声情并茂的朗读，播音员读得也不过如此吧！孔子说：“三军可夺其帅，匹夫不可夺其志。”我们也常说，有志者事竟成。让我们一起读，把水的坚定志向读出来。“水穿山岩——”

生：“水穿山岩，凿石壁，从无惧色，它好像有志向。”

师：这有志向的水，它就是——

生：真君子！

师：谁对最后一句话有感触？

生：“万物入水，必能荡涤污垢，它好像善施教化……”我想到了“问渠那得清如许，为有源头活水来”。

师：你的联想真丰富！

生：我想到了“千江有水千江月，万里无云万里天”。

第四章　有无相生——复调语文的课堂

师：多么美啊！

生：我想到了"仁者乐山，智者乐水"。

师：由水的"荡涤污垢"，你们反而联想到了水的"清如许"、水的美、水的受人喜爱，这就是水的神奇之处。万物入水，便能够变得洁净美好，泥沙俱下，而水在沉淀以后还是清水一泓！这多么像善于教人追求真善美的君子啊！谁想赞叹地读一读这句话？请你！

（生读）

师：正是这种善施教化，才有了桃李满天下，让我们用赞叹的语气齐读这句话。

（生齐读）

师：这善施教化的水，它就是——

生：真君子！

师：水像真君子一样，有德行、有情义、有志向、善施教化，水仅仅有这四点美德吗？

生：不是。

师：从哪里看出来的？

生："善施教化"后面的省略号。

师：同学们真会读书！会读书就得关注每一个细节！那么，水在你的心目中又具有怎样的品性呢？先来看一组图片，仿照图片下面的句式，请你像孔子一样赞一赞你心目中的水。

（课件出示图片）

生：水（涓涓流淌），它好像（满怀柔情）。

师：你真是一个小诗人！

生：水（默默流淌），它好像（虚怀若谷）。

师：你发现了水的谦虚。

生：水（汹涌澎湃），它好像（勇猛无敌）。

师：你欣赏水的勇猛。

生：水（容纳百川），它好像（很宽容）。

师：你欣赏水的宽容。

......

师：同学们真的是孔子的知音。那孔子关于水的这一番宏论是随兴而发的吗？

生：不是。

师：课文中，子贡说——

生：说孔子遇水必观。

师：是的，这在不同的典籍中都有记载。

（课件出示）

"子在川上曰：逝者如斯夫，不舍昼夜。"——《论语·子罕》

"智者乐水，仁者乐山。"——《论语·雍也》

"仲尼亟称于水，曰：水哉！水哉！"——《孟子·离娄下》

"子曰：美哉水，洋洋乎！"——《史记·孔子世家》

师：即便今天的游春，也是因为孔子听说——

生："春天到了，孔子听说泗水正涨春潮，便带着弟子们到泗水河边游玩。"

师：是因为孔子听说泗水涨春潮了。那孔子今天的用意是什么呢？他仅仅是在向弟子们介绍水的特点吗？

生：他在教育弟子们。

生：他是在教育弟子们做一名真君子。

师：所以，他凝望着泗水的绿波，怎样地说？

生：意味深长地说。

师：孔子凝望着泗水的绿波——

生："水奔流不息，是哺育一切生灵的乳汁，它好像有德行。水没有一定的形状，或方或长，流必向下，和顺温柔，它好像有情义。水穿山岩，凿石壁，从无惧色，它好像有志向。万物入水，必能荡涤污垢，它好像善施教化……由此看来，水是真君子啊！"

师：关于水，孔子的这番感叹因何而起呢？这与孔子的遭遇有关。我们来看一段资料。

（课件出示）

孔子生活的春秋时期，诸侯争霸，战火不绝，民不聊生。孔子认为要想使老百姓安居乐业，就要推行仁爱和礼仪，不要剥夺和战争，但是他的

第四章　有无相生——复调语文的课堂

179

主张不被自己的国家鲁国所采纳，于是他周游列国宣传仁爱主张。众弟子被老师的主张所打动，紧紧追随孔子。尽管一路上生活艰难，居无定所，食无定点，有时候会被人追杀，有时候要相互依偎取暖，有时候几天都吃不上一顿饭，而且还受尽冷眼和嘲讽，连孔子也笑称自己"若丧家之狗"，但是众弟子始终不离不弃，伴随孔子度过了为期14年的周游生涯。

师：14年哪！相当于我们小学生活的6年，加上初中3年，加上高中3年，再加上大学生活的前两年！那么长达14年的颠沛流离，他们是靠什么坚持下来的呢？

生：靠意志。

生：靠精神。

生：靠信念。

生：靠理想。

师：是的，靠精神，靠意志，靠他们坚定的志向！

四、言志，师生情浓真君子

1. 解读师徒志向，丰满君子形象

师：谈到志向，在课文第10～19自然段中，有一句是孔子对两位弟子的志向表示赞许的句子，请你找一找！

（生读句子）

（课件出示）

孔子用赞许的眼光看着他们，微微地点了点头。

师：怎么叫"微微地"？为什么不是深深地或重重地？请你说出"微微地"这个词的一个同义词！

生：轻轻地。

师：对的。

生：淡淡地。

师：好诗意啊！

生：缓缓地。

（师做缓慢沉重的低头动作）

师：这是"微微地"吗？

生：不是。

师：虽然"缓缓"，但不"微微"。

生：漫不经心地。

师：为什么漫不经心呢？

生：在思考什么。

师：好一个在思考什么！还可以怎么说？

生：意味深长地。

师：好一个意味深长啊！

生：若有所思地。

师：好一个若有所思！大声说一遍。

生：若有所思。

师：那么，弟子们到底说出了怎样的志向，让孔子这样若有所思、这样意味深长呢？

（课件出示，并配乐）

子路是个急性子，老师的话音未落就开了腔："我愿意把车马、衣服拿出来跟朋友们一块儿享用，就是用坏了、穿破了我也不会在意。朋友之间就应该有福同享嘛。"

温文尔雅的颜回经过深思熟虑，从容不迫地说："我希望成为一个不为自己表功的人。"

师：现在，请两位同学分别扮演子路和颜回。

（师指生读）

师：子路，你性子急，你先说。

生："我愿意把车马、衣服拿出来跟朋友们一块儿享用，就是用坏了、穿破了我也不会在意。朋友之间就应该有福同享嘛。"

师：子路，你重朋友，讲信义，和朋友有福同享，真是有情有义、水一般的真君子啊！

（师指生读）

师：子路，你性格耿直，有话藏不住，你就一吐为快，说一说你的志向吧！

生："我愿意把车马、衣服拿出来跟朋友们一块儿享用，就是用坏了、穿破了我也不会在意。朋友之间就应该有福同享嘛。"

第四章 有无相生——复调语文的课堂

师：子路，你岂止是和朋友有福同享！你的孝心有口皆碑！你经常从几十里外的地方背米回来给父母吃，而自己吃路边的野菜！我周游列国14年，你不离左右，问路，借宿，打探消息，你整整操劳了14年哪！你情意深重，你就是真君子啊！

（师指生读）

师：子路，你是我年龄最长的学生，只比我小9岁，说一说你的志向？

生："我愿意把车马、衣服拿出来跟朋友们一块儿享用，就是用坏了、穿破了我也不会在意。朋友之间就应该有福同享嘛。"

师：子路，你岂止是讲朋友义气？你的诚信名满天下，甚至诸侯结盟的时候非得请你过去，只要有你在场，不用签字，不用对天盟誓，仅仅是口头约定，结盟的双方就彼此信任了。子路，你是当之无愧的真君子。

（师指生读）

师：颜回，你向来温文尔雅，从不多言，说一说你的志向吧！

生："我希望成为一个不为自己表功的人。"

师："君子讷于言而敏于行"。你正是这样的，从不表白自己的功劳，沉默温柔，你是水一样的真君子！

（师指生读）

师：颜回，你是我所有弟子中学习最用功的，说一说你的志向吧！

生："我希望成为一个不为自己表功的人。"

师：颜回，提到功劳，你最大的功劳是为千秋万代的读书人树立了典范！我曾经一再感叹："贤哉回也！一箪食，一瓢饮，在陋巷，人不堪其忧，回也不改其乐。"真是贤德！饿了，用小竹筐吃饭；渴了，用瓢喝门前的流水。别人忍受不了的贫苦，却改变不了你爱学习的快乐。你安贫乐道，你是真君子啊！

（师指生读）

师：颜回，你是我三千弟子中最得意的弟子，说一说你的志向吧！

生："我希望成为一个不为自己表功的人。"

师：颜回，提到功劳，你最大的功劳就是帮我建立了儒家学说。你是我最得力的助手，天下没有谁比你更懂得我的思想。为了整理典籍，你殚精竭虑，29岁就头发全白了。如此执着于自己的信念，你就是那穿山岩凿石壁、水一样真君子啊！同学们，听了孔子师徒的这番内心对白，现在请你再来读这句话，体会一下应该怎么读。

（课件出示）

孔子用赞许的眼光看着他们，微微地点了点头。

师：请你读！

（生读）

师：是的，这个"微微"意蕴无穷啊！那孔子的志向是什么呢？

（课件出示，并配乐）

孔子微笑着说："我就盼望着有那么一天，所有人在晚年的时候都能够安享幸福，朋友之间都能够互相信任，年轻的子弟们都能够怀有远大的理想。"

师：夫子，您的志向是什么？

生："我就盼望着有那么一天，所有人在晚年的时候都能够安享幸福，朋友之间都能够互相信任，年轻的子弟们都能够怀有远大的理想。"

师：我记起来了，您的原话是"老者安之，朋友信之，少者怀之"，您胸怀天下，有一颗博大的爱心！

2. 品读关键句子，感悟仁爱情怀

师：同学们，从老者到少者，孔子心里装的是天下所有的人，爱的是天下每一个人。这种爱，当然包括他身边的弟子，请你再读课文第10～19自然段，在这一部分还有两句关于孔子言行的充满爱意的句子，把它找出来，暖暖地读一读！

（生读课文）

师：找到了哪一句？请你读一读。

（生读句子）

（课件出示）

绿草如茵的河畔，弟子们围在老师身边，有的蹲着，有的坐着。老师拨动琴弦，弟子们跟着唱起歌来。歌声融进温暖的春天里。泗水河畔，洋溢着浓浓的师生情谊。

师："围""有的""有的"，可见弟子们在老师的身边多么轻松自在！

（课件出示）

第四章　有无相生——复调语文的课堂

孔子先是侧耳倾听，过了一会儿，竟情不自禁地手舞足蹈起来。

师：这是真情流露啊！因为高尚的志向，孔子师徒之间生死与共，早已超出一般的师生情谊。孔子去世的时候，三千弟子以对待父亲的礼仪披麻戴孝，为他跪了白漆漆的几里路。所有弟子为他守孝三年，子贡更是在墓的东侧筑草房一间，为他守孝六年。再读这两句话，你会发现越是轻描淡写的语言，蕴含的感情越是非同寻常。同学们，这样的句子在课文中那么少，少到只有两句，而给我们的爱意是那么浓，正是这浓浓的爱意使得——

生：泗水河畔的春意更浓了！

（师板书：更）

师：正是这浓浓的爱意，让我们触摸到了这位千古老人博大温暖的内心。

（师板书画心形）

3. 回顾前文水论，描摹君子形象

师：让我们再来回顾一下孔子关于水的宏论，你有什么感触？或者说，你认为孔子是一个怎样的人？

（课件出示）

"水奔流不息，是哺育一切生灵的乳汁，它好像有德行。水没有一定的形状，或方或长，流必向下，和顺温柔，它好像有情义。水穿山岩，凿石壁，从无惧色，它好像有志向。万物入水，必能荡涤污垢，它好像善施教化……由此看来，水是真君子啊！"

生：孔子是一个善施教化的人。

师：何以见得？

生：他把弟子们带到泗水河边，讲水的道理，而不是进行空洞的说教。

师：是的，这是他的善施教化。

生：子路、颜渊都是真君子，这是孔子善施教化的结果。

师：是的，不只是子路和颜渊。孔子有弟子三千，七十二贤徒。

生：孔子像水一样有德行。

师：从哪里知道？

生：从他的志向中可以看出来。

生：从他的遭遇中，我知道他像水一样有坚定的志向。

师：是的，你理解了孔子！

生：从孔子对学生的欣赏中，我看出了孔子有情义。

师：你看到了文字背后的孔子！他表面上是在赞水，实际上是在对弟子言传身教，是他心声的流露啊！来，我们合作读一段话，全体同学读黑色的句子，老师读红色的句子。

（课件出示）

水奔流不息，是哺育一切生灵的乳汁，它好像有德行。

孔夫子您奔波不止，胸怀天下苍生，您有德行。

水没有一定的形状，或方或长，流必向下，和顺温柔，它好像有情义。

孔夫子您能屈能伸，和顺温柔，您有情义。

水穿山岩，凿石壁，从无惧色，它好像有志向。

孔夫子您挨饿受冻，受尽嘲讽，从无惧色，您有志向。

万物入水，必能荡涤污垢，它好像善施教化……

孔夫子您弟子三千，贤者七十二人，您善施教化……

由此看来，水是真君子啊！

（师生合作读）

师：如果没有孔子，会有像颜回、子路这样堪称真君子的72贤徒吗？

生：不会。

师：所以，朱熹说："天不生仲尼，万古如长夜！"2500年前，孔子带来了真君子，带来了紧随其后的72贤徒，为万古长夜燃起了一盏明灯！所以，面对当今世界令人忧虑的生存现状，1988年75位诺贝尔奖获得者在巴黎发表共同声明："人类要想在21世纪生存下去，就要回首2500年前，向孔子寻求智慧！"

（播放音乐《幽兰操》）

师：今天，我们不仅感觉到来自大自然的浓浓春意，而且感觉到来自心中的春意。孔子和他的弟子们穿越了2500年的时空，来到了这个春天，来到了我们的课堂，和我们一起用生命演绎了水一样的君子志向。君子之志，幽兰操守，萦绕在耳际的正是电影《孔子》的主题曲《幽兰操》，让我们在这清澈的音韵里，在这气质如兰的君子风范中，结束这次精神之旅吧！

第四章 有无相生——复调语文的课堂

【赏析要点】一直认为，语文课堂上教师必须要充满激情，充满活力，而且必须要扯开大嗓门，以传达给学生无限的激情与活力。殊不知，孙云霄老师的执教课《孔子游春》却带给我一种别样的激情。她不着痕迹地为学生创造了一种境、一个场，没有昂扬的语调，只是娓娓道来，如同诉说一个身边的故事，她在不自觉中带着学生来到几千年前的孔子时代，又在不自觉中引导学生学习的主方向。我想这是一种境界，如同化妆一般，看得出来的妆不是好妆，化了妆却如此自然清丽应是更高一层，而能看得出雕琢痕迹的课堂也不是一堂高水平的课。语文本身就不是可以用量来衡量的，它是一种潜移默化，像春雨润物细无声。孙老师的课堂厚实而不花哨，我想这与她深厚的文学底蕴是分不开的，在短短的 40 分钟里，孙老师涉及了《道德经》、孔孟之道、春秋战国的大背景等，以自己的沉静化解学生们的躁动。以静制动，多熟悉的一种策略。在今天这样一个如此浮躁的社会，教师如何做到不浮躁，如何让我们的学生不浮躁，源头还在教师自身的修养。

（山东省潍坊市锦城小学　张宝英）

三、 从人本角度引燃传统经典

新课程标准指出，语文课程的核心目标是学习语言文字的运用。而文学经典从根本上说是语言文字的艺术，真正的经典文学的语言是有生命温度的，是会呼吸的，只有经过用心的吟读、体会、感悟和把玩，才会从中体会到语言的趣味和奥妙。而经典之所以成为经典，更在于它所展现的是一个广阔的精神世界，恰如意大利作家卡尔维诺所说："经典作品是这样一些书，我们越是道听途说，以为我们懂了，而当我们实际读它们，我们就越是觉得它们独特、意想不到和新颖。"经典作品内涵的丰富性使得我们能够在感受文学经典语言文字魅力的同时，跨越时空去触摸作者的思想，以精神营养陶冶我们的性情，去获得真正的精神自由。

经典作品的阅读，首先是引领学生与文本对话，以精神对话精神，以思想对话思想。按照接受美学的观点，读者的阅读过程实际上是读者的期待视域与文本本来面目的融合过程，是读者在原有阅读经验基础上，对自我精神的一种发现和开掘。正如钱理群所说："文学的核心，文学创作与文学阅读的出发点与归宿，都是人，是人的心灵，人的感情，人的精神，而不是其他。"

通过诵读、体悟、感受、揣摩，去发现文学经典的精神光芒，进而内化为自己的精神，去辉映经典带来的成长。这就是对经典的珍爱。

教学实录与赏析一

一根火柴，引燃世界的美
——评孙云霄老师的观摩课《卖火柴的小女孩》

一、检查预习，导入新课

师：同学们，你们知道今天是什么日子吗？

生：平安夜。

师：今天是 12 月 24 日，再过几个小时，就是西方最隆重的传统节日——平安夜。丹麦童话大师安徒生在一百多年以前，专门写了一个发生在今天的故事。此时此刻，学习这个故事，我想是一件非常有意义的事情。现在，就让我们心怀一份特殊的感情，走近这个传承了百年的经典故事，请齐读课文题目。

（生齐读课文题目）

【赏析要点】教师巧妙开发和利用课程资源，体现了强烈的课程意识。导入时，教师抓住恰好是 12 月 24 日的巧合，一开课就赋予了课堂一种特别的意义。

师：老师在课前认真批阅了同学们的预习单，发现大家的预习非常用心，字写得特别规范，但是有几个词的读音不知道你们读准了没有？咱们一起读一下。

（课件出示）

明晃晃　蜷着腿　薄纱　喷香　烤鹅

（师引读，生齐读）

师："薄纱"这个词比较容易读错，再读一遍。

（生齐读）

师：烤鹅是丹麦人在平安夜的一种传统食品，我们这里比较少见。再读一遍。

（生齐读）

师：非常好！我们在预习案上还练习了写字。现在，我们来听写两个生字。把你的预习案拿出来，在最下面的田字格内做听写。找到了没有？第一个字是"兜"，"她的旧围裙里兜着许多火柴"；第二个字是"橱"，橱窗的橱。别着急，想好了再写！

（生听写）

师：非常好。请你对照一下，写对了没有？老师在看的过程当中，发现同学们基本上写对了，但是有一个字写得不够规范。老师在课前专门查阅了这个字的演变历程，要不要一起看一下？看一下这是哪个字？

（课件出示：篆体字"兜"）

生：兜。

师：对了！兜的原意就是头盔。对着头盔的图片来看一下这个字的小篆写法。你看它的上半部像什么？

生：头。

师：对了！像人的头部。它的两边是两只大大的耳朵，中间的两只眼睛眯成了一条线。最可爱的是它头上有什么？钻天辫，是吧？这个钻天辫，变啊变啊变，变成了楷书上的一小撇。哪个小撇？白字上面的"丿"，对吧？所以，这"丿"在写的时候一定要写在整个"兜"字的头顶上，而不要把它缩到耳朵里面去。请同学们在田字格中工工整整地再写一遍。

（生写字）

师：我们中国的汉字真有意思，了解了它，就更容易写好它了。

【赏析要点】识字写字不仅是第一学段的教学重点，而且是贯穿整个义务教育阶段的重要教学内容，每个学段都要指导学生写好汉字。教师利用对预习案的反馈导入新课，根据学生在预习案中暴露出来的问题，巧妙利用字理知识，重点对"兜"字的写法进行指导，从小篆到楷书，结合图片进行解说，形象又生动，给人留下了深刻印象。同时，在认读词语环节中，对"烤鹅"一词的重复朗读和解释，也有效避免了学生常犯的将"烤鹅"读成"烤鸭"的口误。

二、整体感知，概括大意

师：我们在预习案上还试着概括了课文的大意。请你快速浏览一遍课文，看一看课文主要写了一件什么事？

（生浏览课文）

师：看完课文的同学请举手！

（生举手）

师：请你来回答！

生：本文讲述了在冰天雪地的大年夜里，卖火柴的小姑娘没有卖掉一根火柴。她又冷又饿，不敢回家。她曾经五次擦燃火柴，眼前产生了一次又一次美好的幻想，可是最后被冻死在街头。

师：你说得比较完整。那么，故事发生的时间是什么？

生：大年夜。

师：人物是谁？

生：卖火柴的小女孩。

师：这个故事发生在什么地方？

生：墙角。

师：墙角？她是在墙角卖火柴吗？她在哪里卖火柴？

生：大街上。

师：大街上，地点有了。谁能完整地把这个故事说一遍？

生：在大年夜的大街上，有一个小女孩，赤着脚走着，她又冷又饿，整整一天一根火柴也卖不出去，她不敢回家，因为怕父亲打她。小女孩冷了，她擦亮火柴，就出现了火炉；小女孩饿了，她擦亮火柴，又出现了烤鹅。最后，她的奶奶在火光下把小女孩带走了。

师：是在火光下吗？这个过程完整吗？谁再补充一下？小女孩擦燃了几次火柴？

生：5次。

师：5次。第一次，她看见了什么？

生：火炉。

师：第二次，她看见了什么？

生：烤鹅。

第
四
章

有
无
相
生
——
复
调
语
文
的
课
堂

189

师：第三次？

生：圣诞树。

师：最后两次？

生：奶奶。

师：非常好，这样就完整了。这样一来，我们就抓住了一件事情的时间、地点、人物，还有整个事情发生的原因、经过、结果，就能很好地概括文章大意了，这是一种很重要的读书方法。

【赏析要点】教学目标是一节课的灵魂，教学目标的准确定位与扎实落实是一堂课成败的关键。在这节课上，教师立足生本课堂理念，扎扎实实从学情出发，准确把握进而有效达成了教学目标。教师首先引导学生从"时间、地点、人物、故事的起因经过和结果"几方面概括课文大意，在引导过程中循序渐进：先让学生自主概括，再一一点拨其中缺少的因素，最后小结方法，让学生真正明白了怎样才能恰到好处地把一件事情概括出来，是"授之以鱼"，更是"授之以渔"。

三、勾画朗读，体会可怜

师：同学们刚才已经浏览了一遍课文，在课前也进行了精心的预习。那么，在你的印象里，小女孩是一个怎样的女孩？

生：小女孩是一个可怜的、身世悲惨的女孩。

师：可怜的，身世悲惨的。

生：小女孩是一个十分不幸的小女孩。

师：十分不幸的。总之，她是一个什么样的女孩？安徒生在课文中用了一个词来形容她。

生：可怜的。

师：可怜，对吧！那么，课文中哪些地方写出了小女孩的可怜？请你默读课文的第1～4自然段，画出课文中让你感到小女孩可怜的句子。

（生默读，画句子）

师：好的，老师发现你们的课本上已经画出了美丽的曲线。谁来说一下，哪个句子让你体会到小女孩的可怜？

生："小女孩只好赤着脚走，一双小脚冻得红一块青一块的。"

师：你是抓住了对小女孩的外貌描写。

生："在这又冷又黑的晚上，一个乖巧的小女孩，赤着脚在街上走着。"

师：你非常了不起，注意到了天气描写。在一篇文章中，环境描写是非常重要的。

生："可怜的小女孩！她又冷又饿，哆哆嗦嗦地向前走。"

师：哪个动词让你感觉到她是可怜的？

生："哆哆嗦嗦"。

师：你抓住了小女孩的动作描写。

生："她不敢回家，因为她没卖掉一根火柴，没挣到一个钱，爸爸一定会打她的。"

师：亲情的冷漠，多么可怜！好，同学们，从这些句子中，我已经知道你们体会到了小女孩的可怜。现在请你选择体会最深的一句用心地读，读出你的感受，小声地读。

（生自由读）

师：好，谁来示读？

生："在这又冷又黑的晚上，一个乖巧的小女孩，赤着脚在街上走着。"

师：强调了"又冷又黑"。还有谁想来读一下？

生："可怜的小女孩！她又冷又饿，哆哆嗦嗦地向前走。"

师：你的声音充满了同情。还有想要读的同学吗？

生："她不敢回家，因为她没卖掉一根火柴，没挣到一个钱，爸爸一定会打她的。"

师：强调了三个"一"，非常会抓关键词。同学们，在应该无比温暖、无比快乐的大年夜，小女孩却——

（课件出示）

只好赤着脚走，一双小脚冻得红一块青一块的。

（生齐读）

师：本来，她应该得到人们的同情和帮助，但是——

（课件出示）

这一整天，谁也没买过她一根火柴，谁也没给过她一个硬币。

（生齐读）

师：本来，家是最温暖的港湾，可是——

（课件出示）

她不敢回家，因为她没卖掉一根火柴，没挣到一个钱，爸爸一定会打她的。

（生齐读）

师：从同学们动情的声音当中，我感觉到同学们是在用心体会人物的命运。刚刚我们对课文的第1～4自然段进行了体会，我们知道了小女孩的可怜，可怜得让人心疼。

【赏析要点】如何引导学生"体会作品中人物的思想感情，关注人物的命运"？本堂课上，教师以"你读到了一个怎样的小女孩"这一问题贯穿始终，在整体感知环节试探性地提问"在你的印象里，这是一个怎样的女孩？"，进而让学生"画出课文中打动你的句子"，并进行交流、有感情地朗读自己体会最深的句子，从而使学生体会到小女孩命运的可怜。

四、虚实对比，体会合理想象

师：那么，随着故事的发展，你又会读出怎样的一个小女孩呢？下面请你自读课文的第5～10自然段，对照大屏幕，考虑一下，从小女孩前四次擦燃火柴看到的景象中，你读懂了什么？

（课件出示）

第一次擦燃火柴，看到了（　　　　），是因为她（　　　　）；

第二次擦燃火柴，看到了（　　　　），是因为她（　　　　）；

第三次擦燃火柴，看到了（　　　　），是因为她（　　　　）；

第四次擦燃火柴，看到了（　　　　），是因为她（　　　　）。

师：好，请你来说一说。

生：她第一次擦燃火柴，看到了一个温暖的大火炉，因为她很冷；她第二次擦燃火柴，看到了喷香的烤鹅，因为她很饥饿；她第三次擦燃火柴，看到了美丽的圣诞树，因为她想得到一些快乐；她第四次擦燃火柴，看到了奶奶，因为奶奶是她的全部，她想和奶奶生活在一起。

师：非常好，请坐。可见，小女孩每次看到的幻象都是她非常渴望的东西，是吧？下面，我们就一起走进小女孩第一次擦燃火柴时看到的情景。来，请你来读一下这段课文。

（生读课文）

师：你读出了一幅神奇的画面。同学们，看一下，老师把中间的这几行字变成了红色。

（大屏幕上"多么温暖多么明亮的火焰啊，简直像一支小小的蜡烛。这是一道奇异的火光！小女孩觉得自己好像坐在一个大火炉前面，火炉装着闪亮的铜脚和铜把手，烧得旺旺的，暖烘烘的，多么舒服啊！"变成红色）

师：这一部分内容是关于什么的呢？你能看出来吗？

生：是关于小女孩的想象的。

师：小女孩的想象。好，请坐。这样，我把这部分想象的内容删去，然后稍微变动一下，改成这样一段话。好不好？

（课件出示）

她终于抽出了一根。哧！火柴燃起来了，冒出火焰来了！她把小手拢在火焰上，火柴灭了，她坐在那儿，手里只有一根烧过了的火柴梗。

生：不好。

师：为什么不好？

生：因为这样不能让人体会小女孩那种十分冷的感觉。

师：把温暖这部分内容删去，就不能感觉到她冷了，你很有见地。还有人要发表自己的看法吗？为什么这样删掉不行？

（生安静）

师：那我们来设想一下，在又冷又黑的夜，小女孩衣衫单薄，赤裸着双脚，瑟瑟发抖地蜷缩在冰冷的角落里。这时候，她的小手拢在火焰上，会有什么感觉？

生：温暖的。

师：温暖的。还有吗？

生：暖和的。

师：暖和的。还有——舒服的。你们看，我们这么多设身处地的、美妙的感受，其实都在安徒生的这几句话里了，对吧？如果把它删去，这么多美妙的感受就都没有了，也表达不出来了。那为什么安徒生的这几句话表达得这么好呢？把我们这么多的感觉都表达出来了呢？因为，最具体的、最真实的东西才最能打动人，如冒着火焰的蜡烛、烧得旺旺的火炉。这些具体而真实的东西在哪里存在呢？

生：想象。

师：它们是被捏造出来的吗？

生：不是。

师：它们是存在于现实生活中的，是吧？可见现实生活才是合理想象的源泉。带着你的新感受把这段话读一下。谁来读？

生："多么温暖多么明亮的火焰啊，简直像一支小小的蜡烛！这是一道奇异的火光！小女孩觉得自己好像坐在一个大火炉前面，火炉装着闪亮的铜脚和铜把手，烧得旺旺的，暖烘烘的，多么舒服啊！"

师：读出了一份温暖，读出一份惊喜。其实安徒生的语言就像一首诗，让咱们一起走进这首诗。

（课件出示竖排的文字，而后音乐起）

师：谁来读一读？

生："多么温暖多么明亮的火焰啊，简直像一支小小的蜡烛！这是一道奇异的火光！小女孩觉得自己好像坐在一个大火炉前面，火炉装着闪亮的铜脚和铜把手，烧得旺旺的，暖烘烘的，多么舒服啊！"

师：感谢你将小女孩的幸福时刻与我们分享。大家一起把这首温暖的小诗读一读，怎么样？

（师引读，生齐读）

师：小女孩此时该有多么幸福啊！但是——

（课件出示，音乐停止）

火柴灭了，火炉不见了。她坐在那儿，手里只有一根烧过了的火柴梗。

（生齐读）

师：小女孩此时的心情是怎样的？

生：十分失落。

师：这是一个怎样的女孩？

生：这是一个可怜的女孩。

师：更加可怜的女孩。

【赏析要点】体会童话中想象的合理性和人物的思想感情，既是本课的教学重点又是难点。教师在教学中巧妙创设情境，激发学生的表达欲望，擦燃思维的火花，实现了教师、学生、文本、教材编者之间的有效对话。

在引导学生体会合理想象的重要性时，教师先让学生读一读小女孩第一次擦燃火柴时的描写，然后将小女孩看到的幻象部分删去，让学生体会原有想象的美妙之处。当学生欲言又止时，教师说："我们来设想一下：又冷又黑的雪天里，小女孩衣衫单薄，赤着小脚，蜷缩在冰冷的墙角里，当她把小手拢在火柴的火焰上时，她会有什么感受？"从而将学生带到那个冰冷的大年夜，带到那个冰冷的墙角，深刻地体会到一根细细的火柴对小女孩来说是多么光明、多么美丽、多么温暖！而唯有合理的想象描写才能将这种感觉恰到好处地呈现出来。

五、创设情境，体会人物情感高潮

师：第一次擦燃火柴，小女孩看到了温暖的火炉；第二次擦燃火柴，她看到了什么？

生：喷香的烤鹅。

师：因为饥饿，所以看到了喷香的烤鹅，但是——

（课件出示）

火柴灭了，她面前只有一堵又厚又冷的墙。

（生齐读）

师：第三次，她渴望快乐，所以她看到了——

生：圣诞树。

师：但是——

（课件出示）

火柴又灭了。只见圣诞树上的烛光越升越高，最后成了在天空中闪烁的星星。有一颗星星落下来了，在天空中划出了一道细长的红光。

（生齐读）

师：每一次幻想都那么美妙，但是每一次幻想过后都在小女孩面前呈现出一堵又厚又冷的墙。

（课件出示，配乐配图）

师：天，越来越黑，越来越冷。那些窗子后面的灯光也一点一点地熄灭，小女孩的头上、肩上、胳膊上的积雪越来越厚，她颤抖的手划燃了第四根火柴，奶奶出现了，那么温和，那么慈爱。如果你就是小女孩，你想对奶奶说什么？

生：奶奶，在这个世界里，我并不快乐，我饿极了，我冷极了，您能带我走吗？

生：奶奶，请带我离开这个只有寒冷、冷酷无情的世界吧！我想到一个温暖的、没有烦恼的世界里去。

生：奶奶，求您带我走吧！我再也不想留在这个世界上了，这个世界上只有烦恼，只有冷酷。

师：我的鞋子，我的鞋子怎么样了？

生：我的鞋子被小男孩抢走了。

师：女孩想对奶奶说什么？

生：奶奶，带我走吧！爸爸每天打我，我好想到一个温暖的世界去啊！

生：奶奶，我好想你！奶奶，我好想你啊！我真的想与你一起到那个快乐美丽的天堂去。

……

师：可是，火柴又一次熄灭了，奶奶马上就要消失了，小女孩应该怎样把奶奶留住？如果你就是小女孩，请你把这段话读一读。

（课件出示，播放音乐）

奶奶！啊！请把我带走吧！我知道，火柴一灭，您就会不见的，像那暖和的火炉，喷香的烤鹅，美丽的圣诞树一个样，就会不见的！

（生读）

师：还有其他同学想来读一下吗？

（生读）

师：我们一起帮小女孩向奶奶请求，好吗？

（生齐读）

师："第二天清晨，这个小女孩坐在墙角里，两腮通红，嘴上带着微笑。她死了，在旧年的大年夜冻死了。"

（音乐停）

师：现在，你的心情如何？你觉得小女孩是一个怎样的女孩？

生：我感觉小女孩非常可怜。

师：非常可怜。

【赏析要点】《卖火柴的小女孩》一文共12个自然段，接近1600字。教师在吃透教材的基础上，大胆取舍，删繁就简，实现了长文短教，凸显了教学重点。五次幻象，只抓了两次，而且教学的重点各有侧重，避免了平面推进式教学，给人以简洁明快之感。在体会小女孩第四次擦燃火柴看到奶奶的内容时，凄婉的音乐配上凄美的画面，再加上老师的动情描述，猛烈地激荡着学生的心扉，打开了学生的思路。学生们动情地对"奶奶"倾诉着，以各种理由恳求"奶奶"带自己走，声音充满了忧伤和同情。在有感情地朗读这部分内容时，教师在之前情感宣泄的基础上又一次创设情境，将学生的情感推向了高潮。"火柴又一次熄灭了，奶奶马上就要消失了，小女孩应该怎么样把奶奶留住？"教师这一引导语配合伤感的音乐，无疑引发了学生的情感高潮，有的学生甚至哽咽起来，听课的老师们也为之动容。

六、宕开一点，体会作者的人本情怀

师：可是，文章的最后一句是这样说的，请齐读。

生（齐读）："谁也不知道她曾经看到过多么美丽的东西，她曾经多么幸福，跟着她奶奶一起走向新年的幸福中去。"

师：读了这句话之后，你的心情有什么变化？

生：之前我的心情非常沉重，看到这句话后，我感到非常欣慰。

师：所以有人说，这明明是一个忧伤的故事，我们读起来却并不感到沮丧；明明是一个凄美的故事，我们读起来却并不感到绝望。有一位研究安徒生童话的专家叫孙建江，他这样说道——

（课件出示）

安徒生杰出的地方在于：他不能改变现实，却可以创造一个世界，一个人渴望得到的美好世界。

师：下面，我们来看一组安徒生童话的结尾。

（课件出示）

《海的女儿》结尾：（为了王子的幸福，美人鱼化作泡沫以后）现在太阳从海里升起来了。阳光柔和地、温暖地照在冰冷的泡沫上。因为小人鱼并没有感到灭亡。她看到光明的太阳……

《丑小鸭》结尾：（丑小鸭经历了重重磨难成为天鹅之后）他感到非常难为情。他把头藏到翅膀里面去，不知道怎么办才好。他感到太幸福了，但他一点也不骄傲，因为一颗好的心是永远不会骄傲的。

《拇指姑娘》结尾：燕子背着拇指姑娘飞呀飞呀，飞到了那个国度，把拇指姑娘放到了一朵最鲜艳的花上，上面有一个和自己一样大的美男子，他就是所有花朵的王子。他们俩结婚了，拇指姑娘便成了这儿的皇后。

师：对比一下，你能够得出什么结论？

生：安徒生童话的结尾都是非常美好的。

师：是非常美好的。

生：安徒生童话的结尾让人看到希望。

师：同学们很会发现。

生：安徒生童话的结尾不会让人悲伤，不会让人流泪。

师：是的，安徒生童话的每一个结尾都是让人感到安慰的，或者给人希望，或者给人温暖。每一个主人公都像卖火柴的小女孩一样，身上闪耀着纯真的光芒，他们往往饱尝生命的苦难，却始终怀揣美好的理想。有一位叫张晓风的作家，他满怀深情地写过这样一这段话。请女同学读红色的句子，男同学读黑色的句子。

（课件出示）

如果有人5岁了，还没有倾听过安徒生，那么他的童年少了一段温馨。

如果有人15岁了，还没有阅读过安徒生，那么他的少年少了一道银灿。

如果有人25岁了，还没有细味过安徒生，那么他的青年少了一片辉碧。

如果有人35岁了，还没有了解过安徒生，那么他的壮年少了一种丰饶。

如果有人45岁了，还没有思索过安徒生，那么他的中年少了一点沉郁。

如果有人55岁了，还没有复习过安徒生，那么他的晚年少了一份悠远。

（男女生合作读）

师：由此看来，安徒生应该是我们一生的亲密朋友。同学们，这节课就要结束了，但是这节课也是我们了解安徒生童话的一个起点。此刻，在这个平安夜即将到来的时刻，老师送给大家一本《安徒生童话集》，希望它能够像小女孩手里的火柴那样，尽管光亮微弱，却能够点燃希望，照亮你我，好吗？

【赏析要点】一千个读者，就有一千种接受安徒生童话的方式。怎样才是更贴近文本的解读，怎样才是更接近作者本意的解读呢？一个必要的前提应该是先融入作者。教师基于自己对安徒生及其作品的理解，在解读时另换一个角度，在学生体会到小女孩的命运悲惨之后，课件出示课文的最后一句话，从读者的阅读感受进行切入，问学生："读了这句话，你的心情是怎样的？"学生回答："心里感到欣慰。"之后引入专家观点呼应学生的感受。尤其值得注意的是，教师紧接着不失时机地列举了安徒生其他三个童话的结尾，让学生进一步体会到：安徒生童话的每一个结局都是让人感到安慰的，或者给人希望，或者给人温暖。

正如山东省教研专家李家栋老师点评时所说："这节课正如这篇经久不衰的童话一样，是'常态课中的经典课'。"教学中，教师吃透文本而又超越文本，实实在在地做到了把教材当例子去"教语文"。

（山东省潍坊市教育科学研究院　薛炳群）

 教学实录与赏析二

一唱四叹，碧海青天夜夜心
——评孙云霄老师的执教课《嫦娥奔月》

一、导入

师："嫦娥奔月"的故事从远古时代一路走来，这一走就是四千多年，可人们还是由衷地喜欢它，一辈辈地传诵它。今天，我们一起走进这个千古神话，领略它那亘古不衰的魅力。

【赏析要点】在齐读课题中导入新课，简洁明了，学生从老师的导入语中初步领会这个故事的历久弥新。

二、一唱

师：请看大屏幕，这是我们课文中的插图。课文中有一段文字，正是对这幅图的描述，你能找出来读一读吗？

生："嫦娥吃了仙药，突然飘飘悠悠地飞了起来。她飞出了窗子，飞过了洒满银辉的郊野，越飞越高。碧蓝碧蓝的夜空挂着一轮明月，嫦娥一直朝着月亮飞去。"

师：读得声音洪亮，自然流畅。你们喜欢这段文字吗？

生：喜欢。

师：美好的东西大家都喜欢，当然也包括语言。让我们一起把这段话美美地读出来！

（生齐读）

【赏析要点】结合插图，朗读课文，能够给学生直观的印象，更容易引导学生入情入境地朗读。

三、一叹

师：嫦娥为什么要吃仙药？这其中涉及几个主要的人物？请同学们自由读课文，想一想，你读到了一个（　　）的后羿、一个（　　）的嫦娥、一个（　　）的逢蒙？画下相关的语句，并用一个词来形容。

（生读课文）

师：后羿是怎样的一个人？用一个词来形容他。

生：力大无比。

生：神勇。

师：从第几自然段可以看出来呢？

生：第2自然段。

师：后羿为老百姓解除的是什么样的苦难？

生：大地被10个太阳晒得直冒烟，要不是后羿射下了9个太阳，老百姓就活不下去了。所以说，后羿是一个了不起的大英雄。

师：你觉得读好哪些关键词就能读出后羿的"力大无比"呢？

生："运足气力""拉满神弓""射下""一口气"。

（师指生读）

师：课文的其他段落也写到了后羿。从其他的段落中，你还能读出一个怎样的后羿？

生：情深义重。

师：你是从哪些句子读出来的？

生："一天，昆仑山上的西王母送给后羿一丸仙药。据说，人吃了这种药，不但能长生不老，还可以升天成仙哩。可是，后羿不愿意离开嫦娥，就让她将仙药藏在百宝匣里。"

师：长生不老，升天成仙，是多少人梦寐以求的事情，而后羿却把仙药交给了嫦娥。这说明在后羿的心里，他最在乎的是什么？

生：他并不在乎生死，他只在乎嫦娥！

师：后羿真是一位情深义重的大英雄啊！他的情深义重还能从哪里看

出来？

生："后羿外出回来，不见了妻子嫦娥。他焦急地冲出门外，只见皓月当空，圆圆的月亮上树影婆娑，一只玉兔在树下跳来跳去。啊！妻子正站在一棵桂树旁深情地凝望着自己呢。'嫦娥！嫦娥！'后羿连声呼唤，不顾一切地朝着月亮追去。可是他向前追三步，月亮就向后退三步，怎么也追不上。"

师：生命里最在乎的人离他远去了，后羿能不焦急吗？后羿焦急地连声呼唤——

生：嫦娥！嫦娥！

师：曾经相亲相爱、朝夕相守的嫦娥，倏忽间，可望而不可及了，他能不心碎吗？后羿心碎地连声呼唤——

生：嫦娥！嫦娥！

师：这是一种永别，四目相视，却无缘再聚，有情人从此天上人间永别离。他能不失魂落魄吗？后羿失魂落魄地连声呼唤——

生：嫦娥！嫦娥！

【赏析要点】在多元分析后羿形象的基础上，教师引读，将学生的情绪逐渐引向高潮，人物形象也在朗读中更加明朗。

师：让神勇无比的大英雄后羿如此挚爱的嫦娥该是一个怎样的女子呢？请读课文的第4自然段。

生：嫦娥是一个美丽善良的女子。

师：从哪些句子可以感受到？

生："后羿的妻子嫦娥，是个美丽善良的女子。她经常接济生活贫苦的乡亲，乡亲们都非常喜欢她。"

师：什么叫作"接济"？

（课件出示）

村西的张奶奶生病了，可是她没有钱请医生，嫦娥知道了，就
_____；冬天来了，村东的李四没有棉衣，冻得直打哆嗦，嫦娥知道了，就_____。

（生练习说话）

师：像这种物质上的帮助，就叫作——

生：接济。

【赏析要点】对于"接济"一词的讲解不是直接讲述，而是采用举例分析的方式，学生更容易接受，且能够牢固掌握。

师：除了善良，嫦娥还是一个怎样的人？

生：机智勇敢。

师：文中还有一个大坏蛋，他叫什么名字？

生：逄蒙。

师：用什么词可以形容他？

生：奸诈贪婪。

师：从哪里能够看出他的奸诈贪婪呢？请大家齐读第5自然段。

（生齐读）

师：怎么叫作"威逼"？怎么叫作"周旋"？再读这一段，男同学想一想逄蒙会怎样威逼嫦娥？女同学想一想嫦娥会怎样与逄蒙周旋？然后在小组里互相说一说。

（生读课文，小组交流）

师：请一位男同学和一位女同学来分别扮演逄蒙和嫦娥，做一个即兴表演。

（生角色扮演）

师：好奸诈的逄蒙，好机智勇敢的嫦娥！面对逄蒙的威逼，嫦娥为什么不把仙药交出来呢？

生："嫦娥心里想，让这样的人吃了长生不老药，不是要害更多的人吗？"

【赏析要点】角色扮演代替单纯的讲答，是教师在充分尊重学生认知规律基础上智慧的体现。

师：为了不让坏人的阴谋得逞，为了不让老百姓受到坏人的伤害，嫦娥吞了仙药，飘飘悠悠地飞了起来，她飞出了自己精心收拾的屋子，飞离了和后羿一起欢声笑语、把酒赏月的庭院。同学们，此时，嫦娥的心情是怎样的？

生：不舍，伤心。

师：是的，要离开深爱自己的后羿，要离开自己温馨的家园，嫦娥现在真是万千的留恋、万千的不舍。请你带着自己的理解把这万千的不舍、万千的留恋读出来。

生："嫦娥吃了仙药，突然飘飘悠悠地飞了起来。她飞出了窗子，飞过了洒满银辉的郊野，越飞越高。碧蓝碧蓝的夜空挂着一轮明月，嫦娥一直朝着月亮飞去。"

师：齐读，我们一起把这种身不由己的痛苦读出来。

（生齐读）

【赏析要点】通观本堂课的教学，教师对于教材的运用如此灵活自如，这势必建立在吃透文本的基础上。教师从导读的角度对课文进行了教学的再加工，即把自己的阅读思路转化为指导学生阅读的思路，把自己的阅读行为转化为课堂上的导读行为，真正做到了心悟其意、心融其境。教学中，教师打破文章的自然顺序，先从课文末尾嫦娥飞天一段讲起，引导学生有感情地朗读，进而引出"嫦娥为什么要吃仙药"这一问题，由此引爆对话的语感点，找准了对话切入点，接下来自然而然地导出文中的其他两个关键人物——后羿和逢蒙，由此层层递进，使学生在故事中品悟人物。

四、二叹

师：咱们再来审视一下这段话。这段话中，用得最多的字是哪一个？

（师板书：飞了　飞出　飞过　越飞越　飞去）

生："飞"。

师：怎么叫作飞呢？

生：鸟儿鼓动翅膀，向前运动，叫作飞。

师：目的性极为明确。不仅如此，这段话中还有一处地方表明嫦娥没有回头，没有犹豫，决心极为坚定。你能读出来是哪一处吗？

生："一直朝着月亮飞去"。

师：请看课文中的插图，真的是头也不回，对人间没有丝毫的留恋。所以，课文中的这段话并不符合当时嫦娥身不由己的痛苦心情，课文的作者真是太粗心了，我们帮他改一改好吗？需要怎么改一改，才更合情合理呢？

【赏析要点】笔锋一转，设下障碍，开出新意。

生：嫦娥吃了仙药，突然飘飘悠悠地升了起来。她飘出了窗子，飘过了洒满银辉的郊野，越飘越高。碧蓝碧蓝的夜空挂着一轮明月，嫦娥满眼泪水，一直凝望着自己的家乡，越飘越高，朝着月亮飘去。

师：尽管万分痛苦，尽管百般留恋，嫦娥还是身不由己地像一片羽毛一样飘走了。这段文字改好了，但是老师又发现一个更大的问题——题目也不合适！读一读题目，看哪个字用的不合适？

【赏析要点】话题再转，再次质疑，引发学生思考。

生："奔"字。

师："奔"是急走、快跑的意思。从"奔"字的金文来看，一个人挥舞着双手，用三只脚在跑，表示快跑。"嫦娥奔月"的意思就是嫦娥着急地要到月亮上去。这是为什么呢？难道连题目也错了吗？真相是什么呢？我们来看一段资料。

（课件出示）

"昔常娥窃不死之药奔月。"（距今约4000年前的殷商时期，《归藏》）

"羿请不死之药于西王母，常娥窃而奔月。"（距今2200年前的西汉时期，《淮南子》）

"羿请无死之药于西王母，嫦娥窃之以奔月，是为'蟾蜍'。"（距今2000年前的后汉时期，《灵宪》）

"嫦娥应悔偷灵药，碧海青天夜夜心。"（唐代，李商隐《嫦娥》）

师：真相是什么？真相就是，仙药是嫦娥偷来的！所以只有用"奔"这个字，方能显出嫦娥的向往、嫦娥的义无反顾。所以，题目是《嫦娥奔月》，而不是《嫦娥升月》《嫦娥登月》。

【赏析要点】细致分析"飞""奔"的含义，引领学生打破常规思维，设置思维障碍，再启发学生打破障碍，从而进入柳暗花明的新境界。

师：明白了嫦娥偷吃仙药的真相，再来默默地读这段话，细细地想一想，你觉得嫦娥的心情会是怎样的？

生：愉悦，景美，向往。

师：又是另一种思绪万千，又是另一种万千思绪。现在，请你带着自己的理解再来读这段话。

生："嫦娥吃了仙药，突然飘飘悠悠地飞了起来。她飞出了窗子，飞过了洒满银辉的郊野，越飞越高。碧蓝碧蓝的夜空挂着一轮明月，嫦娥一直朝着月亮飞去。"

【赏析要点】打破常规思维，教出新意，不仅丰富了学生的知识，而且开拓了学生的视野，避免思维固化。

五、三叹

师：同学们，你喜欢偷药的嫦娥呢，还是喜欢和大坏蛋逢蒙作斗争的嫦娥？

（生各抒己见）

师：其实，偷药表面上看是一件理应受到道德谴责的事情，但是有一位人类学家说过的："神话是整个民族的集体记忆，它反映的是这个民族的心理发展过程。"以下有几种观点，读一读，想一想，你赞同哪一种观点？

（课件出示）

（1）嫦娥偷吃仙药，撇下丈夫后羿，独求长生不死，是自私的人，理应受到道德谴责。

（2）嫦娥偷吃仙药，但是她孤身奔月，承受孤独、凄凉与世人的谴责，值得同情。

（3）嫦娥投身的是一次没有回头路的远行，是与整个人类的诀别，嫦娥在追求理想方面是勇敢的、自信的，她的身上有一种悲壮的美。

（生讨论）

师：无论哪一种观点都是有一定道理的。即便是嫦娥偷药，人们也愿意原谅她。由谴责到同情，再到今天对她的美化和赞美，这说明人们的审美追求由对长生不老的向往，变成了对品格完美的向往。

【赏析要点】尊重思想的多元碰撞，引经据典探求真相，开拓了学生视野，也实践了"复调语文教的是课程，不是课文"这一理念。在教学中，教师大胆引进"关于对嫦娥偷吃仙药的不同观点"，在此基础上引导学生思考和评判，注重了学生的思维激活和精神提升，在多维互动中真正关注了学生内在精神的成长和语言个性的发展。

师：在今天的故事中，嫦娥越来越美，正如教材上所写的，她的容貌美，她的心灵更美。美丽非凡的嫦娥，在一个美丽的仲秋月圆之夜，带着人们对她的思念和祝福飞上了月亮。万古前的那缕月光，因为嫦娥这个名字，格外多了一分晶莹！再来好好地读这段话。

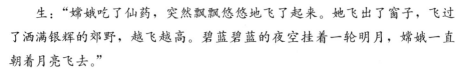

生："嫦娥吃了仙药，突然飘飘悠悠地飞了起来。她飞出了窗子，飞过了洒满银辉的郊野，越飞越高。碧蓝碧蓝的夜空挂着一轮明月，嫦娥一直朝着月亮飞去。"

【赏析要点】众所周知，一节语文课堂仅仅只有 40 分钟，而一篇课文却有众多信息点。如何让学生在有限的时间内更快、更高效地获取信息呢？这就需要教师有高屋建瓴的把握能力。不同的文本有不同的特点，不同的文本有不同的重点。教师与文本对话时，应该积极思考：如何才能组织对话，引导学生突破重难点。在本节课中，教师在吃透教材的基础上，找准对话的切入点，突破对话的重难点，将重心放在人本角度，分析逢蒙、后羿和嫦娥，尤其是对嫦娥的人物分析，很好地凸显了本课的教学重难点。

六、四叹

师：嫦娥奔月，让明月从此有了柔情，有了思念，有了意境。当我们再抬头仰望月亮时，它已然浓缩了意味无限的美。这种美有着无穷的魅力，穿越时空，历久弥浓。让我们把这种意味无穷的美读出来！

（生齐读）

【赏析要点】在唯美的诵读中结束课堂，留在学生心底的不仅仅是这篇课文，而且是那收放自如的多元思维。

（山东省潍坊市奎文区实验小学　孙　飞）

教学实录与赏析三

君本将心向明月
——评孙云霄老师的执教课《林冲棒打洪教头》片段

一、在导入中对话

师：电视剧《水浒》中的《好汉歌》，大家喜欢听吗？

生：喜欢。

师：是否《水浒传》中所有的好汉都像这首歌中所唱的具有那种大碗喝酒、大块吃肉的豪迈呢？今天，我们来认识其中的一位好汉——林冲。

【赏析要点】导入，是有效对话的开始，是整堂课的起点。导入的要求除了简洁有效之外，最主要的是激发学生与文本对话的兴趣，找到如何与文本对话的门径。在导入环节，教师就电视剧《水浒》中的《好汉歌》展开交流，自然而又切中学生的兴奋点，让雄壮、豪迈的歌声唤起学生的英雄情怀，激发学生探究好汉的欲望。

二、在理解中对话

师：今天，我们一起走近被誉为《水浒传》中上上人物的好汉——林冲。请同学们读课文，找一找林冲一共说了几句话？画下来。联系上下文，说一说你从中能读出一个怎样的林冲？

（生读课文）

师：林冲说的第一句话是什么？

生："不敢，不敢"。

师：林冲在什么情况下说的这句话，而且一个"不敢"不够，还连说了两遍？

（生读课文）

师：原来，这句话是因为洪教头而起的。从这段话中，你觉得洪教头是一个怎样的人呢？

生："林冲转身一看，只见来人挺着胸脯，歪戴着头巾。"

师：挺着胸脯，歪戴着头巾，来者不善哪！从这一形象中，你感觉这是一个什么样的人？

生：狂妄。

师：你能读出此人的狂妄吗？

（生读）

师：谁还能读得再狂妄些呢？

（生读）

师：还能从哪些句子中看出洪教头的狂妄无礼呢？

生："林冲寻思，庄客称他教头，想必是柴大官人的师父了，连忙站起来躬身施礼。洪教头全不理睬。柴进指着林冲对洪教头说：'这位是林教头。'林冲起身让座，洪教头也不相让，便去上首坐了。"

师：的确是个狂人哪！

生：洪教头的语言更加狂妄无礼。请看这一句："洪教头向柴进问道：'大官人今天何故厚待一个犯人？'"

师：你说得好！"何故"是什么意思？

207

生：为什么。

生：什么缘故。

师：是的，大官人何故去厚待一个犯人呢？如果你是洪教头，把你的大大的疑问问出来。

生："大官人今天何故厚待一个犯人？"

师：这句话表面上是问柴进，实际上是说给林冲听的，是在讽刺林冲是一个——

生：犯人。

师：谁能一字一顿地、清清楚楚地把这种傲慢和讽刺送进林冲的耳朵里？

（生读）

师：不止如此，接下来他又是怎么挖苦林冲的？

生："洪教头冷笑了两声：'只因大官人好习枪棒，往往流配的犯人都来依草附木，冒称武师，找你骗吃骗喝，你怎么能如此轻信呢？'"

师："你怎么能如此轻信呢？"反问句，言外之意是能不能相信？

生：不能相信。

生：而且，上一句话还是疑问句，这一句就是反问了，火药味儿越来越浓了！

师：大家的理解是对的。你看他给林冲安了几大罪名？

生：流配的犯人、依草附木、冒称武师、骗吃骗喝！

师：简直是十足的骗子。想一想，洪教头会怎样恶狠狠地把这些罪名送到林冲的耳朵里呢？

（生读）

师：每句话都像一把刀子扎向林冲的内心。我们一起反问一下柴进！

（生齐读）

师：面对反问，柴进怎么解释呢？

生："哦，你可别小瞧了他。"

师：柴进的这句话犹如火上浇油。对洪教头来说，语气的变化已不足以表达他的怒火了，这里有一个动作，洪教头怎么说？

生："跳起来说"。

师：怎样是"跳起来说"？你跳起来读一下。

（生读）

师：我们一起暴跳如雷地读这段话。

（生齐读）

师：面对洪教头的步步紧逼和咄咄逼人，林冲此时终于开口了，却连说了两个"不敢"。如果你是林冲，你来说一下。

（生读）

【赏析要点】阅读是学生的个性化行为，不应以教师的分析来代替学生的阅读实践。因此，阅读过程中，最首要的是让学生独立、充分、深入地与文本对话。而在阅读教学中，教师应让学生通过读课文，通过对话，领会课文内涵。在此环节，教师引导学生抓住林冲所说的"不敢，不敢"，层层推进，步步深入，在读中体悟，在读中发现，在读中理解。

三、在矛盾中对话

师：面对洪教头的从故意冷落到出口伤人，再到咄咄逼人的挑衅，林冲却只谦逊有礼地说了一句"不敢，不敢"，被逼无奈地说了一句"请教了"。林冲为什么一再地退让呢？

（生暂时沉默）

师：这里有几种观点，想一想，你同意哪一种？当然，你也可以说一说自己的观点。

（课件出示）

（1）林冲空有一身好武艺，却一再地忍气吞声，这说明林冲的性格里有一种很重要的东西，就是"窝囊"。

（2）林冲忍辱负重、委曲求全是为了照顾柴进的面子，他是一位重情重义的好汉。

（3）林冲不想以戴罪之身惹是生非，所以忍辱负重，希望快一点儿回到以前的幸福生活。

（4）以洪教头无名小卒的身份，林冲懒得和他计较。

生：我同意第一种观点。林冲武艺高强，但是上不能为国家出力，下不能保护妻子，连一个小小的洪教头都可以随便欺负他。这如果不是窝囊，那么是什么呢？

第四章　有无相生——复调语文的课堂

生：我觉得这样理解不正确。我同意第三种观点，林冲之所以这样一忍再忍，是因为他不想再惹是生非，想快一点儿回到以前的幸福生活。他这是忍辱负重，是很了不起的。

生：我也同意第三种观点，同时我觉得第二种观点也很有道理。课文中，林冲自始至终表现得很内敛，因为他知道洪教头是柴进的师父。

生：林冲的忍是看在柴进的面子上。

生：我认为第四种观点也有道理。林冲对洪教头的忍让，实际上就是不和他计较，也不值得和他计较。林冲连高太尉都忍得了，何况一个小小的洪教头呢？

生：是的，无论是哪一种观点，我们都承认林冲是一个能忍的人。

【赏析要点】学生学习的过程是主动建构知识的过程，每个人都以自己不同的方式去建构对新事物的理解。因此，学生对文本理解的多元性，必然会引起学生之间认知经验、情感、智慧和灵性的碰撞，形成"矛盾"。因此，教师要善于引导学生展开确实有效的讨论、探究、实践，或组织正反双方进行辩论，让学生懂得合作学习，吸收他人的见解，在成果共享的基础上使自己的阅读理解更加全面和深入。

但是，一个"忍"字就能概括林冲这个人物吗？他是《水浒传》中武艺高强、惯使丈八蛇矛的八十万禁军教头。接下来，教师引导学生解读林冲的第三和第四句话，通过补充材料，拓宽学生视野，让学生在矛盾冲突中深入剖析林冲。

师：林冲开口说的第三和第四句话是什么？

（生读课文）

师：柴进同意林冲使出真本事吗？

生：同意。

师：柴进和林冲达成了默契。但是，林冲的这两句话在洪教头听来，产生了怎样的效果呢？课文中是怎么说的？

（生读课文）

师：洪教头使用了一个什么招式？

生："把火烧天"。

师：结合插图想一想，怎么叫"把火烧天"？

生：高高举起，劈头打来。

师：这一招是要把林冲置于死地。林冲一退，使了一个什么招式？

生："拔草寻蛇"。

师：做一下拔草的动作，轻轻地。林冲的棒扫到洪教头的什么地方？

生：小腿骨。

师：这叫点到为止。对方要把他置于死地，他却只是点到为止，从中能看出林冲的什么？

生：仁厚。

生：善良。

师：但是，话又说回来，洪教头在林冲被开枷之前，有没有用"把火烧天"这么狠毒的招式呢？

生：没有。

师：由此你认为，林冲要求开枷，除了确认柴进的真实意图，还有可能是什么？

（学生沉默）

师：对此，有专门研究《水浒传》的专家给出这样一种评价。

（课件出示）

林冲比一般的一流高手更敏锐、更细致。他有一个技战特点，就是善于制造假象，强于发现破绽，而且发现了对手的破绽还不动声色，对手一旦放松警觉，他会突然发招，一击得手。这种战法深合兵法，极具实战优势，堪称恐怖。所以，林冲属于深不可测的那种高手。

师：现在，你认为林冲可能是怎么打算的？

生：以退为进。

生：制造假象，激怒洪教头露出破绽。

师：所以，你又看到了一个怎样的林冲？

生：机智。

生：足智多谋。

生：城府深。

师：英雄所见略同啊！清代有一位大评论家这样评论林冲，我们来读一下。

（课件出示）

清代的评论家金圣叹评价林冲：林冲自然是上上人物，看他算得到，熬得住，把得牢，做得彻，都使人怕。这般人在世上，定做得事业来，然琢削元气也不少。

【赏析要点】在此环节，教师、学生和文本之间，就教学内容进行平等的交流、真诚的沟通，互相借鉴，取长补短，在合作的氛围中，各自生成或建构自己的认识与知识。学生在激烈的辩论中，在矛盾冲突中，真正地读懂了文本。

整个教学过程充满创造色彩，学生有自己的理解和自己的发现，充分体现了追求人性化和创造性的对话教学理念。

（山东省潍坊市奎文区幸福街小学　杨莲兰）

教学实录与赏析四

捕捉语言，触摸心的星空

——评孙云霄老师的执教课《祖父的园子》

一、导入

师：有一本书，读着读着，就让人不由得沉浸在已逝的烂漫童年生活中；让人不由得就想站住，笑微微地看着那个淘气的小姑娘，看她“玩累了，就在房子底下找个阴凉的地方睡着了。不用枕头，不用席子，把草帽遮在脸上就睡着了”，然后等着，等她醒了，看她又闹出什么好玩的来……这本书的名字叫作《呼兰河传》。写这本书的人名叫萧红，她才华横溢，被誉为“30 年代文学洛神”。她的作品，曾被忽视，被误解，被低估，但经受时间的考验，愈加显示出其永恒的价值。《祖父的园子》这篇课文就选自《呼兰河传》。今天，我们一起走进这个被作者自称为精神花园的祖父的园子，领略其中的魅力。

【赏析要点】开始的导入娓娓道来，自然流畅，给人一种美的享受，唤起了学生的生活体验，拉近了文本与学生的距离，引领学生走进了大家的童年世界。

二、初读

师：课前已经请同学们预习了课文，你能用一两句话来概括一下课文主要写了什么吗？

生：我在童年时代跟随祖父在园子里劳作的情景。

【赏析要点】语言简练，要求具体明确。

三、精读

师：接下来，请同学们读课文，画一画自己最喜欢的句子或者段落，想一想自己看到了一个怎样的园子？

【赏析要点】课堂一开始的情境创设就成功地把学生带进了萧红的世界——祖父的园子，课堂教学紧紧围绕"画一画自己最喜欢的句子或者段落，想一想自己看到了一个怎样的园子"这一问题，使学生自始至终处在思维的构建中，引导学生从实在的园子走向精神的园子，从而使阅读多元起来。这个过程真正体现了"教师主导，学生主体"的理念，尊重学生的主体地位和独特感受。

1. 一看园子

（课件出示）

我家有一个大园子，这园子里蜂子、蝴蝶、蜻蜓、蚂蚱，样样都有。蝴蝶有白蝴蝶、黄蝴蝶。这种蝴蝶极小，不太好看。好看的是大红蝴蝶，满身带着金粉。蜻蜓是金的，蚂蚱是绿的。蜂子则嗡嗡地飞着，满身绒毛，落到一朵花上，圆胖胖的就跟一个小毛球似的不动了。

师：这是一个怎样的园子？

生：生机勃勃。

师：还可以看出它是一座怎样的园子？

生：五彩缤纷。

师：这一段的写法有点奇怪。第一句说"这园子里有蜂子、蝴蝶、蜻蜓、蚂蚱，样样都有。"按理说，第二句应该先写蜂子。作者却从蝴蝶开始写起，反而把蜂子放在了最后来写，也就是作者并没有按照我们习惯的"按顺序"来写，这是为什么呢？这么一位大家怎么会犯如此低级的错误呢？或者说，你认为作者是在强调什么呢？

（生沉默）

师：老师查了一下原文。在原文的下面还有这样一句话，独成一段：花园里边明晃晃的，红的红，绿的绿，新鲜漂亮。作者在强调什么呢？

第四章 有无相生——复调语文的课堂

生：颜色。

师：是的，作者是在强调颜色新鲜漂亮。那下一个疑惑又产生了：既然是强调颜色，为什么还要写上不漂亮的蜂子呢？仔细读这句话，你能不能看出其中的奥秘？

（课件出示）

蜻蜓是金的，蚂蚱是绿的。（黄不溜秋的）蜂子则嗡嗡地飞着，满身绒毛，落到一朵（　　）的花上，圆胖胖的就跟一个小毛球似的不动了，仿佛在对蝴蝶、蜻蜓、蚂蚱说："瞧，我是（　　）色的啦！"

（生填空作答）

师：多么有意思啊！这园子不但色彩艳丽，而且有许多生趣在里面！

（指生读本段课文）

师：红色读得不够红啊！谁能再来读一次？

（生读）

师：好陶醉啊！

【赏析要点】教师很善于发现文本中出现的独特的语言现象，激发学生的兴趣和思维的活跃性。同时，通过"作者并没有按照我们习惯的'按顺序'来写"这一矛盾点，引发学生与文本、与作者、与自己思维的对话冲突。

2. 二看园子

（课件出示"我"和祖父一起劳作的段落）

师：和祖父一起在园子里劳作的事情有几件呢？我们来找一下。"祖父栽花"——

生："我就栽花"。

师："祖父拔草"——

生："我就拔草"。

师："祖父种小白菜"——

生："我就溜平"。

师："溜平"是什么意思？从这一段中找一找，联系上下文来理解字词是一个好办法。

【赏析要点】在阅读中渗透理解字词的方法，显得顺理成章而不生硬。

师："祖父铲地"——

生："我也铲地"。

师：铲对了吗？

生：没有。

师："祖父浇菜"，"我"就——

生：洒水。

师：你觉得"我"是在劳作吗？

生：是在捣乱。

师："我"做的这些事情中，你们觉得哪一件最有趣？你能把其中的趣味和快乐读出来吗？

生："祖父浇菜，我也抢过来浇。不过我不是往菜上浇，而是拿着水瓢，拼尽了力气，把水往天空一扬，大喊着：'下雨了！下雨了!'"

师：想象一下，在好大好大的园子里，"我"把水拼尽力气往天上一扬，会是怎样大喊"下雨了"，怎样大叫"下雨了"？

（生读）

师：老师读其他的文字，你们来喊"下雨了"，想怎么喊就怎么喊。

（师生合作读）

【赏析要点】让学生亲身参与体验，给学生自由开放的空间，更容易使学生走进作者的童年世界，体会作者童年的快乐。

师：在栽花、拔草、种小白菜、铲地、摘黄瓜这些事情中，哪件事是作者记叙得最详细的？

生：拔草。

师：从哪里看出来的？

生：这段写得最长。

师：这是最直观的一个衡量标准。

生：还有语言描写。

师：要想把事情写得具体，是少不了人物语言的。还可以从哪一方面看出这一段写得最详细？

生：动作神态描写。

师：是的，这样才会把事情介绍具体。我们在写作文的时候一定要注意运用这些技巧。那么，为什么在这么多事情中，唯独这一件写得这么具体呢?

(生沉默)

师:农民又被称作"庄稼汉",知道为什么吗?因为对农民来说,庄稼就是他们的命根子。庄稼被毁坏了,这一年的收成就没有了,只能等待下一年了。"我"把爷爷的谷子苗当作狗尾巴草除掉了,爷爷气恼了没有?从哪里看出来的?

生:爷爷没有气恼,从爷爷的笑中可以看出来。

师:连这样严重的事情,爷爷都可以包容我,那就没有什么事情是包容不了我的了。想一想,爷爷对"我"的爱仅仅是包容吗?

(课件出示阅读材料)

呼兰河传(节选)

萧 红

记得大门洞子东边那家是养猪的,一个大猪在前边走,一群小猪跟在后边。有一天一个小猪掉井了,人们用抬土的筐子把小猪从井吊了上来。吊上来,那小猪早已死了。井口旁边围了很多人看热闹,祖父和我也在旁边看热闹。那小猪一被打上来,祖父就说他要那小猪。

祖父把那小猪抱到家里,用黄泥裹起来,放在灶坑里烧上了,烧好了给我吃。

我站在炕沿旁边,那整个的小猪,就摆在我的眼前,祖父把那小猪一撕开,立刻就冒了油,真香,我从来没有吃过那么香的东西,从来没有吃过那么好吃的东西。

第二次,又有一只鸭子掉井了,祖父也用黄泥包起来,烧上给我吃了。

在祖父烧的时候,我也帮着忙,帮着祖父搅黄泥,一边喊着,一边叫着,好像拉拉队似的给祖父助兴。

鸭子比小猪更好吃,那肉是不怎样肥的。所以我最喜欢吃鸭子。

我吃,祖父在旁边看着。祖父不吃。等我吃完了,祖父才吃。他说我的牙齿小,怕我咬不动,先让我选嫩的吃,我吃剩了的他才吃。

祖父看我每咽下去一口,他就点一下头,而且高兴地说:"这小东西真馋,"或是"这小东西吃得真快。"

祖父越称赞我能吃,我越吃得多。祖父看看不好了,怕我吃多了。让我停下，我才停下来。我明明白白的是吃不下去了，可是我嘴里还说着："一个鸭子还不够呢！"

自此吃鸭子的印象非常之深，等了好久，鸭子再不掉到井里，我看井沿有一群鸭子，我就往井里边赶，可是鸭子不进去，围着井口转，而呱呱地叫着。我就招呼了在旁边看热闹的小孩子，我说："帮我赶哪！"

正在吵吵叫叫的时候，祖父奔到了，祖父说："你在干什么？"

我说："赶鸭子，鸭子掉井，捞出来好烧吃。"

祖父说："不用赶了，爷爷抓个鸭子给你烧着。"

我不听他的话，我还是追在鸭子的后边跑着。

祖父上前来把我拦住了，抱在怀里，一面给我擦着汗一面说："跟爷爷回家，抓个鸭子烧上。"

我想：不掉井的鸭子，抓都抓不住，可怎么能规规矩矩贴起黄泥来让烧呢？于是我从祖父的身上往下挣扎着，喊着："我要掉井的！我要掉井的！"

祖父几乎抱不住我了。

【赏析要点】还原文本，感受真实。课外文本资源的拓展是很好的理解文本的重要途径，这样的理解更深入、更全面，防止断章取义。课堂中多次引入未改动之前的原文和原作中其他章节中对祖父和"我"相处时的事例，这就是复调课堂中的课程资源。这些课程资源使得课堂更加丰满，通过对文本原文语言的触摸、感悟，还原语言的形象性，丰富语言的积累，体会并学习作者是如何表达的，从语言中读出园子里的真实生活，学生对园子的理解更加立体化。

师：从中，你体会到了什么？

生：祖父对我的爱。

师：祖父对我的爱有包容，甚至有纵容。在祖父面前，我想怎样就怎样，这叫作什么？用一个词语表达。

生：自由。

（师板书：自由）

3. 三看园子

（课件出示）

第四章　有无相生——复调语文的课堂

太阳在园子里是显得特别大。花开了，就像花睡醒了似的。鸟飞了，就像鸟上天似的。虫子叫了，就像虫子在说话似的。一切都活了，要做什么，就做什么，要怎么样，就怎么样，都是自由的。倭瓜愿意爬上架就爬上架，愿意爬上房就爬上房。黄瓜愿意开一谎花，就开一谎花，愿意结一个黄瓜，就结一个黄瓜。玉米愿意长多高就长多高，它若愿意长上天去，也没有人管。蝴蝶随意地飞，一会从墙头上飞来一对黄蝴蝶，一会又从墙头上飞走了一只白蝴蝶。它们是从谁家来的，又飞到谁家去，太阳也不知道这个。只是天空蓝悠悠的，又高又远。

师：从这一段中的哪些句子能读出自由快乐呢？

生："一切都活了，要做什么，就做什么，要怎么样，就怎么样，都是自由的。"

生："倭瓜愿意爬上架就爬上架，愿意爬上房就爬上房。黄瓜愿意开一谎花，就开一谎花，愿意结一个黄瓜，就结一个黄瓜。玉米愿意长多高就长多高，它若愿意长上天去，也没有人管。"

生："蝴蝶随意地飞，一会从墙头上飞来一对黄蝴蝶，一会又从墙头上飞走了一只白蝴蝶。"

【赏析要点】尊重学生独特的感受，学生"愿意怎么理解就怎么理解"，学生也是自由的了。

师：这样的句式就叫作反复，作者这样反反复复地叙述园子里的这些景物的意愿，就是为了强调一个意思，那么这个意思是什么？

生：园子里的这些景物也很自由。

师：普通的景物，在作者眼里都成了自由自在的生灵。如果把课文改编一下，你还会读吗？

（课件出示）

一切都活了，要做什么，_____，要怎么样，_____，都是自由的。

倭瓜愿意爬上架就_____，愿意爬上房就_____。黄瓜愿意开一谎花，就_____，愿意结一个黄瓜，就_____。玉米愿意长多高就_____，它若愿意长上天去，也没有人管。

（生作练习）

师：文字当中处处传达着"我"的自由与快乐。文章不是无情物，一切景语皆情语啊！

【赏析要点】关注语言现象，注重理解。如"反复"在本文中的多个段落出现，教师关注了这一独特的语言现象，并且引导学生理解这样写的好处。特殊的写法往往包含特殊的感情，作者的感情就在这种反复的句式中得到了进一步的强化和提升。同时，在原文的基础上进行改编填空，既有助于学生对段落的背诵，又能让学生更深入地体会作者所表达的这种自由的感觉。

师：其实，这一段原本不是这样写的，我们来看一下原文，说一说课文和原文你更喜欢哪一种？

（课件出示）

太阳在园子里是特别大的，天空是特别高的，太阳的光芒四射，亮得使人睁不开眼睛，亮得蚯蚓不敢钻出地面来，蝙蝠不敢从什么黑暗的地方飞出来。凡是在太阳下的，都是健康的、漂亮的。拍一拍连大树都会发响的，叫一叫就是站在对面的土墙都会回答似的。花开了，就像花睡醒了似的。鸟飞了，就像鸟上天了似的。虫子叫了，就像虫子在说话似的。

一切都活了。都有无限的本领，要做什么，就做什么。要怎样，就怎样。都是自由的。

倭瓜愿意爬上架就爬上架，愿意爬上房就爬上房。黄瓜愿意开一个谎花，就开一个谎花，愿意结一个黄瓜，就结一个黄瓜。若都不愿意，就是一个黄瓜也不结，一朵花也不开，也没有人问它。玉米愿意长多高就长多高，他若愿意长上天去，也没有人管。蝴蝶随意的飞，一会从墙头上飞来一对黄蝴蝶，一会又从墙头上飞走了一只白蝴蝶。它们是从谁家来的，又飞到谁家去？太阳也不知道这个。只是天空蓝悠悠的，又高又远。

【赏析要点】把原文与经改变的课文摆在一起进行对比，让学生自己体会和品味，既尊重了原文的本意，又尊重了学生的特殊感受。

师：原文给人的感觉是天高地阔，凡是太阳底下的生物都是健康的、漂亮的，一切都活了，都是自由的。这片健康漂亮、充满生机和自由的天地，就是祖父的园子，就是我和祖父的园子。如果用一个比喻句来形容，你会把它比作什么？

第四章　有无相生——复调语文的课堂

219

（课件出示）

它是我的_____

四、想象练笔

师：有人说，爱他，就为他造一座心灵的天堂。

（课件出示）

祖父为萧红建造了一座童年天堂，在天堂里，她愿意栽花就栽花，愿意拔草就拔草，愿意吃黄瓜就吃黄瓜，愿意追蜻蜓就追蜻蜓，愿意捣乱就捣乱……

妈妈为孙友田建造了一座童年天堂，他愿意听歌谣就听歌谣，愿意听故事就听故事，愿意听童谣就听童谣，愿意猜谜语就猜谜语……

那么，是_____为我建造了一座童年天堂，在天堂里，我愿意_____就_____；愿意_____就_____；……

【赏析要点】富有诗意的拓展练笔。

五、走近名著

师：我们每一个人都拥有一个童年的天堂，它会为我们的一生打上底色，很多人随着年龄的增长会更加向往能再次进入童年的天堂，萧红就是这样的。萧红在31岁那年，写完《呼兰河传》就去世了。在生命的最后时刻，她回顾这短暂的一生，祖父像园子里的那轮太阳一样给了她足够的爱和温暖，"她和祖父的园子"永远在她的心中，那里不仅是她生命的起点，而且成了她生命的终点；不仅是她的童年乐园，而且是她永恒的精神家园。有评论家这样说，萧红的《呼兰河传》是一座感动世纪中国的高峰。一部仅仅靠回忆童年生活的作品，就如此容易地征服了所有人的心灵，不是偶然的，伟大的文学作品一定有其震撼心灵的传世价值。

【赏析要点】引入评论家的评论，使理解层层深入。

师：你们能根据这段评价，结合课文内容，猜一猜《呼兰河传》这部作品的其他内容吗？

（生作答）

师：老师最初也是这样想的。但是，老师读了《呼兰河传》以后却发现不是这样的。著名作家茅盾称《呼兰河传》是"一篇叙事诗，一幅多彩的风土画，一串凄婉的歌谣"。对于茅盾的这个评价，你有什么疑惑吗？想知道为什么吗？那怎么办呢？去读一读这本书吧！

【赏析要点】诗意升华，诗意遐想。最后的"想象练笔"和"走近名著"环节，再一次把学生带入诗意的情境和想象中，仿佛学生就是童年的萧红，走进了充满快乐的园子。随后笔锋一转，引入茅盾对《呼兰河传》的评论，激起学生对《呼兰河传》的阅读兴趣，引起学生无限的遐想。可以说，孙老师的课堂不仅是语言文字学习和运用的课堂，而且是享受美感和心灵熏陶的课堂，深厚的语言功底和文化底蕴造就了成功的课堂教学。

（山东省潍坊市育华学校　李彩霞）

阅读自救
——复调语文的底气

阅读对于我们每一个人而言，都不应该是身外的点缀品，而是如同阳光、空气和水一样，是我们的精神生命得以成长的必需品。复调语文的底气来自大量阅读，如果没有教师和学生的大量阅读，就很难有复调语文课堂的精彩。

刘再复在《红楼哲学笔记》的扉页写过一句话，说他的"红楼四书"是"不为点缀只为自救的讲述"。我现在借用这个句子，可以说阅读就是自救。复调语文的底气来自大量的阅读，没有教师和学生的大量阅读，很难有复调语文课堂的精彩。

　　其实，阅读对于我们每一个人而言，都不应该是身外的点缀品，而是如同阳光、空气和水一样，是我们的精神和生命得以成长的必需品。

一、　有书供读且资身

　　一书在手，时光从此不寂寞。

　　路上遇到红灯的时候，早上在校执勤的时候，在银行排队等号的时候，做饭等饭出锅的时候——如此的"等待"时刻，恰是我白白"拾得"的读书时间。平时最黄金的读书时间于我来说当然是深夜了，读到兴致起时，往往不觉已到东方放白时。

　　也往往因为熬夜读书，生活上常会有马虎事件发生。记得一次校领导来听我的课，我在课前擦黑板时，不小心把板擦掉在地上，弯腰去捡时，发现有点儿不好意思了：只见自己的两只脚上，一只高跟鞋，一只平跟鞋；一只是尖顶的，一只是方顶的。回想一下，我从六楼的家中一脚一脚下来，再一脚一脚到学校四楼的教室，竟然丝毫没有察觉脚下深浅的变化。

　　周末和假期自然是最宝贵的读书时间。宝贵到什么程度呢？有一次暑假，我正读书上瘾，老公要喷药灭蚊子，赶我下楼去。我说，我把书房门闭紧，你把其他房间喷药就行。老公被逼无奈，把我关在书房里，先给其他的房间打药。一个半小时以后，他上楼来通风，等药味散去后把我从书房里放出来，然后再给书房打药。

读书于我而言是最好的休息和放松，甚至是娱乐。一次带儿子外出，儿子指着小区石桌旁的一圈人，惊奇地喊道："妈妈，你看！女人也在打扑克！"在儿子眼里，女人大约应该都像妈妈那样只会以读书为乐吧！

北宋诗人黄庭坚说："一日不读书，尘生其中；两日不读书，言语乏味；三日不读书，面目可憎。"我的理解是，读书要持续，如一日三餐，不要暴饮暴食。

读哪些书呢？我多是随性而至，乘兴买书，乘兴读书。但是，细细想一下，读书内容还是有所差别的。

第一类是文学类。一部分是流行小说，包括韩寒、郭敬明、白落梅、简媜等作家的作品，以及《小说月报》等文学期刊，都是一次性阅读。另一部分是文学名著，觉得合适的就推荐给学生，和学生共读共赏，不亦乐乎。其中《茶花女》《简·爱》《巴黎圣母院》《飘》等十几部文学名著，我和学生都一起品鉴过。当然，也有碍于学生的年龄和阅历而只能自己独享的，比如《红楼梦》《百年孤独》《不能承受的生命之轻》《挪威的森林》等。《红楼梦》是我的枕边书，读过的遍数已无从计起，然而常读常新，让人爱不释眼。枕边常备纸巾，因为每每都会为黛玉心疼至垂泪，还为尤二姐、尤三姐而动容，她们出身低贱，却孤洁自爱，情深义重，最终因出自淤泥而难得一份真爱。

以作家论，张爱玲是让我最迷恋的作家。《金锁记》《半生缘》《倾城之恋》《小团圆》《色戒》……其中的女子个个让人感叹，个个宛若活在我们身边。"华美的袍子""脆弱得能被风吹断的影子""卑微到尘埃里的花开""黑夜里孤独的妖媚"……这样的句子令人痴迷，让人遐想万千。

文学类中除去小说，我还爱读诗歌散文，最爱读《诗经》，"蒹葭苍苍，白露为霜""桃之夭夭，灼灼其华""执子之手，与子偕老""投我以木瓜，报之以琼琚"……句句都让人读过而唇齿留香。

因为"倚门回首，却把青梅嗅""帘卷西风，人比黄花瘦""只恐双溪舴艋舟，载不动许多愁"，我爱上了李清照，把《李清照词集》买来细细研读，细细仿写。

因为"你见，或者不见我，我就在那里，不悲不喜"，我爱上了仓央嘉措，买来《只为途中与你相见——仓央嘉措诗传》，了解他的前世今生，当然也发现《见与不见》本与仓央嘉措无关，但是意外收获了"住进布达拉宫，我是雪域最大的王。流浪在拉萨街头，我是世间最美的情郎"。

因为"人生若只如初见，何事秋风悲画扇"，我迷上了"别有根芽，不是人间富贵花"的纳兰容若，《纳兰容若词传》又摇曳在数个寂静的夜晚。

其他诸如余秋雨、刘墉、周国平、张宗子，甚至安意如、苏缨，他们的作品也是我爱读的。一景一行，一词一物，在他们的笔下或如诗如画，或蕴含哲理，性情文字恰如怡人茶香，韵味悠然。

第二类是经类书籍。此类书籍我是以背诵的方式诵读的，且诵它千遍也不厌倦。《老子》《庄子》《论语》《大学》《中庸》《诗经》《金刚经》都是我假以时日用心背诵过的，然常背常忘，又常忘常背，如此循环，其乐无穷。又因为这些书，我爱上了解读经类的书籍，如于丹讲经典系列，易中天讲经典系列，李零的作品，南怀瑾的作品选集，流沙河的《庄子现代版》，钱穆的《论语新解》《庄老通辨》，穆宗三的《生命的学问》，这些都曾经被我带在身边，甚至于上下班路上等红灯的间隙读过的。其中，最爱《道德经》《金刚经》《诗经》，只要见了新的版本出来，我就忍不住要买。

第三类是西方哲学美学理论主要流派代表人的作品。我主要记诵了朱立元的著作《当代西方文艺理论》，伍蠡甫、胡经之的著作《西方文艺理论名著选编》，胡经之主编的《西方文艺理论名著教程》，袁行霈的著作《中国文学史》，所了解范围从古希腊古罗马时期的柏拉图、亚里士多德，到中世纪的奥古斯丁和托马斯，到文艺复兴与启蒙运动时期的但丁、伏尔泰、歌德、席勒，再到近代的柯勒律治、拜伦、雪莱、雨果、普希金，以及狄尔泰、尼采、弗洛伊德、荣格、拉康、赛义德、鲍德里亚。这些理论作品，这些理论家的思想，对我是有很大帮助的。

其中，什克洛夫斯基的陌生化理论、英伽登的现象学理论、海德格尔和萨特的存在论理论、巴赫金的复调理论、伽达默尔的解释学文论、姚斯的接受美学、伊瑟尔的文本审美阅读理论，已经在我们的语文课程标准中有所体现。语文教学界的主要理论，包括王尚文教授的语感论，曹明海教授的语文教学本体论、语文教学解释学等，我认为都是源自这些理论。

举例来说，作品是什么？它以怎样的方式存在？它是存在于纸张墨迹

第五章　阅读自救——复调语文的底气

或作者的意图之中吗？伽达默尔认为，作品的存在落实在意义显现和读者的理解之上，创作者怎么想的已经不重要了，重要的是读者的理解，读者的理解使作品的存在变成了现实。就好像一把斧头，只有在用它来劈东西时，它才作为斧头存在，否则它只是摆在那里的一个物品。同样一部文学作品，只有在读者审美阅读的理解中，才作为艺术作品而存在，否则也只是摆在那里的一个物体而已。具体而言，《哈姆雷特》这部作品存在于哪里呢？存在于纸张墨迹或莎士比亚的创作意图之中吗？不是的，《哈姆雷特》存在于《哈姆雷特》的理解史之中。

姚斯从接受美学的意义上提出"真正意义上的读者"这一概念，对伽达默尔的解释学观点进一步强调，认为读者实质性地参与了作品的存在，甚至决定着作品的存在。的确，离开了读者的阅读，摆在桌上的《唐·吉诃德》与摆在桌上的灯有什么区别呢？

伊瑟尔是接受美学的代表人物，他的观点稍微温和了一点，认为作品由文本和读者这两极构成。文学作品既不同于阅读前的文本，又不同于在阅读中的文本的实现，而是存在于文本和阅读之间。在这里，文学作品被看成是文本和读者之间的动态交流形式。为了说明这种互动关系，他提出了"文本召唤结构"这一术语，即文学文本不断唤起读者基于既有视域的阅读期待，但唤起它是为了打破它，使读者获得新的视域。

这就是《义务教育语文课程标准》（2011年版）提到的："阅读教学是学生、教师、教科书编者、文本之间的对话过程。"为什么是教科书编者，而不是作者呢？因为，学生、教师、教科书编者都是读者。我们现在正处在一个注重研究作品的阶段，注重研究作家的阶段在大约一个世纪以前就结束了。

第四类是课程论和语文学科课程论的理论书籍，诸如，钟启泉的《现代课程论》，张华的《课程与教学论》，陈旭元的《课程与教学论》，曹明海的《语文新课程教学论》《语文教学本体论》《语文教学解释学》《语文陶冶性教学论》等。在读的时候，我真是彻夜不眠，苦苦记诵。这类书籍能让人明白课程的发展轨迹及这个轨迹之上的几大流派，洞察课程的发展方向将由一元趋向多元，看清课程研究的现状与趋势。

语文教育类的书籍是属于必读的。叶圣陶等老一辈教育家的书籍且不提，当年在曲阜师范大学校园的书店里，我对潘新和的《语文表现与存在》一见如故，恰好仅有的那一套被人买走，我连去几次都没有新书上架，于是费尽心思找到买走书的那位同学，花了三倍于原书价的价钱，将原书用A4纸复印了整整三大本。倪文锦的《语文教育展望》、窦桂梅的《听窦桂梅老师讲课》、王崧舟的《诗意语文课谱——王崧舟十年经典课堂实录与品悟》也是我喜欢的。

此外，还有几类书籍有所涉猎。因为工作的需要，阅读管理类书籍虽非迫不得已，也是属于为稻粱谋吧！德鲁克的《管理：使命、责任、实务》、胡泳和秦劭斐的《张瑞敏管理日志》、余世维的《赢在执行》等诸如此类的管理书籍，让我发现管理还真是一门大学问。

书柜里也有英文读物。我在几年以前把四册《新概念英语》基本背熟了，一本英语词典翻来覆去背了至少六遍。因为我经常买双语版的名著，这样能让人体会到异国语言所独有的结构美和表达逻辑的新鲜感，就像是什克洛夫斯基所说的陌生化，同样的意义用不同的形式表达出来，很有趣味。

我也爱读宗教类的书，如《慧灯之光》《西藏生死书》。我甚至专门买了溥儒书写的《金刚般若波罗密经》字帖进行临摹。这些书都让我的心走向纯净，走向沉静。由宗教类书籍进而扩大到自我心理调节类书籍，如李子勋的《幸福从心开始》、心灵治疗师素黑的《好好爱自己》。"活着就是最好的爱""祝福发生过的一切"……这样的句子放在手边，偶尔一翻，心中对生活充满感恩。甚至还有《周公解梦》《家居风水》《风水不求人》《星座年度运程》《如何取个好名字》《家庭瑜伽》等，五花八门，只有你想不到的，没有我看不到的。

古人说，读书是为了修身齐家治国平天下。我爱上读书最初的理由却只为一种精神上的相遇和成长，只为一份无可言说的默然欢喜，然而，就像格桑扎西仁波切所说的："我们点燃火堆，只为得到火焰，却无意中收获了灰烬。"还有胡适说过的："读书会让人更加宽容地看待这个世界。"这是读书人的真心话。

王崧舟说过一句话："语文不是教知识，不是教技能，甚至不是教课程，语文教的是底蕴。"是的，一堂用花拳绣腿凑成的课堂或许万般风情，或许一片锦绣，但是经不起推敲的。

二、"1988"，让人惊艳！

——读《1988，我想和这个世界谈谈》

一直知道韩寒很火，个人感觉和唱歌的李宇春类似的火。记得一次在某大学校园的餐厅里用餐，餐厅的墙上挂着一台电视机，正在播放娱乐节目。我背对着电视埋头吃饭，忽然听几个学生放下筷子大声喊："李宇春！"然后，整间屋子的人都屏住了呼吸。那时，我只知道大街小巷都在说李宇春这个名字，一睹芳颜是一直以来的心愿，便迅即扭过头去，带了比他们迟了半分钟的小小遗憾仰视屏幕。这就是李宇春啊？是男的还是女的啊？本以为这句话是在自己心里嘀咕的，但是因为感到满屋子的白眼带着鄙夷刷刷地向我射过来，我知道已经说出口了，赶紧灰头土脸地埋头吃菜。潜意识里，韩寒和李宇春都是我赶不上的潮流，让我敬而远之。

一次新华书店搞假期活动，我便买了厚厚的一摞书，有张爱玲的、钱钟书的、贾平凹的、金庸的，他们的作品都是我的至爱。最后也许是好奇吧，我又买了一本韩寒的书，记得是黑色的封面，薄薄的，回家后一直被放在书橱的最下一格里，不起眼地静默着。时间久了竟然淡忘了，后来想起再去翻找，发现静默的它竟然不见了。韩寒在我的脑海里是文字圈里的李宇春。

现在手里的这本《1988：我想和这个世界谈谈》，完全是受几位博友的影响而购买的，好像好多人都对它推崇备至。小假期里从卓越网订购，转天下午送到我手里。当天晚上 10 点，一切俗务完毕，洗澡刷牙贴面膜，我开始趴在被窝里读，接着坐起来靠在床头，下床找铅笔勾勾画画，再到坐到电脑前写心得，期间换了两次面膜。

说实话，我被韩寒的文字迷住了。

整本书里的句子都是生光的明珠。主人公说自己是一个正直的人。理由是，对酒店里的色情服务一般是在猫眼里看一眼就回绝了，而放进去的两个是因为她们太漂亮了；他说自己已经很少劝妓女从良了，只是劝她们要注意身体，不要变成工作狂；嫖妓被抓，一帮人装模作样地围着蹲在角落里，想用窗帘遮身的妓女娜娜虚张声势，他心想，那可能是因为那 15 个人害怕娜娜用窗帘把他们都杀了吧；他的小伙伴吞了玻璃球以为自己要死了，留下遗言说要把自己的骨灰撒到数学老师的被单上，因为他当众骂过自己，还要撒到纪律委员的铅笔盒里，因为也挨过他的骂，因为妈妈支持老师，并且只买很贵的高跟鞋，不给他买运动鞋，也要把骨灰撒到妈妈的高跟鞋里……机智到了狡黠，质朴到了无邪，让人不由得莞尔。

好的歌曲能让人想起一段时光，好的语言也是这样的。这样的句子让我想起了磊和椐。这两位是中学时的同学，没想到几年以后又在一所大学的同一个学院里相遇。我与他们是大学同学。磊和椐因为他乡遇故知，两人在学校里住了一段时间就一起到外边合租了房子，不受学校纪律约束，过逍遥日子。两人还都有好厨艺，每当下课，定邀女同学到"府上"做客，我常常有幸在他们的邀请之列。就在那时，我充分领略了他们的妙语如珠，每每被他们口头上的明争暗斗逗得捧腹。只记得有一次听老教授讲完《聊斋》，磊说自己其实被蒲松龄害苦了，自从听了《聊斋》，他便夜里不睡觉，专门到校园里的树丛中等狐仙，结果不但没等来狐仙，反而被保安盯上了。椐说，美丽的狐仙都是到书房里去的，哪会在树丛里呢？没被男狐仙逮住算是万幸了……磊后来果真找到了一位美如狐仙的夫人。褪色的岁月，因为这些语言的缘故，时时让人怀念。

这本书里的主人公应该是一个让女孩子吃尽苦头却又心有不甘的男人。

他酷得可以。他一开始说要去监狱里接一位朋友，和读者说，和娜娜说，和自己说，长途跋涉，紧赶慢赶。最后，让我们见到的，却是车后座上的一盒骨灰。他知道自己是去取骨灰的，但是一直不动声色，或者，他心里真的一直觉得那是自己信赖和尊重的朋友，即使只有骨灰。那是他那台产于1988年的旅行车的制造者的骨灰。

他让人不可思议得心悸。

他的性完全与爱意无关！对于反复涉及的性，他的语言里没有丝毫的美感、沉醉和乐趣可言，给人的感觉是疲劳的、干枯的、生涩的。他久经情场，但绝不恋战。他说起诸位女友，轻飘飘一笔带过，不带一点儿纠结、难舍，哪怕是回忆。孟孟是个例外，但最后他也是和她不辞而别。

而他又是善良的，那么的善良！那么的温和！那么的友善！他一路耐心且周到地照顾一个怀了孕的、姿色平平的妓女，甚至还让住她以往所有

第五章　阅读自救——复调语文的底气

231

客人都没有给她住过的豪华酒店。他仿佛永远不会爱上哪个人，却善良到为一个妓女考虑一日三餐，最后抚养妓女的女儿。

......

韩寒的文字富有魔力，能轻而易举地抓住你的视线往下走；他的眼光犀利，能让你感到文字背后的阵阵凉意……这一切让我很不安，或者说莫名的难过，但在《1988：我想和这个世界谈谈》里叙述得那样云淡风轻。这其实是另一种惊艳。

三、 玉想之想
——读张晓风的《玉想》

又一次读张晓风的《玉想》。

很多年前，好友一口咬定以我的文字风格，我定是喜欢张晓风的散文。其时，我并不知道张晓风是何许人，于是记住了这个名字，开始留心她的文字。搜到她的第一篇文字就是这篇《玉想》，当时感觉没有异样，平平淡淡，华丽不如余秋雨，味浓不如龙应台，读过便搁在一边。

多年以后的一个午后，天高云淡，秋光明媚。我随手抽出了《张晓风散文精选》，翻到了《玉想》，子越的断言穿越时光击中我的心念。在晓风的眼里，玉是得道的石头，玉是颖悟的生命；玉是名士美人，可以相与出尘；玉是柴米夫妻，可以居家过日。还或许，玉是那一段缠绵之想，玉是那一句没有声音的语言？

诺贝尔文学奖得主艾萨克·巴什维斯·辛格说："文学像女人，别人为什么喜欢她以及为什么不喜欢她的原因，她自己也不知道。"玉也是这样的，可以让人不知不识，只是对它无端端地、纯纯地欢喜。玉的价值只在于人对它的珍视程度，这不由得让人想起网上流行的一句话："你不过是仗着我对你的喜欢而已。"

无瑕的玉晶莹、柔润、缜密、讨人喜欢，然而作者更喜欢有瑕的玉。"凡是可以坦然相见的缺点，都不算是缺点。"纯全纯美的东西也许太过完美，像神器，让人只能够膜拜，不敢亲近。女人眼里的男人和孩子之所以可爱，正是因为他们暴露无遗的小缺点。又如平生好友，若是不知道对方的一两件糗事，作为可笑可嘲可骂的谈资，友情又会多么空洞呢？然而接下来，作者的笔锋陡然一转，"缺憾必须依附于完美"，独存的缺憾岂有美丽可言？婴孩的顽劣之所以可爱，是因为他有一份近乎神明的纯真。

我对玉的认同，大概是因为年少时也喜欢玉。我一直相信玉是有活性的，戴在身上久了，会随着气脉流动。我相信玉是灵的，能感应自己的心事，会驱秽避邪。有一年，家里一位老人去世，因为我八字软，去世的老人竟然频频入梦，我胆子小怕到极点，于是到十笏园附近请回了五尊小玉佛，分给家人，戴在颈上壮胆（其实别人没有我的感遇）。不想戴上之后，竟连续几夜被拴玉的红丝线勒醒，遂知自己与玉无缘。之后也有几次禁不住喜欢，又淘了其他的玉带在身边，但都戴不长久。

我就是那个不知道为什么喜欢玉以及玉为什么不喜欢我的女人，"相看两不厌"于我和玉不存在。

可是，我依然喜欢张晓风的这篇《玉想》，让我在这个宁静的秋日午后，想之又想。

想自己当年对这篇文章的不喜欢，竟是刘姥姥端了妙玉的官窑脱胎白盖碗，喝了妙玉的隔年雨水茶，却大大方方地说"好虽好，就是淡了些"。

哪知淡却有淡的悠长，华丽浓烈亦是容易疲倦的。

四、 林黛玉与潘金莲

我一直有一种隐隐的感觉，在林黛玉与潘金莲之间有某种东西是相通的——说出这话恐怕要遭口水。

倘使林黛玉有知，凭她的小性儿，也定会对我这一谬论不着痕迹地冷嘲热讽一番，让我只有干瞪眼的份儿——君不见啊，只因史湘云说一个小戏子长得像颦儿，就惹发了《红楼梦》中用好长一段文字来铺叙黛玉心里的不适；当然，潘金莲若有知的话是不会理睬我的，她只对与男人有关的事情感兴趣。

的确，林黛玉冰清玉洁，才华横溢，卓尔不群。她孤高傲世，目下无

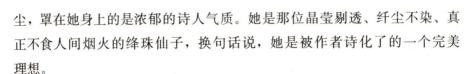

尘，罩在她身上的是浓郁的诗人气质。她是那位晶莹剔透、纤尘不染、真正不食人间烟火的绛珠仙子，换句话说，她是被作者诗化了的一个完美理想。

而潘金莲目无纲常，道德沦丧，人性被超常的情欲所扭曲，一直是被人们公开谴责和唾弃的反面典型。

林黛玉蔑视的是功名权贵，当贾宝玉把北静王赠的一串御赐名贵念珠送给她时，她却说："什么臭男人拿过的，我不要这东西！"

潘金莲蔑视的是道德名节，她勾引小叔，杀夫，与多名男子私通。当瓶儿死了之后，她以得到瓶儿的一件皮袄为快事。

然而，且先不说她们都有惊人的美貌，她们都拥有让她们刻骨铭心的爱人。在这一点上，并不是所有美人都拥有的。比如薛宝钗，她固然艳冠群芳，品貌丰美，博学多识，历练老成，她固然爱上了贾宝玉，但是很难说这种爱不掺杂了审时度势的成分。我们都记得，薛宝钗之所以住到贾府，是因为当初她要参加皇宫里的选秀。再如金、瓶、梅之一的春梅，她与潘金莲共侍过西门庆和陈敬济，虽然是潘金莲的侍女，却与潘金莲情同姐妹。有人评价她是一个独立于爱情的女性，此话不假，即使她后来做了官夫人，也一直没有爱上过哪一个男人。

可是，林黛玉和潘金莲不同。林黛玉是为爱情而生的，当那份感情已不可得，她亦泪尽而亡，在贾宝玉新婚之时魂魄归天。潘金莲在遇上真爱以前，即使百媚嫣然、花香细生，也依然安贫乐道、随分守时，是一位贤能的家庭主妇，她把自己的首饰拿给武大去当些银子，以搬离"浅房浅屋"，"一心一计"地想过好日子。见到武松以后，她的命运开始改变，后来一系列令人不齿的行为全是爱情惹的祸，她爱武松而不得，风流倜傥的西门庆适时进入她的眼界，一切悲剧由此开始。潘金莲至死之时，还打扮得"乔莫乔样儿"，满心欢喜地期待武松去娶她，对满怀杀机的武松丝毫不戒备，属于真正的"被爱情冲昏了头脑型"。

这两个让我们一个捧在心尖、一个恨不能淹于唾沫的美人，都在真爱面前香消玉殒——这就是她们之间的相通之处吧！

金庸在作品里不断地吟叹"问世间情为何物，直教人生死相许"，照以上看来，金庸的声音并不孤独，他只是发出人们困惑已久的一声叹息。人们因此而相通相知，不约而同地把这句话叹成了经典。

其实，一直以来爱情悲剧都是文学作品的永恒主题。佛家讲的贪嗔痴恨，在爱情里体现得再齐全不过，由此我们便常常断定佛教与文学是水火不相容的。然而我们很少懂得，其实在伟大的文学作品里面，更使我们比较容易地走向慈悲边缘的同情，更使我们比较清楚地看到宗教的光辉。

五、人生，一次偶然的异乡之旅
——读《不能承受的生命之轻》

断断续续中，我终于读完了米兰·昆德拉的《不能承受的生命之轻》。如果用一个词来概括本书的主题，我想应该是"孤独"，一个异乡人的孤独，找不到归宿的孤独。

托马斯，特蕾莎，萨比娜，佛兰茨，谁是谁的归宿，谁是谁的重呢？

（一）特蕾莎：寄情于狗的女人

特蕾莎是一个让人心疼的女人。她逃离了母亲（一个外表美丽，内心没有羞耻感的女人。她坚持让特蕾莎的世界里也没有羞耻感，她认为青春和美貌了无意义，世界是一个巨大的肉体集中营，没有灵魂，只有相似的肉体），她想从托马斯的身上得到救赎，她不仅要他的灵魂唯一归属于自己，而且肉体也要唯一归属于自己。但是，自从踏上自认为的救赎之路时，她就开始了辛苦、艰难的自我救赎。最后，她终于和托马斯死在了一起，也许，在她看来，这是最圆满的人生结局。但是，有意义吗？正如最后的那个夜晚，她对他说："托马斯，我是造成你一生不幸的人，你是因为我才来这儿的，是我让你到了这么低的地步。"精神上，她没有把他看成归宿，形式上也只是带有愧意的圆满，如果她曾经认为这是一种圆满的话。

托马斯是特蕾莎的归宿吗？特蕾莎身上折射了诸多怨妇的影子：付出，失望，纠结，忍耐，折磨……在托马斯爱与性分离的理论下，在猜度嫉妒、精确感知托马斯有几百个情人的日子里，脆弱和忠诚是特蕾莎最大的武器。托马斯在她咄咄逼人的软弱之下，最终从一个国内外知名的外科大夫成为一个闭塞小山村的卡车司机，一如她梦中终于抱在怀里的那只小野兔。但是在经历了一切以后，她还是基本认定一个道理，那就是根本不值得同自己的同类好。甚至对托马斯，她也不得不表现得像个多情的妻子，因为她需要托马斯。即便是在乡下度过的最后两年时光，她也因为托马斯一个藏信的动作，感觉在乡下的这两年幸福时光因为谎言而变得毫无价值，她宁愿去爱一只狗——卡列宁。她觉得卡列宁才是自己的归宿。

起初，托马斯是她的重，后来这种重如愿以偿（或者她已不在乎同类托马斯）又转化为一种轻。

（二）托马斯：灵肉分开的男人

特蕾莎是托马斯的归宿吗？起码开始在精神上是。他觉得特蕾莎是一个放在涂了树脂的篮子里顺水飘到他床畔的孩子，河水汹涌，怎么能把放有孩子的篮子放在水里任其漂流呢！这个隐喻捆绑了他的一生，特蕾莎是他的精神归宿，他对她怀有一种难以表达的爱。但是，特蕾莎是他的生命之重。自从遇上特蕾莎，他的艳遇不得不收敛，不得不躲躲闪闪，这让他有点狼狈。

托马斯的生命之重还在于他的职业。他被迫放弃手术刀，做了玻璃擦洗工，做的是自己完全不在乎的事，他觉得真美。而之前的一个小手术可能让他彻夜不眠，甚至绝望。对职业的在乎贪婪地吸着他的血。而现在从事的不是内心非做不可的事，一下班就可把工作抛在脑后，托马斯终于体会到了以前他心存怜悯的那种人的幸福，他体会到了不在乎带来的快乐。后来更甚，他做起了乡间的卡车司机。因此可以说，是特蕾莎把他拖向了他的生命之轻。

但是在传统意义上，我想托马斯是一个恶魔。也许我是作者批判的那种媚俗之人，但是对一个疯狂追逐女性的人，一个一年换八个女人犹嫌太少的花花公子，一个一心想在无数个女人身上发现那百万分之一不同的好色之徒，他不是恶魔又是什么？所以，即便他最后变成了一位笨拙的卡车司机，却丝毫不值得同情，相反，我认为那是他咎由自取，与作者认为的是特蕾莎的缘故无关。

米兰·昆德拉把人分为四大类，托马斯和特蕾莎都属于第三类，那就是活在所爱之人目光下的人，一旦所爱的人闭上眼睛，其生命殿堂也将陷入黑暗之中。乍读之下，我只能对作者的宽宏大量表示惊讶，托马斯是这样的人吗？细想之下，还真是的，不然他怎么会顺着特蕾莎的意愿，一步一步变成她梦中抱在怀里的小野兔，由她辖控呢？

（三）萨比娜——灵魂像骨灰一样飞翔的女人

萨比娜是这本书中最让人喜欢的人物，洒脱自由，没有什么东西、没有谁可以羁绊她。我甚至怀疑她才是这本书的主角。

托马斯情有所属了，她依然写下炽热的情书，我行我素之余冷眼旁观。弗兰茨把她视作女神，为之抛弃妻子，而她一夜之间消失得了无踪迹。她讨厌游行，讨厌媚俗。她喜欢托马斯的理由是，因为在世俗的眼里，托马斯是一个恶魔。她喜欢在墓地间游走思考，她怕自己死后被封在一块石板下，灵魂受到约束，她希望将来自己的骨灰可以撒在空中随风飞翔。

她真正的追求是什么呢？她自己也不清楚，但是我想她肯定喜欢这种虚空的感觉。作者说负担越重，我们的生命越贴近大地，它就越真实存在，否则，人就会飘起来，就会远离大地和大地上的生命，人也只是一个半真的存在，其运动也变得自由而没有意义。由此看来，米兰·昆德拉是在反对萨比娜的生活方式吗？

和萨比娜对应的是特蕾莎，更是弗兰茨的妻子。弗兰茨死去了，他的妻子穿上一件黑色婚纱，丈夫的死去才是她拥有他的真正开始。

如果说托马斯的感情是一个由轻到重的过程，那么萨比娜就是一个由重到轻的过程。但是，为什么说不能承受呢？

六、 我们需要！

——读《金刚经》

意外得好友两本好书，一是郝明义著的《一只牡羊的金刚经笔记》，另是他编的四本佛经的合订本。四经合订本的第一经即是《金刚般若波罗蜜经》。之前一直读的是溥儒小楷书版本的，八开大，但是不好携带，不能随时阅读。

这次一翻开，发现竟是以现代标点标注的，尤其是分好了章节，且盈盈在握，可携可带，欢喜得不得了。《一只牡羊的金刚经笔记》一到家就被儿子抢了去，心里又喜一层——"抢"这样的经典，我们需要！

（一）谁都不会空手而归

周四，早起，因为要执勤。把经书带到车上，热车时读，大声地诵读；红灯时读，大声地诵读。一路上，绿灯时边行边忆，红灯时再对照。到校时，《法会因由分第一》可熟诵。

执勤时，低头穷索其义：如来与大比丘众 2500 人在舍卫国，如来在城中乞食，挨家挨户地乞。吃完饭后，如来收拾衣钵，洗手洗脚，坐好，准备讲经。

原先读过无数遍，只觉得这一段有点啰嗦，直接写经就好了，怎么会写上这些吃饭洗脚的事情呢？此时恍然大悟。如来世尊，都要去乞讨，一家一家地乞讨，不顾尊严，可见他放下了心中所有的自我，所有的挂碍啊！我相比佛祖，相当于寰宇中的一粒微尘，还有什么面子放不下呢？

想到此，心里顿觉气朗神清。

恰遇玲，跟她请教。她说，如来不分贫富依次乞食，是因为他想给所有人平等的机会，是想让他们舍下，舍下才会得福报。

高下马上分明，是自己的理解太浅薄。可见经典的魅力之在，什么层次的人有什么层次的收获，谁都不会空手而归。

（二）仪式，让心灵有所依傍

周六，到学校参加党代表推选会议。一路如往，边行边读，到校时《善现启请分第二》便能成诵。

这一部分讲的是长老须菩提向如来请教的一段话。第一句话尤其引人注意："时，长老须菩提，在大众中，即从座起，偏袒右肩，右膝着地，合掌恭敬，而白佛言。"一句话包含了五种仪式，从座起、偏袒右肩、右膝着地、合掌恭敬、而白佛言。

以前读到时，同样不理解这样一部著名经典为什么要描述这些细枝末节，而不直接切入主题。而今在嘴里念念有词的某个时刻，突然相信，做这些小动作的瞬间能让我们在当下安下心来，给意识找到一个固定的支撑点，给心灵以安稳和方向。

这是一种被赋予了意义的心灵仪式，我们需要。

七、 孤独方能咀嚼孤独
——读《百年孤独》

《百年孤独》是加西亚·马尔克斯于 1982 年获诺贝尔文学奖的作品。《纽约时报》曾评价它是《创世纪》之后，首部值得全人类阅读的文学巨著。

我手中的这本《百年孤独》是由范晔译、南海出版社的版本，搁在书架上好久，却一直没信心读下去。约略翻过几次，发现大家族中那长达七代的错综复杂的人物关系、祖祖辈辈重复来重复去的名字，让你不可能像读《红楼梦》甚至像读莎士比亚的名著，更不可能像读任意一本金庸作品那样，越过 26 万 2 千字中的任意一页往下读。

这是一本需要在孤独的心境中方能阅读的书。

不，说阅读不确切，应该是咀嚼，越嚼越能发现它于孤独中所蕴藉的人性的芬芳——相对于诺贝尔文学奖给予它的颁奖词，及一切关于它映射了拉丁美洲的穷困与纷乱的说法，我更愿意从人性的角度去理解这本巨著。

（一）俗人昭昭，我独昏昏

何塞·阿尔卡蒂奥·布恩迪亚是一位年轻的族长似的人物，他带领一帮乐于冒险的年轻人跋山涉水，来到一处荒漠，建立了马孔多村庄。他指导人们怎样播种，建议怎样教育孩子、饲养牲畜；他排定了各家房屋的位置，确保每一户都临近河边，取水同样便捷；他规划了街道，确保炎热时任何一户都不会比别家多晒到太阳。但是，吉普赛人梅尔基亚德斯的到来消融了他建功立业的雄心。他用一头骡子和一对山羊换了一对磁铁，想籍此开采金子；他迷上了天文演算，单靠葡萄牙人的航海仪器和地图发现了地球是橙子似的圆状体；他建起了炼金实验室，带领两个儿子何塞·阿尔卡蒂奥和奥雷利亚诺忙碌其中，唯一的消遣是坐下来沉思。他教育儿子说："就算你不敬畏上帝，也得敬畏金属。"他一度恢复起创业之初的进取心，营造了村子里积极向上的实干氛围。他带领马孔多的创建者们驱逐入侵者，一只手举着政府派来的里正走过半条街。他同意了二儿子奥雷利亚诺和里正最小的女儿蕾梅黛丝的婚事。在妻子乌尔苏拉和女儿阿玛兰旦外出旅游

第五章 阅读自救——复调语文的底气

期间，因为少了妻子的照料和监督，他任凭想象把自己带到了一种永恒的谵妄状态，说着别人听不懂的鬼话，在以超常的力量和野蛮劲头将所有自己"专有领地"的炼金设备、银版照相装置、金银器作坊都砸个稀巴烂之后，从此变成众人眼中的疯子，被几十个人捆绑在院中的栗树下。

然而，在栗树下的日子，他仿佛成了一位洞察一切的智者，当然在别人眼里他还是一个疯子，只有尼卡诺尔神甫例外。为了证实上帝的存在，尼卡诺尔神甫喝下助祭的巧克力后，能凭空升起足足 20 厘米。所有见过神甫离地升空的人都相信了上帝的存在，可是何塞·阿尔卡蒂奥·布恩迪亚看后用鬼话咕哝了一句，神甫就落地了。布恩迪亚说这种离地升空的伎俩简单至极，是洞悉了物质的第四态。神甫向他传教，要他相信上帝的存在，但是何塞·阿尔卡蒂奥·布恩迪亚不相信繁复的证明，只要求看上帝的照片。神甫带上棋盘和棋子来到栗树下和他下棋，何塞·阿尔卡蒂奥·布恩迪亚没有答应，他说既然双方都同意遵守规则，那么他无法理解两个对手如何还能争斗。神甫越来越惊叹于何塞·阿尔卡蒂奥·布恩迪亚的睿智，便问他为什么会被绑在树上。他回答："因为我疯了。"

或许，一个人看透一切之时，便是他疯癫之始吧！郑板桥的那句"难得糊涂"，在老布恩迪亚面前也显得肤浅若斯。或许，越过遥远的时空，李耳的一段话可以描摹其孤独却怡然自得的心态。

众人熙熙，如享太牢，如春登台。

我独泊兮，其未兆；

沌沌兮，如婴儿之未孩；

傫傫兮，若无所归。

众人皆有余，而我独若遗。

我愚人之心也哉。

俗人昭昭，我独昏昏；

俗人察察，我独闷闷。

澹兮其若海，飂兮若无止。

众人皆有以，而我独顽似鄙。

我独异于人，而贵食母。

（二）爱到深处是无情

阿玛兰妲是这本书中最先让我产生想和人谈谈想法的人物，她让我不解。

她的人生和丽贝卡分不开。

阿玛兰妲是何塞·阿尔卡蒂奥·布恩迪亚和乌尔苏拉的女儿。当她开始换牙的时候，11岁的丽贝卡被寄养到他们家，从此成了阿玛兰旦的姐姐。

当阿玛兰妲和丽贝卡长成亭亭玉立的少女时，两人同时爱上了来为她们调试钢琴的意大利技师皮埃特罗·克雷斯皮。年纪稍长、也更漂亮的丽贝卡博得了那位英俊而又有教养的钢琴技师的爱情，两人定下了婚约。但这并不能阻止阿玛兰妲的爱情，婚约定下几个星期以后，阿玛兰妲向这位准姐夫表白了自己的爱情。但是在这位优雅的钢琴技师眼里，阿玛兰妲不过是个任性的小姑娘。他甚至对她说，自己还有个弟弟。

阿玛兰妲感到受了侮辱，下定决心要阻止姐姐的婚礼，就算尸横门前也在所不惜。她的想法被公开以后，母亲乌尔苏拉带她出去旅行了，籍此熄灭她的爱情之火，但是此举并未奏效。相反，丽贝卡的婚礼却一再推迟。

丽贝卡婚礼前夕，未婚夫皮埃特罗·克雷斯皮收到了母亲病危的消息，婚礼推迟了。后来才发现这是一个恶作剧，皮埃特罗·克雷斯皮的母亲在来参加儿子婚礼的路上与儿子错过。但是从未查出究竟是谁写了那封信，嫌疑最大的阿玛兰妲甚至赌誓证明自己的清白无辜。丽贝卡婚礼的第二次波折，是阿玛兰妲取走了丽贝卡嫁衣里的樟脑丸，结果锦缎礼服被蛾子蛀成了粉末。但是有惊无险，因为心灵手巧的里正的女儿愿意在一个星期内为丽贝卡赶制出一套新嫁衣。眼看阻止不了婚礼的如期举行，阿玛兰妲作出决定，在咖啡中加一剂鸦片酊，打算毒死丽贝卡。结果却毒死了他们的二嫂，奥雷利亚诺的妻子——蕾梅黛丝。

蕾梅黛丝是里正最小的女儿，青春期刚到，就嫁到了布恩迪亚家族。她为他们家带去欢快的活力，清早就开始唱歌。她美丽、善良、勤快，是唯一敢在阿玛兰妲和丽贝卡中间斡旋的人。当她怀孕时，阿玛兰妲和丽贝卡同时为她休战，并争先为她腹中的孩子编织毛衣。但是，就是这样一个在家里备受爱戴的人物被毒死了。

因为关闭门窗守丧，丽贝卡的婚礼又被无限期推迟。

第五章　阅读自救——复调语文的底气

　　此时，布恩迪亚家族的长子，何塞·阿尔卡蒂奥在周游世界65次以后，回家了。他以野兽般的阳刚气质，征服了被婚礼无数次戏弄的丽贝卡。三天后，布恩迪亚家族的养女和布恩迪亚家族的长子结为夫妇。乌尔苏拉视此为失礼，禁止这对新人从此再迈进家门。

　　阿玛兰妲的情敌在我们的眼里好像消失了。

　　丽贝卡之前的未婚夫皮埃特罗·克雷斯皮在乌尔苏拉歉意的邀请下，仍然不失尊严地按时来到布恩迪亚家，阿玛兰妲总是亲切殷勤地款待他。她揣测他的喜好，为他绣制生日手帕。她在午后的长廊里绣花，他陪伴一旁。他终于发现了她的美好，爱上了她的柔情。这些都不出乎我们的意料。出乎我们意料的是，当一个下午，皮埃特罗·克雷斯皮向阿玛兰妲求婚时，她回答："当然可以。但是要等了解更深的时候，太急总是不好。"乌尔苏拉和我们一样困惑不已。

　　皮埃特罗·克雷斯皮从此每天傍晚登门，扣眼里别着栀子花，为她朗读十四行诗。阿玛兰妲善解人意、不失分寸又包容一切的温柔，编织起一幅无形的网把男友围在其中。这位意大利人觉得找到了自己的真爱，他向自己内心的煎熬屈服，又一次向阿玛兰妲求婚。阿玛兰妲说："别天真了，我死也不会和你结婚。"克雷斯皮百般哀求，卑躬屈膝到了令人难以置信的程度。为了看到阿玛兰妲屋里的一点灯光，他在雨夜里撑着一把绸布伞游荡在附近。一天晚上，他唱了起来，心神俱醉，那包含爱意的歌声把整个马孔多的灯光都唤亮了起来，唯有阿玛兰妲的窗前依然昏暗。天亮的时候，他被发现割腕自杀在自己的房子里。

　　阿玛兰妲悔恨不已，乌尔苏拉也为此抛弃了她。所以，当阿玛兰妲把手伸进炉火中烧灼，借以治疗自己的悔恨的时候，乌尔苏拉视而不见。阿玛兰妲从此终生都没有摘下裹手的黑纱。

　　既然相爱，为什么却把对方折磨致死？这是我读到这里第一个解不开的地方。

　　阿玛兰妲真的悔恨了吗？不见得。

　　马尔克斯上校是阿玛兰妲的二哥奥雷利亚诺上校的战友，他很早以前就向阿玛兰妲表达过爱意。因为那时阿玛兰妲正沉浸在对克雷斯皮的单相思里，对马尔克斯的表白进行了嘲笑。当马尔克斯上校再次从战场返回时，克雷斯皮早已不在人世了，他又一次表达了对阿玛兰妲的爱意。阿玛兰妲笑了，奋力重燃心中被遗忘的青春激情的余烬，她盼着与马尔克斯共进午餐的日子，盼着下跳棋的午后。但是，当这位上校如她所期盼的那样求婚时，她却拒绝了。她把自己关在房间里大放悲声，克制着心中与他见面的渴望。

心里对爱情有无限的渴望，对相爱的马尔克斯却决绝如此，又一次重复了对待克雷斯皮的态度。这究竟是为什么呢？我在字里行间翻来覆去寻找答案，还是不解。

最令人不解的是她对待侄子——二哥奥雷利亚诺婚前与庇拉尔·特尔内拉的私生子的态度。她把他像儿子一样抚养大。侄子成年时，她一丝不挂地和他一起洗澡，一起睡觉，挑动他的情火。侄子无可救药地爱上了她，她却断然与之断绝了关系。然而，当侄子在深夜摸进她的卧室时，她没有像预想中的那样逃走或叫喊，心头反而涌上一阵如释重负的轻松。她每夜为他留门，却每夜在床上对他进行激烈反抗，从未让他得逞。

阿玛兰妲，对待她一生中深爱的也被对方深爱着的三个男子，无一例外是一种态度：最初以无限温柔网络住对方，无比渴望着对方的爱情，当对方求婚时又无比决绝而痛苦地拒绝。

为什么？

多年以后，她的母亲乌尔苏拉失明了。失明后的乌尔苏拉获得了非凡的洞察力，她终于发现铁石心肠的阿玛兰妲才是这世界上最温柔的女人。阿玛兰妲令爱上她的男人无比煎熬地等待，甚至死去，实在是出于无穷的爱意与无法战胜的胆怯之间的殊死较量。最终胜出的是阿玛兰妲毫无理由的恐惧，恐惧的对象是她自己饱受折磨的心灵。

阿玛兰妲终生未婚，以贞洁之身进了棺材。

行笔至此，谜底揭开，阿玛兰妲的悲剧来自对爱的恐惧，来自丽贝卡对爱情狂热的掠夺。

金庸笔下的李莫愁、灭绝师太、梅超风等这些令人恐惧的女人，哪个不是来自爱情的枪戳？

问世间，情为何物？相许不得，竟叫人终生痛苦。

(三) 问世间情为何物

丽贝卡，拥有冲动的心性和炽热的情欲。在爱情上，相对于阿玛兰妲来说，她凡是想得到的就能得到。

她先是爱上了克雷斯皮，同时克雷斯皮爱上了她，但两人的婚期在阿玛兰妲的诅咒中一再拖延。终于，她的激情被消耗殆尽，转而爱上了同样情欲炽热的非亲生的大哥何塞·阿尔卡蒂奥。她凭着自己不屈的性格、贪婪的情欲和执着的野心，吸纳了丈夫超常的精力，使他从一个游手好闲、寻花问柳的男人变成了一头干活的巨大牲口。何塞·阿尔卡蒂奥掠夺了几乎可以看得见的所有的土地，他们过着幸福的男耕女织的生活。

何塞·阿尔卡蒂奥给了丽贝卡想要的幸福。一天下午，在何塞·阿尔卡蒂奥打猎回来之后，丽贝卡一枪打死了他。但是，丽贝卡声称自己在浴室，并没有察觉丈夫回来。事实上，谁也想不出丽贝卡有什么理由杀死丈夫。丽贝卡从此封闭门窗，过起了活死人的生活，直到死去，只出过屋子一次。最后一次有人看见她的时候，她一枪命中，当场击毙一个企图入室盗窃的小偷。

其实，所有的文字线索都在暗示是丽贝卡枪杀了何塞·阿尔卡蒂奥，但是为什么呢？

至今，我没有从书中找到答案。

失明后拥有无限洞察力的乌尔苏拉在丽贝卡身上发现了无畏的勇气，她说她们全家对不住丽贝卡。这又是为什么呢？

丽贝卡杀死给她幸福的丈夫是出于爱情吗？我搞不懂。

(四) 至美从不在人间

蕾梅黛丝，不是第一个蕾梅黛丝，而是何塞·阿尔卡蒂奥和庇拉尔·特尔内拉的私生子——何塞阿尔卡蒂奥的女儿，乌尔苏拉的曾孙女。

她的美貌惊心动魄，令亲人恐惧，令陌生的男人死亡。

乌尔苏拉禁止她出门，即便和姑姑一起出门也要用一块黑色头巾蒙住脸庞。

见过她的男人会怎么样呢？

一位貌似神话中的王子样的人，在一次做弥撒时献给美人儿蕾梅黛丝一支黄玫瑰，她再自然不过地接过去，并在一瞬间揭开面纱嫣然一笑表示感谢。然而，这一刻对于这位绅士来说便成为永恒。从此，他夜夜带着乐队在美人儿蕾梅黛丝的窗前流连，有时直到黎明时分。曾经衣着考究，神采照人，放弃了远方国度里的财富与权势的人物，沦为衣衫褴褛，卑鄙龌龊的渣滓。他寻事滋事，寻花问柳，滚在自己的排泄物里，最后死去。不过，这还不算悲剧，其最大的悲剧在于，美人儿蕾梅黛丝根本就未注意过他。

当监视自己爷爷的警卫队长向她表白爱意，遭拒绝后殉情死在她窗下时，她评论道："他就是太傻了。"

她所到之处定然引发情感灾难。有个外乡人揭开她屋顶的房瓦偷看，看到她惊人的裸体顿时透不过气来，她从屋瓦的缝隙间发现了那双凄楚的眼睛，但没有害羞，只是惊慌，害怕他会掉下来。结果，他满含眼泪地掉下来摔死了。人们从死后的尸体上闻到了美人儿蕾梅黛丝的气息，尸体上涌出的不是鲜血，而是散发着神秘芳香的琥珀色液体。人们明白，蕾梅黛丝的神秘芳香直到死者尸骨成灰也不会放过他。人们真正意识到这一点是在第四个男人死掉之后。

美人儿蕾梅黛丝和一群女友去见识种植园。从她进入种植园的那一刻起，空气中便有致命的芬芳满溢。劳作的男人们心里一阵恐慌，感到自己忍不住要痛哭一场，于是种植园里乱作一团。蕾梅黛丝从未讲起一件事，那就是有个男人趁慌乱之际，在她腹部摸了一把，男人那双绝望的眼神像炭火一样印在了她心里。当晚，那个男人在大街上炫耀自己的勇气，几分钟后就被一匹马践踏而过，他死在了自己的鲜血里。

但是，蕾梅黛丝永远停滞在天真烂漫的童年，排斥一切人情世故，对一切恶意与猜疑无动于衷，单纯地生活在自己的幸福世界里。她不明白为什么要穿衣服，整天赤身裸体地在家里走来走去，最后被逼无奈才自己做了一个大口袋，从头顶套下去，里面空空荡荡地什么都不穿。她本有一头瀑布般的秀发，却厌烦家人总要她扎制或修剪，索性剃成了光头。她简化事物的本性有个惊人之处，她越是抛开时髦只求舒适，越是罔顾陈规凭感觉行事，她那不可思议的美貌就越打动人心。她不会做任何家务，用手抓饭吃。

身经百战的奥雷利亚诺·布恩迪亚上校说她是最智慧的女子，好像打了20年仗回来。但是，亲人们都不再对她抱有能懂事的希望。

直到一天下午，美人儿蕾梅黛丝在露出一个怜悯的笑容后，抓住床单随着一阵明亮的微风升上天空，消失在连最高的回忆之鸟也无法企及的高邈空间。

（五）爱的尊严在于卑微

佩特拉·科特斯是美人儿蕾梅黛丝的双胞胎哥哥奥雷利亚诺第二和阿尔卡蒂奥第二的共同情人，在真相大白后，阿尔卡蒂奥第二退出，奥雷利亚诺第二和她一直生活到死去。

奥雷利亚诺第二和她在一起的日子是最快活最疯狂的日子。在娶了可与美人儿蕾梅黛丝相媲美的费尔南达女王后，他更离不开佩特拉·科特斯了。

费尔南达与现实世界格格不入，无论吃饭睡觉，她都要遵守繁琐无比的仪式，还要约束大家一起遵守。她矫揉造作，说话拐弯抹角，任何时候都自命不凡，眼里瞧不进任何人。她独断专行，不讲道理，全家的大事小事全是她一人说了算。她改变了家里热情好客、喜招八方宾朋的习惯，关闭大门，不许外人走进家门。

奥雷利亚诺第二无法忍耐她，大部分时间都在情人佩特拉·科特斯那里度过。他们饲养牲口，疯狂赚钱，赚得了一份雄厚的家业。他们大肆欢宴，宴请四面八方的人们，彻夜不息。

但是，赚得的绝大部分钱财还是给了女王费尔南达。每当危急情况来临时，比如奥雷利亚诺第二在海吃大赛中昏厥时、连绵不绝了四年的阴雨天气里，他都回到了费尔南达身旁。

四年阴雨后，所有人都破产了。奥雷利亚诺第二和佩特拉·科特斯尤其严重，他们的牲口没有了。奥雷利亚诺第二重新回到佩特拉身边，佩特拉毫无怨言，两人携手并肩再次创业。但是没有那么简单，在艰难中两人真正的爱情爆发。忆起往昔，两人都把离奇的欢宴、财富和当年毫无节制的私情看作障碍，一同感慨浪费了多少时光才找到两人共同的天堂。两人在无儿无女的多年相伴之后疯狂相爱，直到年老体衰时仍然像小兔小狗一样嬉戏打闹。

但是，这绝不能阻碍奥雷利亚诺第二成为一位负责任的父亲和丈夫。他们倾尽所有，把奥雷利亚诺第二和费尔南达的孩子们送去理想的学校。他们喝糊糊粥，却把剩下来的四分之三的钱给了费尔南达女王。

奥雷利亚诺第二死亡前，他带着衣箱回到了费尔南达身旁。当他的死讯传来时，佩特拉·科特斯发现他生前说要穿进棺材的那双靴子没有带回去，于是她带好靴子，登门请求费尔南达让她看一眼遗体。费尔南达不让她进门，并且侮辱她说，她的男人那么多，把靴子留给下一个男人吧。

费尔南达女王因为奥雷利亚诺第二的去世，失去了经济来源，生活面临着困难，但是奇怪的是，每当星期一就有一个自称是欠了奥雷利亚诺第二帐的人送来足够一星期吃的食物，直到费尔南达女王去世。

这个送食物的人，其实是奥雷利亚诺第二生前的情人——佩特拉·科特斯。

是的，爱的尊严在于卑微。

八、 始于理想
——《理想课堂的关键事件及评析》新读

"使沙漠如此美丽的，是它在某处藏着一眼泉水。"苏·埃克苏佩里在《小王子》中如是说。

也许，作为《理想课堂的关键事件及评析》的读者，我们可以把这句话简单理解为：使教育如此美丽的，是因为在这本书的背后隐藏着她们的教育理想，而后才是她们理想中的课堂——这是一本始于理想的书。

以崔秀梅为首的研究团队就是由这样一群有教育理想的人组成的，她们不仅拥有深厚的教育理论素养——尽管她们自称"不擅长高深理论"，而且在实践中积累了大量的案例、课例，并细心归纳，小心求证，反复思考——尽管她们都那么"熟知课堂"。崔秀梅，是一个自认为"真正的生命在课堂上的人"，18 年的中学物理教学经历，她将精神生命的火种播撒在了课堂上，不管是后来从事学校管理工作，还是全市的教科研工作，"研究课堂依然是最投入、最醉心的工作"。而于宏等老师一直深入在教科研工作的第一线，严谨细致却又默默无闻地用行动诠释着对课堂的钟情。

藏在《理想课堂的关键事件及评析》背后的理想是什么呢？

首先是对话。理想课堂是一个"教师、学生与课程资源对话沟通的过程。这个过程的效果，取决于系统结构的合理性，也取决于贯穿过程的教师、学生、课程资源以及它们之间的相互作用"。教学即对话。对话作为一种教育理念，在新课程标准中正式提出，正如之前德国学者克林伯格指出的："在所有的教学之中，进行着最广义的对话。……不管哪一种教学方式占支配地位，这种相互作用的对话是优秀教学的一种本质性的标志。"对话作为一种教学形态，与"问题教学""体验教学""开放教学"等形态相对应。然而，我们更认为此处的对话是作者的教育理想。巴赫金说："生命在对话中敞亮，存在在对话中展开，主题建构在对话——在我与他人的对话中实现"，"人作为一个完整的声音进入对话，他不仅以自己的思想，而且以自己的命运、自己的全部个性参与对话。"在巴赫金这里，对话是一种生存方式，是一种生命状态，是作为教育者对生命的终极关怀。本书第二章的标题是《兴致勃勃地投入学习》，更容易让人沉思：为什么要使学生"兴致勃勃"？怎样才是"兴致勃勃"地学习？如何使学生"兴致勃勃"地学习？相信对这些问题的追问会使我们更深入地体会到作者的对话情怀。

其次是关心。关怀伦理学学者内尔·诺丁斯在《学会关心：教育的另一种模式》中指出："学校教育不是通往上流社会的阶梯，而是通向智慧的道路。成功不能用金钱和权力来衡量，成功更意味着建立爱的关系，增长个人才干，享受自己所从事的职业，以及与其他生命和地球维系一种有意义的连接。"理想课堂中自主、合作、探究的普遍运用，使得学习氛围轻松、自在、民主，学习内容可选择，学习活动可选择。诺丁斯继续说，只有"处在一种亲密的关系之中，我们才有机会了解关于道德的秘密，才有机会学会如何完善我们的道德"。而且，这样就不会有教师以关心的名义，不辞劳苦地把自己的观点强加给学生，就不会以知识的灌输多少来衡量人本身的成长。关心还体现在理想课堂结构要素的非固定性，它根据学生实际情况，将自主学习安排在课前、课后和课中。恰如书中所言："结构不是固定程式，""教师完全可以根据学生的实际情况和自身情况，选择不同的流程组合来适应不同时期、不同教学内容的需要。"

理想课堂是什么样的课堂？

首先是自然相遇。理想课堂从教学理念、教学设计、教学指导、学生兴趣习惯四个方面，解读了影响课堂效益的过程性因素，又以结构要素为线索展开，以典型事件承载、剖析贯穿于教学过程始终的过程要素对课堂教学的影响，并提供了相对成功的范例。它告诉我们："理想课堂不仅仅是学生学习学科知识的场所，而且是他们实现精神丰富和人格成长的地方。在课堂上，不仅要引领学生丰富学科认识，经历一个个知识产生的过程，并从中感悟学科思想方法，提高认识世界、改造世界的能力，而且必须关注学生的情绪生活和情感体验，关注学生的道德生活和人格养成，追求学生主动、真实、健康的发展。"很明显，理想课堂没有强制，没有灌输，没有心理不安全。相反，在学生心理上，它是学生与教学内容、教学活动的自然相遇。

其次是苦心邀约。理想课堂不是走过场，不是秀形式，不是以少数优秀学生的表现代表全体学生的表现，它应该是让学生"有足够的独立思考、自主学习的时间"，让每个学生都能够表达自己的见解，都有机会暴露自己的困惑，并保持持久的学习兴趣和热情。然而，在理念和行动之间还有一段距离的时候，如何保证课堂的理想性呢？理想课堂告诉我们："有效地进行课堂教学评价就是架设在教师的理念和行动间的那座桥梁。"并且，作者还提出了理想课堂的指标和标准，即在指标和标准基础上，引领学生学习的改善和谋求教师专业的成长——此时的引领和谋求，不就是一种苦心经营的邀约吗？

王羲之在《兰亭集序》中说："仰观宇宙之大，俯察品类之盛，所以游目骋怀，足以极视听之娱，信可乐也。"的确，抬头观望辽阔的宇宙，低头品察繁盛的事物，这些让我们放眼四望、舒展胸怀的景观，都足够让我们快乐。恰如此书，大从宏观的专业教育理念，小到微观的课堂教学细节；教学案例高从九年级的数理化学科，低到小学一年级的语文数学学科，以崔秀梅院长为首的研究团队，能够不仅不惧"宇宙之大"、不厌"品类之盛"，在付出心血的同时，反而尽享"游目骋怀""极视听之娱"的快乐，其理由只有一个：始于理想。

九、 功遂身退， 天之道也

——读《道德经》第九章

《道德经》第九章曰："持而盈之，不如其已。揣而锐之，不可长保。金玉满堂，莫之能守。富贵而骄，自遗其咎。功成名遂身退，天之道也。"

这一章，老子让人适可而止：名利地位不要去争，不要去抢。一直在巅峰，不如适时停止吧！显露锋芒，不可能长久的。金玉满堂，怎么可能长久守得住呢？富贵而且骄傲，是自取祸患啊！功业完成是合乎自然的道理。

可以说，字字千金，全是真理。仅就最后一句"功成名遂身退，天之道也"来讲，历史上有多少这样的例子呢！正面的例子，我首先想到了周公与范蠡。

《史记·卷三十三·鲁周公世家》记载："周公旦者，周武王弟也。自文王在时，旦为子孝，笃仁，异于群子。及武王即位，旦常辅翼武王，用事居多。"

"武王克殷二年，天下未集，武王有疾，不豫，群臣惧，太公、召公乃缪卜。周公曰：'未可以戚我先王。'周公于是乃自以为质，设三坛，周公北面立，戴璧秉圭，告于太王、王季、文王。史策祝曰：'惟尔元孙王发，勤劳阻疾。若尔三王是有负子之责於天，以旦代王发之身。旦巧能，多材多艺，能事鬼神。乃王发不如旦多材多艺，不能事鬼神……'周公已令史策告太王、王季、文王，欲代武王发，于是乃即三王而卜。卜人皆曰吉，发书视之，信吉。周公喜，开篇，乃见书遇吉。周公入贺武王曰：'王其无害。旦新受命三王，维长终是图。兹道能念予一人。'周公藏其策金縢匮中，诫守者勿敢言。明日，武王有瘳。"

"其后武王既崩，成王少，在襁褓之中。周公恐天下闻武王崩而畔，周公乃践阼代成王摄行政当国。"后来，管叔、蔡叔、武庚等散布谣言，说周公对成王不利，他们伙同南方的淮夷发动叛乱，周公率领大军一一平定，最后"诸侯咸服宗周"，天下诸侯都归附了周。《史记》还记载，即便小成王对事物的看法不和周公一致，他也不敢责备周公。

"成王长，能听政。于是周公乃还政于成王，成王临朝。周公之代成王治，南面倍依以朝诸侯。及七年后，还政成王，北面就臣位，歔歔如畏然。"成王长大了，能够自己管理朝政时，周公便将政权归还给了成王，成王临朝听政。周公在代替成王行使职权时，面朝南方，背靠屏风接受诸侯的朝拜。七年后，还政于成王时，周公仍回到臣子的位置面向北而立，又完全是一副恭敬小心、战战兢兢的样子。周公去世以后，成王不敢把他当臣子对待，将他葬在爷爷周文王的身旁，并且允许周公的儿子鲁公在鲁国也可以使用天子的礼乐祭祀。

这就是"功成名遂身退，天之道也"，很圆满的结局。

第二个例子是范蠡。《史记》中没有专门为范蠡列传，而是附在《越王勾践世家》里面。范蠡辅助越王勾践奋斗了二十余年，灭掉了吴国，吞并了其他一些小国家，勾践成了天下的霸主。越王说要分一半的国土给他，范蠡以为盛名之下，难以长久平安，于是隐姓埋名乘船出海到了齐国，在海边耕田劳动，后来积累了几十万的家产。齐国人请他去做宰相，他感慨地说道："居家则致千金，居官则至卿相，此布衣之极也，久居不祥。"意思是，在家为民就能积累起千金，在朝为官就能官至卿相，作为一个平民，这已经到了顶点了，过久地享受这种荣誉是不好的。于是，他"乃归相印，尽散其财"，迁到了陶地，又积累了巨大的财富，被人称作陶朱公。司马迁评价说："范蠡三迁，皆有荣名，名垂后世。臣主若此，欲毋显得乎？"范蠡三次搬迁，三次名声显赫，这样的人，要想不让他名声显赫，办得到吗？

反面的例子同样不少，就以我们最熟悉的李斯和韩信来说吧。《史记·李斯列传》记载：李斯从一个平头士子游说诸侯，到后来协助秦始皇平定天下，成了国家的重臣。李斯曾经叹息过："夫斯乃上蔡布衣，闾巷之黔首，上不知其驽下，遂擢至此。当今人臣之位无居臣上者，可谓富贵极矣。物极则衰，吾未知所税驾也！"意思是我李斯原是上蔡的平民，街巷里的百姓，皇帝不了解我才能低下，才把我提拔到这样高的地位。现如今做臣子的没有人比我职位更高，可以说是富贵荣华到了极点。然而事物发展的极点就要开始衰落，我还不知道归宿在何方啊！其实，这时已经六十多岁的李斯若是真的聪明，他应该像范蠡一样告老还乡才是明智的选择。可惜的是，他还是止不住地贪恋富贵，结果晚节不保，葬送前程！

为了保住富贵，他和赵高勾结，害死公子扶苏，伪造遗诏把秦始皇的小儿子胡亥扶为秦二世，而自己最后为赵高所害，成了刀下鬼。

《史记》记载："具斯五刑，论腰斩咸阳市。"这说明李斯受过了所有的酷刑，最后被推到咸阳的街市处以腰斩。当与他的儿子被押解出狱的时候，李斯转身对与他的儿子说："吾欲与若复牵黄犬俱出上蔡东门逐狡兔，岂可得乎？"意思是，我要是想和你再一起牵着我们的小黄狗出去，上蔡东门去追逐兔子，还可能吗？说完，父子二人抱头痛哭。赵高杀死了李斯的三族。

再说韩信。与对范蠡不同，《史记》对韩信浓墨重彩。他是西汉开国功臣，是中国历史上孙武、白起之后的第三个杰出的军事家。一次闲谈中，刘邦曾问韩信自己能统帅多少人马，韩信说至多十万。刘邦又问你自己能统帅多少人马，韩信说自己统帅的人马多多益善。这就是"多多益善"这个成语的由来。"明修栈道，暗度陈仓""四面楚歌""十面埋伏"等战术典故，都是韩信留下的。他为汉朝立下赫赫功劳，但后来遭到刘邦的疑忌，最后以谋反的罪名被吕后处死，并且被杀光了三族。刘邦知道后，是"且喜且怜之"，也就是杀掉韩信，刘邦又高兴又有点舍不得。

太史公在《淮阴侯列传》的最后说："假令韩信学道谦让，不伐己功，不矜其能，则庶几哉，与汉家勋可以比周、召、太公之徒，后世血食矣。"假如韩信当初能学点谦让之道，不夸耀自己的功劳，不骄傲自己的能力，那么他对汉朝的功劳差不多可以和周朝的周公、召公、姜太公这些人相媲美了，并且，他会永远享受子孙以国家的名义对他的祭祀。

这几个例子都是老子所说的"功遂身退，天之道也"。《道德经》就是这样厉害，字字千金，句句经典。

十、 不只是言无言
——再读李秀伟老师的《教育言无言》

《尚书》有言曰："诗言志，歌永言。"而《毛诗序》则将情志并提："诗者，志之所之也，在心为志，发言为诗，情动于中而形于言。"的确，书如其人，是有灵魂的。好书如老友，在捧读理解之中感受精神世界的灵犀相通，常读常新，百读不厌。读李秀伟老师著作的《教育言无言》，对这一点的体会尤其深刻，仿佛能看到一位年轻的智者，同时也是一位奔波在教育现场的行者，步履匆匆却又目光犀利，他在为教育而忧思，在为生命而叩问。

他拥有一名真正的学者所应有的品质：修其辞，立其诚。

诚如作者所说："教育的痛心疾首之言太多了，乃至于相信：言无言，终身言，未尝言。"我相信，这是作者行走在教育途中积攒，酝酿，涌动，最后不得不释放的一种情怀。从这部书的字里行间，我们不但能领略到作者的思想和智慧，而且能感受到文字背后的情感和温度，这是作者发自内心的倾吐。他不疾不徐，如剥笋般层层设问，读者不是被动地接受观点，而是受邀同作者一起见证当下教育的弊端和痼疾。而对这样的弊端和痼疾，我们身为教育者，之前竟然早已习以为常且安之若素了。他娓娓道来，却让我们震耳发聩；他的语言不愠不火，却总有一记重锤敲在我们心灵的某个点上，诱惑着我们背离原先的立场，变成他的同谋，和他一起响亮地共鸣。

除了作者的诚挚和真切，从书中我们分明还触摸到他对教育的良知和从不消减的热情。

"长期以来，教育教学研究有两种倾向：学院派高高在上，脱离教育教学实际，从理论到理论；而第一线的教育教学工作者，有实践经验，但是缺乏理论思考的深度和广度。还有一种情况是，优秀教师摸索出行之有效的教育教学经验，再由学院派的理论工作者帮助归纳、整理，寻找理论依据。这些都不是教学理论思维生成的需要和成本。"经由一线的教学实践，生机勃勃地生发出理论思维——我妄加推测，这是李老师之所以"言无言"的初衷吧！除却"余论"，全书13章加上"引论"，共14部分，内容皆为作者的所见所思，学科涉及语、数、英、思品等，学段涉及小学、初中、高中，足迹从潍坊到临沂，从山东到香港，从中国到美国。为什么要深入课堂？为什么要亲临现场？与其说是对教学的督查和指导，不如说是对教育的关注和忧患。对于处于教育一线、教学经验丰富的作者来说，有的课堂即使不亲眼所见，也定能想象得出它的整个教学流程。但是，作者还是不

第五章　阅读自救——复调语文的底气

顾舟车劳顿，甚至不远千里万里赶赴现场，记录下关于教学的点点滴滴。因为，只有亲历过程，置身其中，心随景动，才能捕捉住闪耀的瞬间，才能得到不一样的万千感慨，哪怕是仅为了刹那间的一丝触动。没有一份于教育的真正的良知和热情，这些能做得到吗？14个篇章之中，无一不包含作者细致入微的洞察和深思，是在什么时间把这些洞察和深思写下来的呢？李老师不是专业的写书人，著书立说不是他的职业，除却节假日，他的每一个白天都被常规工作填得满满的。听过李老师的演讲，才得知其所有的文字皆是业余时间的心血凝成。人生有涯，没有这份宝贵的良知和热情，在这灯火辉煌、车水马龙的美丽新世界里，谁能忍受得了在寂寂的夜里板凳一坐十年冷的清苦呢？然而，正是这份良知使他获得了独立思考的立场和让人耳目一新的视角，正是这份热情使他的文字拥有了贴近现实教学的亲切熟稔和厚重质感。

我当然更愿意从文字风格方面谈一谈这本书带给我的感受。孔子在齐闻韶乐后"三月不知肉味"，韩娥善唱竟能"余音绕梁，三日不绝"，可见艺术的魅力。《教育言无言》是文字的艺术。全书夹叙夹议，亦文亦辩，甚至能用纯净质朴的文字繁复出青花瓷般清新的意境。"可怕的是错误吗？""人何以被冷落？""应该感动谁？""我可以特殊一点吗？""求解中和之美""美丽从哪里来？""打点主体尊严""思想会有多远？""用什么解释环境？"……就是这样简单却又清新的小标题，如一股活泼的清泉向人汩汩地涌来，紧紧地捉住人的视线，让人心甘情愿地埋头在其文字间盘桓流离，不舍得离开。不只是小标题，整本书都散发着浓浓的诗人气质："我们需要的不仅是能力、条件，而且是能否从思想深处找到道德的支撑，因为失去了道德感，教学在变与不变之间会很自然地选择保守，选择退回原状。""正是因为（齐读、齐背、齐声回答问题）如此的热烈，才如此彻底冷落了学生个体"……就是诸如此类的语言让我们忙碌的思维得以瞬间停顿，以便照见自己的内心。其实，我们每个人在本质上都是诗人，好的文字能叫醒我们久已麻木的神经，把我们唤回最原初的本真状态，就像儿时第一次在回音壁前听到自己的回音，第一次偷偷地用听诊器听见自己的心跳，怎能不为之惊讶，为之欣喜，并且与之共鸣呢？从看似简洁的诗情里，我们感受到了人性的光辉。同样是关于教育的书籍，它给予了我们一般学术书籍所拒绝给予的诗意和可读性。

　　好书贵在对平凡的发现与开掘。读秀伟老师的书，常常发现他善于以小见大，能从司空见惯的现象中指摘出积习已久却又不为人知的弊端。这让我们这些经年累月游走在课堂之中的教师，在倍感尴尬和汗颜的同时，却又被他剖析现象时的轻车熟路所深深折服：既有庖丁解牛般的熟练流畅，又有信马由缰般的收放自如。仅仅是因为作者诗意的文字和敏锐的思维吗？《教育言无言》是秀伟老师在教学现场的 13 个实践感悟，从"求真之教""向善之教""审美之教"，到"公正之教""信任之教""尊重之教"，再到"深刻之教""价值之教""需要之教"，最后到"独立之教""智慧之教""条件之教""生态之教"，涉及领域从美学到伦理学，再从哲学到科学。是其广阔深厚的理论素养和优异突出的学术把握能力，使得作者从学生的一举一动到课堂上的只言片语，从教案的设计片段到教师的无心之言，都能见人所未见，言人所未言，一针见血地指出问题的症结所在。而且，对于这些症结，他能信手拈来孔孟老庄、柏拉图、康德、卢梭、斯宾诺莎等人的观点加以论证和剖析，浓浓的思辨风格中闪烁着作者珍视价值、珍爱生命和向真向善向美的人文情怀。

　　本书仅仅是作者对教育的言无言吗？

　　于无声处听惊雷，于无言处见乾坤。《教育言无言》，言的不仅是庄子的"不言之言"，言的还是柳永的"执手相看泪眼，却无语凝噎"的"无语之语"。情到深处，无言以喻，是作为一个教育者的责任使然，更是作为一个人文学者的使命使然。

　　每读此书，总有莫名的感慨袭来：挥洒如许文字、如许思想的，该是怎样的一颗醇厚丰盈而又睿智深刻的心灵啊！

第五章　阅读自救——复调语文的底气

学生说（代后记）

心灵清茶

梁文珂

离开云霄老师的课堂三年已久。

偶尔忙里偷闲去学校探望她，她依旧不改昔日风貌，穿着随和，很喜欢把时尚元素或多或少的搭在身上，是很有味道的人。不知道是什么时候养成的习惯，她喜欢"才女、才女"地唤我，总是弄得我一阵阵羞赧和不安。

云霄老师是心素如简的人，很喜欢读古书。读古书于她而言，就是一种浅喜微凉的幸福感。她又是这般乐意将这些韵味随意地放进课堂里，即使我们这些少不更事的孩子还难以理解那些晦涩的诗词歌赋，她却也十分享受这层薄薄的气氛。她十分痴迷于佛教文化，对于那些沁人肺腑、动我衷肠的句子颇为喜爱，也常写不少感受与旁人分享，但这样素雅宁静的心态也只是在她心里存着。

我初二时就参加中考，提前把语文考试考过了，初三那年没有了考试压力，便萌生了要读《红楼梦》的想法，因为记得她跟我们说起自己读《红楼梦》的情景："在枕下放一本《红楼梦》，睡前随手翻开，翻到哪里是哪里，读下去，淹没进去，最后只残余一点意识随手关灯，甚或根本不用关灯直至东方拂晓。"她还多次说过《红楼梦》常读常新，读得次数越多，越发现平凡朴素的语句下隐含着惊人之语。

我决定请她帮我物色、参谋一个好版本。她说就那种带脂砚斋注的版本吧，那样在读的时候就不会孤独。她还建议我买一本名家解说红楼，这样读起来更容易找着门道，但是对名家也不要盲从。她说刘心武的解读有点辛辣，读起来需要生活背景；刘再复的解读专业，读起来需要知识背景；还是读《蒋勋说红楼梦》吧，语言浅白却直指人的内心，它让你知道贾府中的一颦一笑、一草一木都是有深意的……我很喜欢她这样对经典评头论足。素时锦年，她淡雅的生活也可以流光溢彩，只因有这些发人深省的、淡雅的语句。

忆起往日窸窣的时光，她常随身带一本《诗经》或《道德经》，恬淡的清晨或随便哪个课间，我们就一起诵读，时而有细细的风儿吹过，花香碎了一地，诗句的字里行间竟也有琐碎的阳光。课上，她也爱与我们唠叨这些诗词繁杂的背景情感，她的课堂肆意洒脱，却不会显得慌乱和潦草。我们这些孩子在那里是自由的、无束缚的，思想可以被打开枷锁，逃离桎梏。庄姜是可敬的还是可怜的？"投我以木桃，报之以琼瑶"的背后是什么？老子"上善若水"的意思用孔子的话怎么说？她还把《诗经》里的植物和人物做成图片，让我们看着图片说诗句，"桃之夭夭，灼灼其华""蒹葭苍苍，白露为霜""关关雎鸠，在河之洲""出自幽谷，迁于乔木"，甚或"巧笑倩兮，美目盼兮""执子之手，与子偕老"，这些绝美的句子在我们不断地与文学接踵摩肩的同时，不知不觉浸入了我们记忆的肌理，在我们年少的记忆里演绎成了一段绝美的风景。但也或许如她所说，如果你特别喜欢这些句子的话，那就只是因为它对你某个前世记忆的唤起罢了。

离开云霄老师之后，对那充溢了每日不休的文学赏析的课堂倒很是怀念。闲暇时与她聊天，对那段丰富的时光倍感珍贵。年少时对文学的理解足够让人感动，也足够让人满足，而她带给我们的那样宁静的心态也是纯真年代最好的东西。

这，是她的一片风景，清平之中缭绕着韵味，但这样的风景绝不仅仅是她眼中的全部。这，亦是我的一盏清茶，或于鼎沸的人潮中，或在微凉初透的月夜，偶一回神，便可品尝到喧闹中的宁静，体验到静寂中的温暖。

这盏清茶，是那些诗词歌赋、那些经典篇章、那三年的雀跃时光任由我的老师调制而成，你记得也好，忘记也罢，它就在那里香气袅袅，远远地诱惑着你。

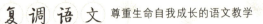

復調語文 尊重生命自我成长的语文教学

特别的老师

丁思文

说起孙老师在我心中的形象，一直以来的都是相当文雅的，或许是因为"腹有诗书气自华"的缘由，孙老师总是有一种婉约的古典美。孙老师接手我们班时，我正处于学业和心理的低谷，而此时第一个赏识我的便是孙老师，所以我一直都很感激孙老师。而孙老师有时对我来说更像是一位慈母。有一件事令我记忆犹新：小学毕业后，有一次我因为家庭纠纷问题半夜给孙老师打电话，而孙老师给予我细心的劝慰和指导，甚至因此给我妈妈打电话开导她，劝她不要太放在心上。这件事让我妈妈十分感动，所以我虽然已经小学毕业，但我妈妈还是提醒我没事时要常去学校看看孙老师。

孙老师的课堂也是很有特色的，每一节课都像一场辩论赛，经常会有同学因一个话题意见的分歧而争论不休，甚至激动得面红耳赤。上初中以后，虽然课堂纪律好了很多，但总是感觉缺少孙老师上课时的那种活力与火花。毕竟"一千个读者心中有一千个哈姆雷特"，更何况是《诗经》《道德经》这样的经典，自然会出现百家争鸣的景象，而不是一枝独秀时表面的和谐。

记得上初二之后去看孙老师，虽然我已经不再是当年那个稚气未脱的小学生，但仍能找到久违的亲切感。第一次去看孙老师是因为教师节，以前给孙老师买礼物时，她总是告诫我们不要乱花钱，人要懂得节俭。于是，我就写了这首《记一零年九月教师节》："蛩寒幽鸣至三更，夜如墨色几残灯。举头唯见星簇月，垂首独知茶香浓。踏尽满地黄金叶，数遍门前杨柳青。不觉云鬓生华发，只闻乾坤展雄鹰。"写这首诗时，脑海中总是浮现出孙老师认真工作时的身影。

而第二次去见孙老师是寒假前夕，当时孙老师去外地出差，只跟我们通了个电话，所以心中难免会有些遗憾。当回家后看到孙老师"丁思文，爱你们"的这条QQ说说时，一股暖流涌入心房，感觉一切的劳累都是值得的，因为有一位老师，总是看着我的一举一动、一日一夜，为我的成功而骄傲。我开心时，她比我更开心；我难过时，她比我更难过。这就是我心中文雅、和蔼的孙老师，一辈子的恩师！

西南师范大学出版社
《名师工程》系列丛书目录

系列	序号	书　　　　名	主编	定价
鲁派名师系列	1	《复调语文》	孙云霄	30.00
	2	《智趣数学课——在情感深处激发学生的数学智能》	王冬梅	30.00
	3	《高品位"悦读"——让情感与心灵更愉悦的阅读教学》	马彩清	30.00
	4	《品诵教学——感悟母语神韵的阅读教学》	侯忠彦	30.00
	5	《智趣化学课——在快乐中提升学生的科学素养》	张利平	30.00
思想者系列	6	《回归教育的本色》	马恩来	30.00
	7	《守护教育的本真》	陈道龙	30.00
	8	《教育，倾听心灵的声音》	李荣灿	30.00
	9	《心根课堂——让教育随学生心灵起舞》	刘云生	30.00
	10	《做一个纯粹的教师》	许丽芬	26.00
	11	《率性教书》	夏　昆	26.00
	12	《为爱教书》	马一舜	26.00
	13	《课堂，诗意还在》	赵赵（赵克芳）	26.00
	14	《今日教育之民间立场》	子虚（扈永进）	30.00
	15	《教育，细节的深度反思》	许传利	30.00
	16	《追寻教育的真谛——许锡良教育思考录》	许锡良	30.00
名校长核心思想系列	17	《智圆行方——智慧校长的50项管理策略》	胡美山　李绵军	30.00
	18	《做一个智慧的校长》	孙世杰	30.00
	19	《成为有思想的校长》	赵艳然	30.00
名校系列	20	《人本与生本：管理与德育的双重根基》	广州市广外附设外语学校	30.00
	21	《生本与生成：高效教学的两轮驱动》	广州市广外附设外语学校	30.00
	22	《世界视野与现代意识：校本课程开发的二元思维》	广州市广外附设外语学校	30.00
	23	《让每个生命都精彩——生命教育校本实践策略》	王鹏飞	30.00
	24	《好学校，从关注每个学生开始——石梅小学优质教育多元感悟》	顾　泳　张文质	30.00
高效课堂系列	25	《让作文教学更高效——王学东写作教学手记》	王学东	30.00
	26	《用什么提高课堂效率——有效数学课必须关注的10大要素》	赵红婷	30.00
	27	《让作文更轻松——小学作文高效教学36锦囊》	李素环	30.00
	28	《让研究性学习更高效——研究性学习施教指导策略》	欧阳仁宣	30.00
	29	《让母语融入学生心灵——提升学生语文素养的高效施教艺术》	黄桂林	30.00
创新班主任系列	30	《班主任专业化成长策略》	杨连山	30.00
	31	《班级活动创新与问题应对》	杨连山　杨　照　张国良	30.00
	32	《班集体建设与创新人才培养》	李国汉	30.00
	33	《神奇的教育场——打造特色班级文化创新艺术》	李德善	30.00
教研提升系列	34	《校本教研的7个关键点》	孙瑞欣	30.00
	35	《教师怎样做小课题研究——高效助力教师专业化成长》	徐世贵　刘恒贺	30.00
	36	《今天我们应怎样评课》	张文质　陈海滨	30.00
	37	《今天我们应怎样进行教学反思》	张文质　刘永晞	30.00
	38	《一节好课需要的教育智慧》	张文质　姚春杰	30.00

系列	序号	书　　名	主编	定价
优化教学系列	39	《高效教学组织的优化策略》	赵雪霞	30.00
	40	《高效教学方法的优化策略》	任　辉	30.00
	41	《高效教学过程的优化策略》	韩　锋	30.00
	42	《让教学更生动——激发兴趣让学生快乐认知》	朱良才	30.00
	43	《让教学更高效——策略创新让教学事半功倍》	孙朝仁	30.00
	44	《让教学更开放——拓展延伸让学生触类旁通》	焦祖卿　吕勤	30.00
	45	《让教学更生活——体验运用让学生内化知识》	强光峰	30.00
	46	《让知识更系统——整合与概括让学生建构体系》	杨向谊	30.00
	47	《让思维更创新——思辨与发散让学生思维活跃》	朱良才	30.00
创新语文教学系列	48	《曹洪彪新概念快速作文》	曹洪彪	30.00
	49	《小学语文：享受对话教学》	孙建锋	30.00
	50	《小学语文：名师教学目标落实艺术》	刘海涛　王林发	30.00
	51	《小学语文：名师魅力教学设计艺术》	刘海涛　王林发	30.00
	52	《小学语文：名师魅力课堂激趣艺术》	刘海涛　豆海湛	30.00
	53	《小学语文：单元整体教学构建艺术》	李怀源	30.00
	54	《小学作文：名师情趣课堂创设艺术》	张化万	30.00
教师成长系列	55	《做会研究的教师》	姚小明	30.00
	56	《学学名师那些事》	孙志毅	30.00
	57	《给新教师的建议》	李镇西	30.00
	58	《教师心灵读本：成为有思想的教师》	肖　川	30.00
	59	《教师心灵读本：教师，做反思的实践者》	肖　川	30.00
创新课堂系列	60	《个性化课堂教学艺术：小学语文》	商德远	30.00
	61	《如何实现三维目标——让学生与文本共鸣的诵读教学》	张连元	30.00
	62	《想说　会说　有话可说——突破作文瓶颈的三维教学法》	杨和平	30.00
	63	《综合课的整合创新教学》	周辉兵	30.00
	64	《如何打造学生喜欢的音乐课堂》	张　娟	30.00
	65	《理想课堂的构建与实施——一个教研员眼中的理想课堂》	张玉彬	30.00
	66	《小学语文：决定教学质量的关键策略》	李　楠	30.00
	67	《用〈论语〉思想提升教学教育智慧》	胡爱民	30.00
	68	《童化作文——浸润儿童心灵的作文教学》	吴　勇	30.00
幼师提升系列	69	《全国优秀幼儿健康教育活动课例评析》	教育部教育管理信息中心	30.00
	70	《全国优秀幼儿艺术教育活动课例评析》	教育部教育管理信息中心	30.00
	71	《全国优秀幼儿社会教育活动课例评析》	教育部教育管理信息中心	30.00
	72	《全国优秀幼儿语言教育活动课例评析》	教育部教育管理信息中心	30.00
	73	《全国优秀幼儿科学教育活动课例评析》	教育部教育管理信息中心	30.00
教师修炼系列	74	《班主任工作行为八项修炼》	杨连山	30.00
	75	《教师心理健康六项修炼》	李慧生	30.00
	76	《教师专业化五项修炼》	杨连山　田福安	30.00
	77	《课堂教学素养五项修炼》	刘金生　霍克林	30.00
	78	《高效教学技能十项修炼》	欧阳芬　诸葛彪	30.00
	79	《教师新师德六项修炼》	王毓珣　王颖	30.00
创新数学教学系列	80	《小学数学：名师教学目标落实艺术》	余文森	30.00
	81	《小学数学：名师高效教学设计艺术》	余文森	30.00
	82	《小学数学：名师易错问题针对教学》	余文森	30.00
	83	《小学数学：名师魅力课堂激趣艺术》	余文森	30.00
	84	《小学数学：名师同课异教》	林高明　陈燕香	30.00
	85	《小学数学：名师抽象问题艺术教学》	余文森	30.00

系列	序号	书 名	主编	定价
教育心理系列	86	《做最好的心理导师——中学生心理健康咨询手册》	杨 东	30.00
	87	《每天学点教育心理学》	石国兴 白晋荣	30.00
	88	《学生心理拓展训练与指导》	徐岳敏	30.00
	89	《好心态成就好学生——学生心理问题剖析与对症教育》	李韦遴	30.00
名课名师系列	90	《名师如何炼就名课》（美术卷）	李力加	35.00
教育通识系列	91	《用心做教师——青年教师快速成长的十大定律》	王福强	30.00
	92	《做最受学生欢迎的老师》	赵馨 许俊仪	30.00
	93	《做有策略的校长——经典寓言与学校管理智慧》	宋运来	30.00
	94	《做有策略的教师——经典故事中的教育启示》	孙志毅	30.00
	95	《从学生那里学教书》	严育洪	30.00
	96	《突破平庸——提升教育质量的31个跳板》	严育洪	30.00
	97	《教育，诗意地栖居》	朱华忠	30.00
	98	《好班规打造好班级》	赵 凯	30.00
	99	《做学生成长的引领者——学生终身成长的素质培养》	田祥珍	30.00
	100	《如何管出好班级——突破班级管理的四大瓶颈》	刘令军	30.00
	101	《青春期性教育教师实用手册》	闫乐夫	30.00
教育细节系列	102	《名师最具渲染力的口才细节》	高万祥	30.00
	103	《名师最有效的沟通细节》	李燕 徐波	30.00
	104	《名师最有效的激励细节》	张利 李波	30.00
	105	《名师培养学生好习惯的高效细节》	李文娟 郭香萍	30.00
	106	《名师人格教育的经典细节》	齐 欣	30.00
	107	《名师营造课堂氛围的经典细节》	高帆 李秀华	30.00
	108	《名师最有效的赏识教育细节》	李慧军	30.00
	109	《名师最有效的批评细节》	沈 旎	30.00
教育管理力系列	110	《名校激励管理促进力》	周 兵	30.00
	111	《名校安全管理执行力》	袁先潋	30.00
	112	《名校师资团队建设力》	赵圣华	30.00
	113	《名校危机管理应对力》	李明汉	30.00
	114	《名校校本研究创新力》	李春华	30.00
	115	《学校文化力建设策略》	袁先潋	30.00
	116	《名校长核心教育力》	陶继新	30.00
	117	《名校长高绩效领导力》	周辉兵	30.00
	118	《名校行政管理细节力》	杨少春	30.00
	119	《名校教学管理提升力》	张韬 戴诗银	30.00
	120	《名校学生管理教导力》	田福安	30.00
	121	《名校校园文化构建力》	岳春峰	30.00
大师讲坛系列	122	《大师谈教育心理》	肖 川	30.00
	123	《大师谈教育激励》	肖 川	30.00
	124	《大师谈教育沟通》	王斌兴 吴杰明	30.00
	125	《大师谈启蒙教育》	周 宏	30.00
	126	《大师谈教育管理》	樊 雁	30.00
	127	《大师谈儿童人格塑造》	齐 欣	30.00
	128	《大师谈儿童习惯培养》	唐西胜	30.00
	129	《大师谈儿童能力培养》	张启福	30.00
	130	《大师谈早恋与性教育》	闫乐夫	30.00
	131	《大师谈儿童情感教育》	张光林 张 静	30.00

系列	序号	书　　　名	主编	定价
高中新课程系列	132	《高中新课程：教师角色转变细节》	缪水娟	30.00
	133	《高中新课程：班主任新兵法细节》	李国汉　杨连山	30.00
	134	《高中新课程：教学管理创新细节》	陈　文	30.00
	135	《高中新课程：更有效的评价细节》	李淑华	30.00
教学新突破系列	136	《把教学目标落实到位——名师优质课堂的效率管理》	冯增俊	30.00
	137	《拿什么调动学生——名师生态课堂的情绪管理》	胡　涛	30.00
	138	《零距离施教——名师和谐师生关系的构建艺术》	贺　斌	30.00
	139	《一个都不能落——名师提升学困生的针对教学》	侯一波	30.00
	140	《让学习变得更轻松——名师最能吸引学生的情境设计》	施建平	30.00
	141	《让知识变得更易学——名师改造难学知识的优化艺术》	周维强	30.00
教学提升系列	142	《方法总比问题多——名师转变棘手学生的施教艺术》	杨志军	30.00
	143	《用特色吸引学生——名师最受欢迎的特色教学艺术》	卞金祥	30.00
	144	《让学生爱上课堂——名师高效课堂的引导艺术》	邓　涛	30.00
	145	《拿什么打开思路——名师最吸引学生的课堂切入点》	马友文	30.00
	146	《没有记不牢的知识——名师最能提升学生记忆效果的秘诀》	谢定兰	30.00
	147	《让学生的思维活起来——名师最激发潜能的课堂提问艺术》	严永金	30.00
名师讲述系列	148	《施教先施爱——名师讲述班主任的核心教导力》	杨连山　魏永田	30.00
	149	《在欢乐中成长——名师讲述最具活力的课堂愉快教学》	王斌兴	30.00
	150	《让学生做自己的老师——名师讲述如何提升学生自主学习能力》	徐学福　房慧	30.00
	151	《引领学生高效学习——名师讲述如何提高学生课堂学习效率》	刘世斌	30.00
	152	《教育从心灵开始——名师讲述最能感动学生的心灵教育》	张文质	30.00

《名师工程》系列丛书

征稿启事

　　《名师工程》系列丛书是西南师范大学出版社策划、组织出版的大型系列教育丛书。丛书以新课程下的新教学为背景，以促进施教者的教育能力为落脚点，以提高教育质量、提升教师水平为宗旨。

　　丛书首批推出的"名师讲述""教学提升""教学新突破""高中新课程""教师成长""大师讲坛""教育细节""创新语文教学""教育管理力""教师修炼""创新数学教学""教育通识""教育心理""创新课堂""思想者""名师名课""幼师提升""优化教学""教研提升""名校长核心思想""名校工程""高效课堂""创新班主任""鲁派名师"等系列，共150多个品种，其余系列也将陆续出版。为了让广大教师有一个交流、借鉴的机会，同时也为了给广大教师提供更多、更好的图书，《名师工程》系列丛书编辑出版委员会特向全国教育工作者征集稿件。

稿件要求：

1.主题鲜明、新颖，有独创性。

2.主题以提升教育能力为主，也可适当外延。

3.主题要有一定规模、有典型案例支撑。

4.案例要贴近教育实际，操作性强。

5.文章、书稿结构清晰，语言精彩。

　　书稿作者在选题确定之后，请及时与我们做好沟通，具体事宜确定好之后再进行创作；也欢迎用已经完稿的稿件投稿。一线教师如希望参与图书案例的创作，可联系我社策划机构，由策划机构备案，在适合的图书中参与创作。

　　真诚欢迎各位教师踊跃投稿。

联系方式：

西南师范大学出版社高教分社

电话：023-68254356　　　E-mail：zcj@swu.cn

西南师范大学出版社高教分社北京策划部

电话：010-68403096

E-mail：guodejun1973@163.com